Bauen zwischen Welten

Bauen zwischen Welten

Internationale Projekte der Architekten
von Gerkan, Marg und Partner

Edition **DETAIL**

Impressum

Herausgeber Christian Schittich

Autoren Wojciech Czaja, Oliver G. Hamm,
Falk Jaeger, Katharina Matzig, Nina Rappaport,
Jürgen Tietz

Redaktion Cornelia Hellstern (Projektleitung),
Cosima Frohnmaier, Florian Köhler, Anne Krins,
Kai Meyer, Natalie Muhr, Nina Müller, Melanie
Zumbansen (Endkorrektorat)

Lektorat Sandra Leitte, Valley City

**Übersetzung aus dem Englischen (Beitrag
Nina Rappaport)** Sandra Leitte, Valley City

Gestaltungskonzept Cornelia Hellstern

Zeichnungen Ralph Donhauser

Herstellung/DTP Simone Soesters

Reproduktion ludwig:media, Zell am See

Druck und Bindung Grafisches Centrum Cuno
GmbH & Co. KG, Calbe

Die für dieses Buch verwendeten FSC-zertifi-
zierten Papiere werden aus Fasern hergestellt,
die nachweislich aus umwelt- und sozialver-
träglicher Herkunft stammen.

© 2016, erste Auflage
DETAIL – Institut für internationale Architektur-
Dokumentation GmbH & Co. KG, München
www.detail.de

ISBN 978-3-95553-341-0 (Print)
ISBN 978-3-95553-342-7 (E-Book)
ISBN 978-3-95553-343-4 (Bundle)

Bibliografische Information der Deutschen Nationalbibliothek: Die Deutsche Nationalbibliothek
verzeichnet diese Publikation in der Deutschen
Nationalbibliografie; detaillierte bibliografische
Daten sind im Internet über http://dnb.d-nb.de
abrufbar.

Cover Estádio Nacional Mané Garrincha Brasília
Seite 7 Nationalstadion Warschau

Inhalt

Von Einfachheit und struktureller Ordnung

Die Hamburger Architekten von Gerkan Marg und Partner, kurz gmp, gehören aus internationaler Sicht zweifellos zu den bekanntesten deutschen Architekturbüros. Mit Projekten wie dem Dach des Berliner Olympiastadions, dem Tianjin Grand Theatre, dem vietnamesischen Parlament in Hanoi oder der neuen Fußballarena in Kapstadt haben sie weltweit das Bild vieler Städte geprägt und eindrucksvolle Landmarken gesetzt. Mit so gut wie jeder wichtigen Bauaufgabe sind sie vertreten: Flughäfen und Bahnhöfe, Konzerthäuser und Ausstellungshallen. Nicht zuletzt im Stadionbau aber gehören sie international zu den renommiertesten Protagonisten. Das unterstreicht auch die Tatsache, dass gmp bei jeder der letzten Fußballweltmeisterschaften – in Deutschland, Südafrika und vor zwei Jahren in Brasilien – für mindestens drei größere Neu- oder Umbauprojekte verantwortlich war. So ist der Stadionbau auch eine Disziplin, bei der sich besonders gut einige der wesentlichen Entwurfsprinzipien des Büros ablesen lassen.

Die Architekten von gmp stellen an sich selbst den Anspruch, ihre Gebäude aus den funktionalen Gegebenheit und der besonderen Identität des jeweiligen Ortes heraus zu entwickeln. Formale Exzesse sind ihnen ebenso fremd wie das Adaptie-ren der gerade gängigen Mode. Einfachheit und strukturelle Ordnung stehen im Vordergrund, im Grundriss und der Gesamtkonzeption ebenso wie beim Tragwerk. Nicht zuletzt die Liebe zum Detail und dabei ganz besonders das sorgfältige und durchdachte Konstruieren gehört zu den besonderen Stärken des Büros. Jede Effekthascherei wird vermieden. Entsprechend ihrer sehr klaren Philosophie folgt bei gmp die Form der Logik und damit den zugrunde liegenden Notwendigkeiten. Dass diese Haltung nicht nur für große Verkehrs-, Kultur- oder Bürobauten taugt, sondern ganz besonders auch für kleine, meditative Häuser, verdeutlichen eindrucksvoll zwei Beispiele aus diesem Buch. Eines davon ist der Christus-Pavillon, der – von vornherein zerlegbar konzipiert – zunächst die Expo 2000 in Hannover bereicherte, um anschließend als Ergänzung eines Klosters ins thüringische Volkenroda transloziert zu werden. Noch heute kann sich der Besucher von dessen kontemplativer Atmosphäre überzeugen, die die Architekten trotz der notwendigen Standardisierung und Vorfertigung schaffen konnten.

Die vorliegende Publikation zeigt überwiegend aktuelle Projekte des Büros gmp, wovon einige gar noch im Entstehen sind.

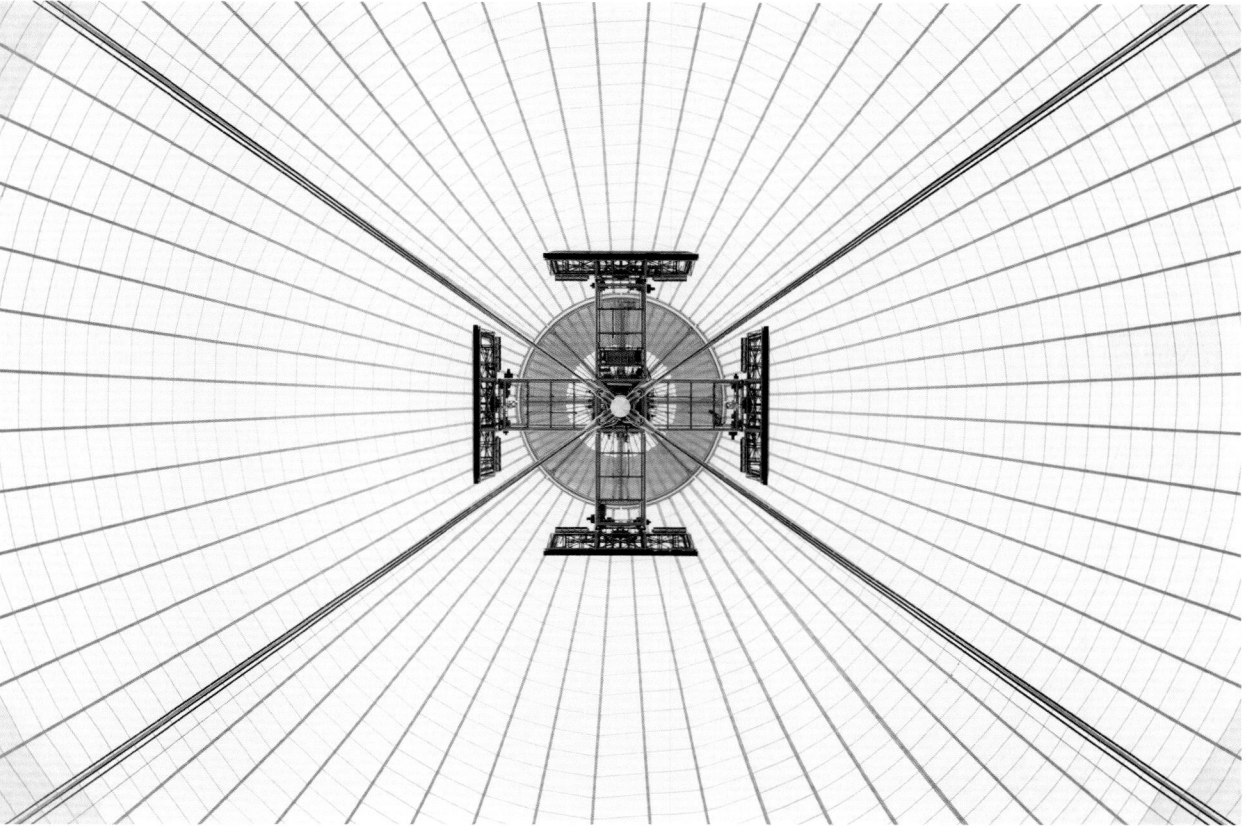

Anders als in den gängigen Werkschauen renommierter Architekten üblich, werden diese jedoch nicht der Reihe nach behandelt. Vielmehr setzen namhafte Fachautoren jeweils zwei oder mehrere Bauten anhand eines spezifischen Themas oder einer bestimmten Typologie miteinander in Beziehung. So wird die Kunsthalle im heimischen Mannheim dem Nationalmuseum in Hanoi gegenübergestellt, der neue Großflughafen Berlin Brandenburg dem Westbahnhof im chinesischen Tianjin. Der Umbau des Nationalstadions in Brasília sowie weitere neue internationale Arenen des Büros werden zusammen mit der gerade in Planung befindlichen Modernisierung des Estádio Santiago Bernabéu in Madrid erörtert.

Gemeinsamkeiten und Unterschiede werden auf diese Weise aufgezeigt, aber auch Entwicklungslinien, Besonderheiten des jeweiligen Landes oder Ortes, Fragen des angemessenen Maßstabs sowie kulturelle Unterschiede. Außerdem kommt vielfach die Zusammenarbeit mit Bauherren oder Fachplanern zur Sprache. Nicht zuletzt diskutieren die Autoren auch die politische und die gesellschaftliche Dimension sowie den städtebaulichen Kontext des jeweiligen Projekts. Denn am liebsten kümmern sich die Architekten bei einer neuen Aufgabe um alle Phasen, vom Masterplan bis hin zur Innenraumgestaltung: Der ganzheitliche Ansatz steht im Mittelpunkt.

Christian Schittich

Vorhang auf für die Baukultur

Tianjin Grand Theatre · Kulturpalast Dresden

Kultur – das ist gemäß der ursprünglichen Bedeutung des lateinischen Worts »cultura« alles, was der Mensch gestaltend hervorbringt. Am ehesten erklärt sich der Begriff wohl, wenn man sein Gegenteil kennt: die Natur, die nicht vom Menschen geschaffen wurde. Was allerdings nicht heißt, dass die Kultur nicht in der Natur des Menschen liegt. Das nämlich tut sie, überall, in China ebenso wie im Osten Deutschlands. Daher eint die Städte Tianjin und Dresden – 7544 km voneinander entfernt – mehr als das Büro gmp, das den Neubau des Grand Theatre und die Modernisierung und Sanierung des Kulturpalasts verantwortet: beide Häuser erweitern das Kulturangebot ihrer Städte nicht nur räumlich, sondern auch inhaltlich und bieten ihren Besuchern Erlebnisse vielfältiger Art. So können unter einem großen Dach in Tianjin bzw. in einer umfassenden Hülle in Dresden diverse Kulturveranstaltungen stattfinden, vom Chorkonzert bis zur Comedy, vom Oratorium bis zur Oper. In Dresden sogar von der Autorenlesung bis zur Ausleihe, da auch die Städtische Zentralbibliothek nach Beendigung der Umbauarbeiten 2017 Platz in dem Bau aus dem Jahr 1969 finden wird. Mitten in der Altstadt, am Altmarkt, wird dann der Kulturpalast wiederbelebt und wiederbeleben, in Tianjin ist das Grand Theatre längst

Motor des neu geschaffenen Kulturzentrums. Und hier wie dort sind es die Menschen, die die architektonischen Offerten mit Leben füllen. Ganz ihrer Natur gemäß.

Tianjin: Die ganz große Bühne

Anne-Sophie Mutter strahlt. Überlebensgroß hängt die berühmte Geigerin über einer cremeweiß bezogenen Sitzgruppe, die sich im Backstage Bereich des Tianjin Grand Theatre um einen kobaltblauen Teppich kauert. Mit dynamischen Schritten und wehendem Haar steuert sie, ihr Orchester hinter sich, auf dem raumgreifenden Bild dem Bühneneingang entgegen. Das Foto muss im Juni 2013 entstanden sein. Damals, so steht auf dem blankpolierten Messingschild unterhalb des Rahmens zu lesen, gab die deutsche Violinistin ein Kon-

Tianjin Grand Theatre, Tianjin (CN). Entwurf: Meinhard von Gerkan und Stephan Schütz mit Nicolas Pomränke · Bauzeit: 2010–2012 · BGF: 85 000 m² · Sitzplätze: 1600 (Opernsaal), 1200 (Konzertsaal), 400 (Multifunktionshalle)

Modernisierung und Sanierung Kulturpalast, Dresden (D). Entwurf: Meinhard von Gerkan und Stephan Schütz mit Nicolas Pomränke · Bauzeit: 2013–2017 · BGF: 37 062 m² · Sitzplätze: 1818 (Konzertsaal, inkl. 18 Rollstuhlplätze), 240 (Kabarettsaal, inkl. 4 Rollstuhlplätze) · Zentralbibliothek: 5463 m²

Tianjin Grand Theatre
Luftaufnahme (rechts) ·
das Entwurfsrendering
zeigt den **Kulturpalast
Dresden** nach der
Modernisierung und
Sanierung (unten)

zert: »Anne-Sophie Mutter and Mutter's Virtuosi performed in the Tianjin Grand Theatre Concert Hall on June, 15, 2013«. Ob sie auf dem hellen Sofa Platz genommen hat, ist nicht verbrieft, allerdings wahrscheinlich. Sicher jedoch ist sie über den blauen Teppich geschritten, über eine goldfarben eingewebte Komposition aus horizontalen, vertikalen und diagonalen Streifen, über denen in goldenen Lettern geschrieben steht: Tianjin Grand Theatre. Nicht jedes Gebäude schafft es – stilisiert zwar, aber doch erkennbar – auf einen Teppich. Und erst recht nicht auf einen, über den eine gut gelaunte Anne-Sophie Mutter schreitet. Oder ein Riccardo Muti. Mit dem Chicago Symphony Orchestra war er einige Wochen vorher, am 4. Februar 2013, zu Gast im Grand Theatre. Da war das Bauwerk, das die Streifen auf dem Teppich in abstrakter Weise darstellen, gerade einmal ein Jahr alt: Eröffnet wurde das Grand Theatre am 30. Februar 2012. Aber Tianjin liegt in China. Das erklärt, warum nicht weniger als 15 internationale Klassikstars bereits in der ersten Spielsaison auftraten.

120 km Richtung Südosten ist das Stadtzentrum Tianjins von Peking entfernt. Steigt man am Pekinger Südbahnhof in den Zug, dann erreicht man mit der Jingjin Line, die die Endstationen BeiJING und TianJIN komfortabel verbindet, in 30 Minuten den Westbahnhof von Tianjin, mit einer zwischenzeitlichen Geschwindigkeit von 300 km/h. Ein besserer Einstieg bzw. Ausstieg Richtung Grand Theatre lässt sich nicht finden: denn der 2011 fertiggestellte Westbahnhof, dessen hohes, tonnengewölbtes Dach schon von Weitem zu erkennen ist, wurde wie das Grand Theatre von gmp geplant.
Gut 14 Millionen Einwohner hat die Stadt Tianjin momentan. Sie ist eine von vier sogenannten regierungsunmittelbaren Städten, d. h. sie ist Peking direkt unter- und somit einer Provinz gleichgestellt. 11 943 km² misst ihre Fläche, das ist nur geringfügig

weniger als die Ausdehnung Schleswig-Holsteins. Allerdings gehören nur 167,8 km² zur Kernstadt mit hoher Bebauungsdichte und geschlossener Ortsform, während die restlichen 98,6 % als Vorstädte und Gebiete mit ländlicher Siedlungsstruktur angesehen werden können. Tianjin gilt als drittmächtigste Handelsstadt der Volksrepublik, zahlreiche Industrien sind hier zu Hause: Maschinenbau, Textil, Elektrotechnik, Petrochemie, Stahl. Der wird seit 1950 zur »Fliegenden Taube« verarbeitet, Chinas verbreitetster Fahrradmarke, die, glaubt man den veröffentlichten Zahlen, bis heute 75 Millionen mal verkauft wurde. Traurige internationale Berühmtheit allerdings erlangte Tianjin, dessen Name wie der so vieler chinesischer Millionenstädte in Westeuropa mehr oder weniger unbekannt war, am 12. August 2015, als auf dem Hafengelände durch Explosionen weit über 100 Menschen ums Leben kamen, fast 800 verletzt wurden und freigesetzte hochgiftige Chemikalien eine Umweltkatastrophe auslösten.

Tianjin Grand Theatre
Das Dach schwebt über der erhöhten Podiumsebene. Am Südufer des Sees die Bibliothek von Riken Yamamoto & Field Shop und das Kunstmuseum von KSP Jürgen Engel Architekten.

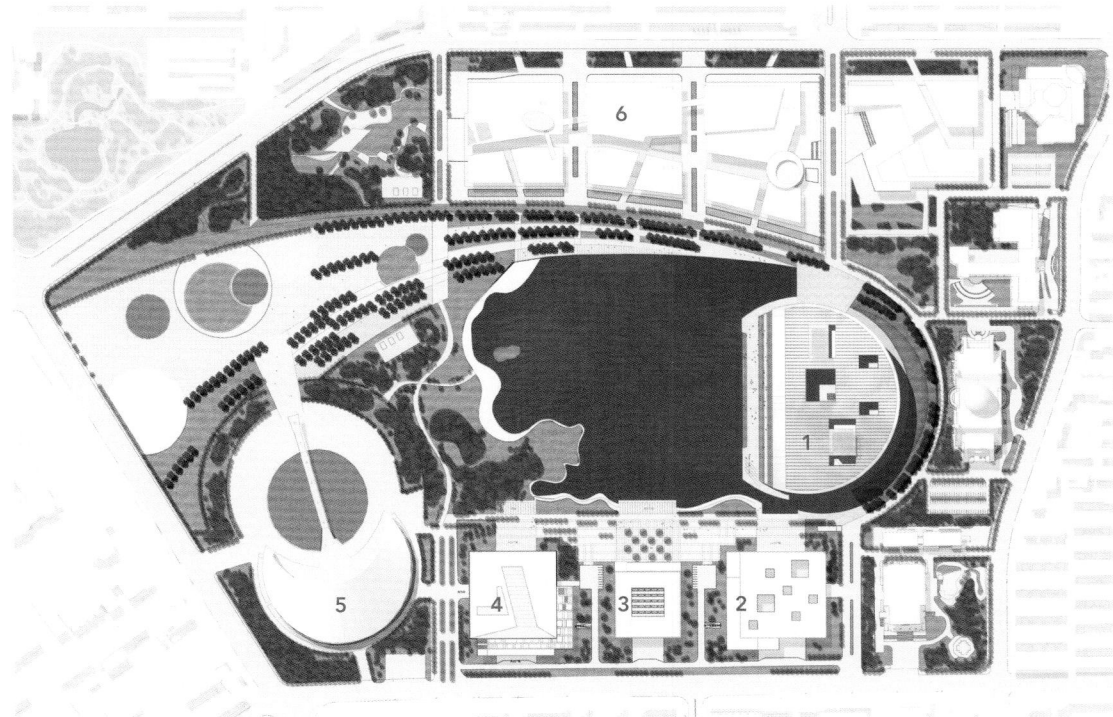

Das Unglück damals traf den Nerv der Stadt: Tianjin ist der wichtigste Flusshafen am Hai He und einer der größten Außenhandelshäfen Chinas. Bereits 1858 wurde Tianjin Vertragshafen mit europäischen Konzessionen. Und während die am Nordufer des Flusses gelegenen österreichischen, italienischen, russischen und belgischen Konzessionsgebiete zum Großteil zerstört wurden, sind die Chateaux der französischen Konzession südlich des Hai He im Innenstadtbereich, die Herrenhäuser der Briten östlich davon sowie auch einige deutsche Bauten noch heute zu besichtigen. Darunter übrigens auch der aus dem Jahr 1909 stammende, denkmalgeschützte ehemalige Westbahnhof, der beim Bau des neuen Bahnhofs einfach um ein paar Meter versetzt wurde und seither auf seine Renovierung und Umwidmung zum Museum wartet.

Kultur als Mittel der Stadtentwicklung

Stagnation in der Stadtentwicklung? Nicht im heutigen China – und nicht in der ehemaligen DDR in den 1960er- und 1970er-Jahren. Das Mittel der Wahl, um die Bürger bei Laune zu halten: Kultur.

Tianjin gibt sich mit seiner 600 Jahre währenden Historie ebenso wenig zufrieden wie mit seiner Wirtschaftskraft. Stagnation und Stadtentwicklung schließen sich gegenseitig aus, in Tianjin ebenso wie in Dresden. Schließlich ist den politischen Machthabern in China ebenso wie in der ehemaligen DDR bewusst, dass sich eine Investition in Bildung und Kultur auszahlt. Zum Brot gehören Spiele: Jede Stadt im alten China, die etwas auf sich hielt, so heißt es, leistete sich einen Trommelturm. In der sozialistischen Ära war es der gigantische Platz für politische Kundgebungen, meist als »Platz des Vol-

kes« tituliert, mit dem Macht demonstriert wurde, bekanntermaßen nicht nur in China, während der Kapitalismus nun mit Grand Theatres auf die Stärke architektonischer Symbole setzt. Etwa 40–50 neu erbaute Grand Theatres meint das »Baunetz« im ersten Jahrzehnt des 21. Jahrhunderts in der Volksrepublik gezählt zu haben. Weitere sind seit dieser Meldung dazugekommen. Wie das in Tianjin, das sich einem 2008 vom Tianjin Municipal Party Committee und dem Tianjin Municipal Government gefassten Beschluss verdankt und dessen Intendant Qian Cheng sicher ist: »Rendite allein reicht den Menschen nicht mehr. Ich glaube, dass es die Kunst ist, die ein von Respekt und Werten bestimmtes soziales Leben möglich macht.« Damit wäre sicher auch Otto Grotewohl, von 1949 bis 1964 Ministerpräsident der Deutschen Demokratischen Republik, einverstanden gewesen. Er erklärte 1951, dass »das Ringen um die demokratische Erneuerung des kulturellen Lebens eine bedeutungsvolle Rolle hat«.

18 Jahre später wurde in Dresden der Kulturpalast eröffnet. Und mit der Entwicklung Dresdens war man offenkundig sehr zufrieden: »Dresden, die Stadt am Strom, einst weltberühmt als Elbflorenz, festlicher Zusammenklang von Landschaft, Architektur und bildender Kunst, 1945 von anglo-amerikanischen Bomberverbänden barbarisch zerstört, ist auferstanden aus Ruinen und hat sich unter der Führung der Partei der Arbeiterklasse, der SED, zu einer sozialistischen Großstadt entwickelt.« So jedenfalls heißt es im Geleitwort des 1978 erschienenen »Architekturführer DDR – Bezirk Dresden«. Die DDR wurde Geschichte. Die Geschichte des Kulturpalasts wird allerdings weitergeschrieben: im Frühjahr 2017 soll dort das erste Konzert nach vierjähriger Sanierung stattfinden.

Große Dimensionen
Das Kulturzentrum Tianjin und der Altmarkt mit Kulturpalast in Dresden sind beides Planungen im großen Maßstab. Mit einem

Tianjin Grand Theatre horizontale Schichtungen erzeugen eine Einheit von Dach, Fassade und Sockel, der rückwärtige Teil des Dachs nimmt Funktionsräume auf (oben) • Muschel mit Perlen als Idee für die Dachkonstruktion (unten) • Rendering bei Nacht, Wettbewerbsbeitrag (rechts)

Unterschied: während in China in Rekordzeit Architektenzeichnungen Realität werden, bleibt in Dresden die städtebauliche Gigantomanie Utopie.

100 ha groß ist das Gelände des Kulturzentrums, das südlich des eigentlichen Stadtzentrums von Tianjin liegt, etwa 2 km entfernt und öffentlich gut angeschlossen. Da kann nicht einmal Peking mithalten, die Verbotene Stadt misst 72 ha, der Tiananmen-Platz 44 ha. Solche Dimensionen sind in Deutschland undenkbar. Der historische Altmarkt, immerhin der älteste Platz Dresdens und 1370 erstmals erwähnt, ist gerade einmal 1,3 ha groß. Zwar sollte der Platz, an dessen Nordseite der Kulturpalast entstand, nach seiner Zerstörung im Zweiten Weltkrieg auf 20 ha vergrößert werden, samt Tribüne für Stand- und Fließdemonstrationen, Haus der SED und Haus des Rates. Doch dem Wettbewerb 1952 folgte keine annähernd so radikale Vergrößerung der mittelalterlichen Fläche, die »16 Grundsätze des Städtebaus« der DDR, am 28. April 1950 in der Sowjetunion verfasst, blieben Theorie: Auch wenn das städtische Zentrum »politischer Mittelpunkt« mit den »wichtigsten und monumentalsten Gebäuden« und Plätzen für »politische Demonstrationen« und »Aufmärsche« sein sollte, wurde der Altmarkt maßstäblich verändert, dem Verkehr und nicht den Demonstrationsströmen gemäß. Er behielt seine rechteckige Form mit Blick auf das über Jahrhunderte bedeutendste sakrale Bauwerk der Stadt, die Kreuzkirche, sowie den durch eine erste Stadterweiterung 1550 entstandenen Neumarkt mit der 2005 wiedereröffneten Frauenkirche. Denn das Wiederaufbaukonzept der Stadt lautete: Kleinteiligkeit und lebendige Vielfalt in der Innenstadt.
Maßstäbe setzte der Kulturpalast bei seinem Bau trotzdem. Und ebenso wie das Grand Theatre in Tianjin sprengte er sie. Was daran liegt, dass in China heute

und in der DDR vor 50 Jahren ein anderes Verhältnis zu Dimensionen besteht bzw. bestand: »Size matters«, da sind sich historisch wie aktuell ehemalige wie noch existierende autoritäre sozialistische Staatssysteme einig. Doch es ist – glücklicherweise – weder in Tianjin noch in Dresden die Größe allein, die den Städten zu (noch größerer) Größe verhelfen soll. Es ist vor allem die Qualität der Architektur, städtebaulich ebenso wie gestalterisch, in Tianjin neu erdacht und erbaut, in Dresden sorgfältig saniert und im Inneren komplett erneuert.

Das Kulturzentrum Tianjins

Zentrum und Herz des Kulturzentrums in Tianjin, das anstelle eines Vergnügungsparks entstand, ist ein großer künstlicher See, eine Reminiszenz an Tianjins Lebensader, den Hai He. Zahlreiche Fontänen, zu einem Kreis arrangiert und aus Las Vegas importiert, steigen hier angemessen illuminiert und zu klassischer Musik choreografiert jeden Abend um 20:30 Uhr zehn Minuten lang in die Höhe.
Ist der See das Herz, dann markiert das Grand Theatre den Kopf. Denn zeitgleich mit dem Grand Theatre entstanden weitere Gebäude auf Grundlage des vom Tianjin Urban Planning & Design Institute sowie von SOM erdachten Masterplans: eine Bib-

Tianjin Grand Theatre Ansicht mit See im Vordergrund (oben) · Blick in den Innenhof; mittig die Multifunktionshalle, links der Konzertsaal und rechts der Opernsaal (rechts)

liothek nach dem Entwurf von Wettbewerbssieger Riken Yamamoto & Field Shop, ein Kunstmuseum von KSP Jürgen Engel Architekten sowie das Tianjin Museum, geplant vom Architectural Design Research Institute der South China University of Technology (SCUT). Mit Anstand und Abstand reihen sich die drei Baukörper an der südlichen Seepromenade auf. Vis-à-vis nimmt die vom Tianjin Architecture Design Institute entworfene Galaxy Mall fast die komplette Wasserfront ein. Das Naturkundemuseum, dessen Form auf zwei Kreisen basiert und das ursprünglich 2004 von Shin Takamatsu

und Mamoru Kawaguchi als Stadtmuseum geplant worden war und 2014 umgebaut wurde, liegt dem Grand Theatre gegenüber.

Es gab Besprechungen, erinnert sich Stephan Rewolle, der das gmp-Büro in Peking seit zwölf Jahren leitet, an denen alle am Kulturzentrum mitwirkenden Architekten gemeinsam mit den Bauherren um einen Tisch versammelt waren, um das bestmögliche Ergebnis nicht nur für den einzelnen Entwurf, sondern für das gesamte Kulturzentrum zu erzielen. Um Integrität und Individualität in Balance zu setzen. Um die

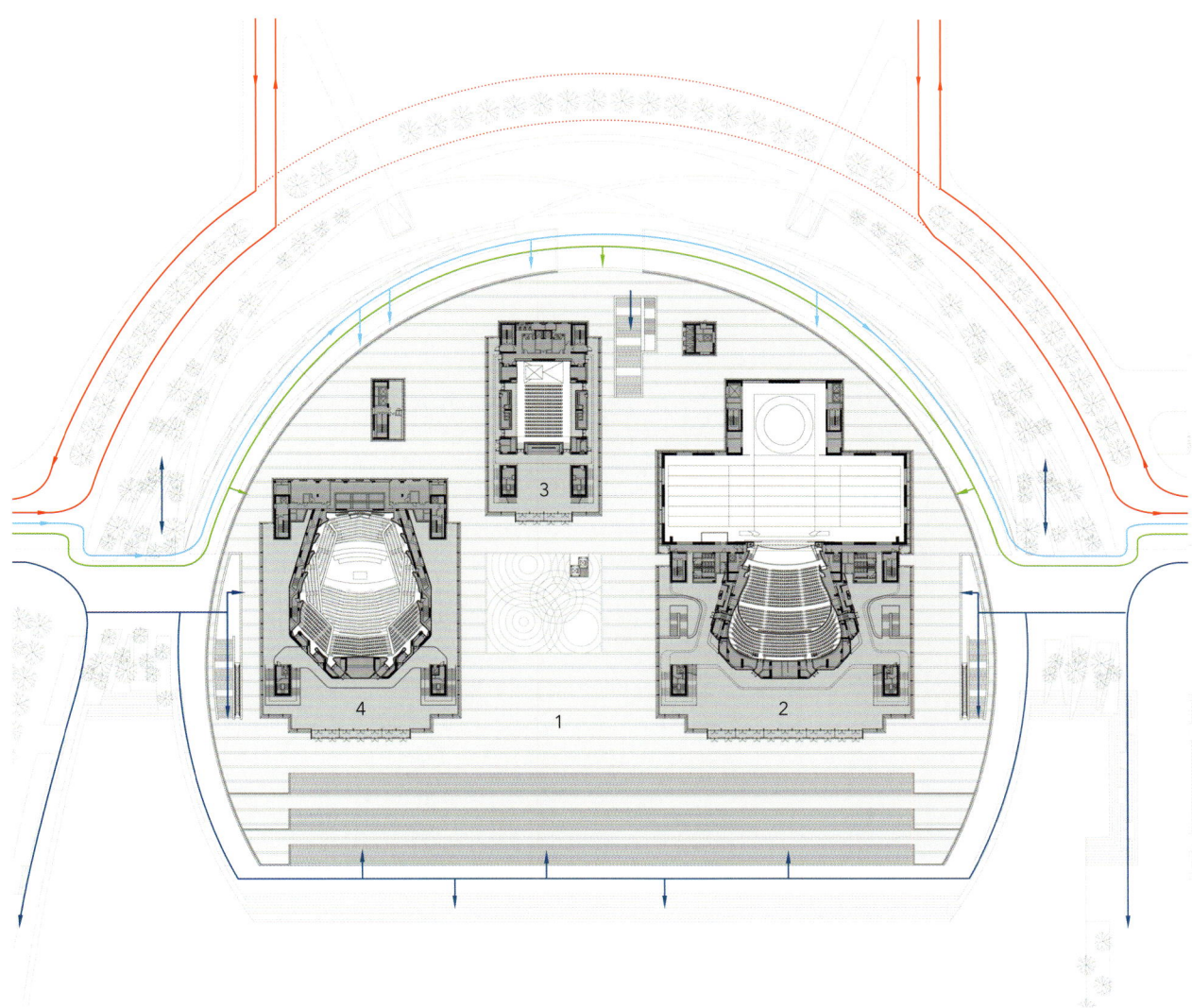

Tianjin Grand Theatre
Grundriss mit Verkehrs-
flüssen, Maßstab
1:2000 (oben)
1 Fußgängerebene
2 Opernsaal
3 Multifunktionshalle
4 Konzertsaal
— Fußgänger
— VIP-Zugang
— Autoverkehr
— Anlieferung

chinesischen Landschaftsprinzipien von
Berg, Wasser und Turm mit den westlichen
städtebaulichen Gestaltungsmitteln Achse
und Boulevard in Einklang zu bringen. Und
tatsächlich, so ungewöhnlich und staunens-
wert es auch sein mag: in Form, Farbe und
Material tanzt hier keiner aus der Reihe.
Und da die Ökologie inzwischen auch in
China ein Thema ist, versorgen drei Kraft-
werke das Quartier, teils von erneuerbaren
Energien betrieben.

Der kobaltblaue Teppich mit dem aus
goldenen Streifen geknüpften Umriss

des Grand Theatre ist übrigens ein Einzel-
stück. Unverkäuflich. Dafür kann man
im Museumsshop des Tianjin Museums
für 50 Renminbi, also knapp 7 Euro, ein
festgebundenes blaues Heft erwerben,
herausgegeben von der Tianjin Philatelic
Company. Es präsentiert das Kulturzentrum und seine Bauten auf Briefmarken,
die die jeweilige Architektur detailgetreu
abbilden. »Die Künste«, so steht es über
dem Bühneneingang jenseits des Teppichs
geschrieben, »bereichern den Charakter
einer Stadt«. Tianjin hat das ganz offensichtlich verstanden.

Die erste Seite des philatelistischen Werks bildet natürlich das gesamte Ensemble ab. Die zweite Seite ist dem Grand Theatre gewidmet, was dessen zentrale Stellung in dem Kulturensemble herausstreicht. Schon die Alleinlage des Grand Theatre am östlichen Seeufer macht deutlich, dass es die anderen Bauten dirigiert. Entstanden ist der Bau, gleichermaßen Anfangs- und Endpunkt des Kulturzentrums, Geste zum See und Verbindung ins Stadtzentrum, dabei in Rekordzeit: drei Jahre lagen zwischen dem Wettbewerb im Jahr 2009 und der Eröffnung 2012.

Sieg der Baukultur

In dem von gmp geplanten Nationalmuseum in Peking werden großzügig und permanent sämtliche Wettbewerbsergebnisse für diesen Bau präsentiert. Einen solchen Bildungsraum leisten sich leider weder das Grand Theatre noch der Kulturpalast. Dabei hätte jeder der beiden Wettbewerbe eine Geschichte zu erzählen: 40 renommierte nationale und internationale Architekturbüros erdachten Ideen für Tianjin, wie etwa die »Tide of Tianjin«, OMAs damaliger Wettbewerbsbeitrag in Form einer expressiven Welle. Doch klug entschied die Jury, kein sogenanntes Signature Building zu küren, das eher auf Form als auf Funktion setzt und in den seltensten Fällen beides sinnvoll miteinander verbindet. Mit dem Sieg und der Beauftragung von gmp gewann stattdessen der Entwurf, der zum sinnlichen Erleben einlädt, zum genussvollen Nutzen, zur Kunsterfahrung ganz im Sinne von Qian Cheng. Und auch in Dresden ist die Ausstellung mit den 28 Arbeiten internationaler Büros, die an dem Wettbewerb für die Umgestaltung des Kulturpalasts teilnahmen, längst wieder abgebaut. Dieser fand im selben Jahr wie der in Tianjin statt, 2009. Aber ganz offensichtlich war Einigkeit unter verschiedenen Büros mit verschiedenen Aufgaben beim Bau des Kulturzentrums schneller zu erreichen, als die Absprachen

Tianjin Grand Theatre Bauphase 2010–2012
(links) · **Kulturpalast Dresden** Rendering bei Nacht
(oben) · Wettbewerbsbeitrag Kollektiv Wiel aus
dem Jahr 1959 (unten)

mit der Stadt Dresden, dem Land, den
Bürgern, dem Denkmalschutz sowie dem
Architekten Wolfgang Hänsch, der den Kul-
turpalast 1969 erbaut hat. Vielleicht gilt in
China aber auch einfach: »speed matters«.

Bereits seit 2003 nämlich wurde in Dresden
gestritten und gerungen um die beste
Lösung für den in die Jahre gekommenen
Kulturpalast. Sämtliche Möglichkeiten, mit
dem Haus umzugehen, wurden diskutiert:
Ganz- oder Teilabriss, Erhalt und Umbau.
2007 stellte das Landesamt für Denkmalpflege den Kulturpalast als herausragen-
des Baudenkmal der DDR-Moderne unter
Schutz, »weil es besondere Eigenschaften
besitzt, die es wertvoll für die Gemeinschaft
machen«. Was allerdings nicht heißt, dass
keinerlei Veränderungen erfolgen dürfen.
Daher beschloss der Stadtrat der Landeshauptstadt Dresden 2008, einen erstklassi-
gen Konzertsaal sowie die Städtische Zentralbibliothek und einen Saal für das Kaba-

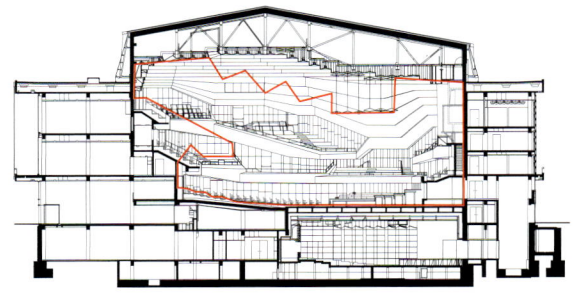

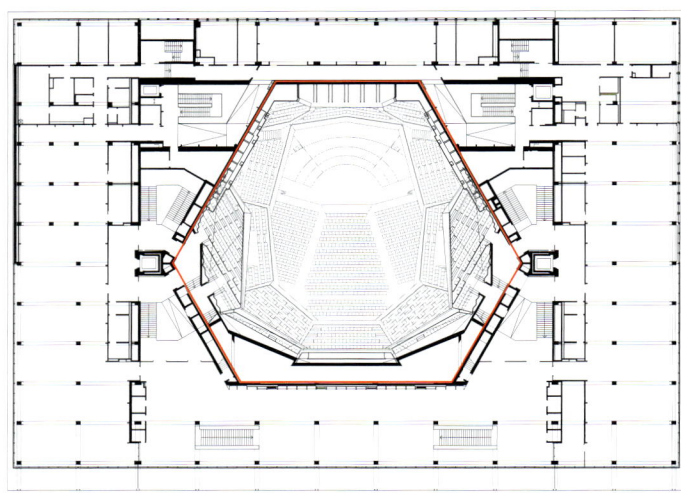

rett »Die Herkuleskeule« in den energetisch ertüchtigten und sicherheitstechnischen Ansprüchen genügenden Kulturpalast zu implementieren. Und das war dann auch die Grundlage für den Architektenwettbewerb, den gmp gewann – aufgrund der »lobenswert guten Balance zwischen Funktionalität, Ästhetik, neuer Bausubstanz und Denkmalschutz«, wie die Jury betonte.

Anstatt eines »Knalleffekts« gewann also auch in Dresden die Baukultur. Dabei war ursprünglich durchaus ein Signature Building gewünscht: Beim 1959 durchgeführten Wettbewerb war für das Haus der sozialistischen Kultur, das später in Kulturpalast

umbenannt wurde und den Altmarkt nach Norden abgrenzen sollte, ein Hochhaus gefordert. 29 Planungskollektive traten damals gegeneinander an. Walter Ulbricht forderte, dass »die moderne Technik beim Bau dieses Kulturhauses unbedingt Berücksichtigung finden [müsse], die Verwendung von Stahlbeton bzw. Spannbeton, von großen Glasflächen, Aluminium, neuen chemischen Baustoffen«. 28 Planungskollektive schlugen daraufhin Hochhäuser in diversen Formen vor. Doch zur Realisierung kam keiner der Entwürfe, die städtebauliche Höhendominante scheiterte aufgrund von ökonomischen Zwängen, anhaltendem Protest und neuen politischen Vorgaben,

Kulturpalast Dresden
Schnitt Nord-Süd, Maßstab 1:1000 (oben) · Grundriss 2. Obergeschoss, Maßstab 1:1000; im Prozess der akustischen Optimierung wurden Breite und Höhe des Konzertsaals im Vergleich zum Originalzustand (siehe rote Linie) reduziert (unten)

Deutscher Pavillon Sep
Ruf & Egon Eiermann,
Brüssel (B) 1958 (links) ·
Kulturpalast Dresden
Aufnahme nach Fertig-
stellung 1969 (unten)

sodass 1966 der eine Entwurf den Auftrag
erhielt, der nicht versucht hatte, einen Saal
in ein vertikales Volumen zu quetschen: der
von Leopold Wiel. Der 1916 geborene lang-
jährige Professor für Werklehre, Baukonst-
ruktionslehre, Wohnungsbau und Entwerfen
an der Technischen Hochschule Dresden
hatte mit seinem Vorschlag erfolgreich die
Wettbewerbsanforderungen ignoriert und
mit einer »Himmelsnadel« einen absolut
ausreichenden und stadträumlich sicher
sinnvolleren Hochpunkt gesetzt als mit
einem Hochhaus. Seinem Entwurf gelang
jedoch noch mehr: sein Kulturpalast brach
mit dem aus Moskau importierten Tradi-
tionalismus und orientierte sich in seiner

Architektursprache an der Moderne, an
Egon Eiermann und Sep Ruf. Gemeinsam
mit dem Kollektiv um Wolfgang Hänsch
und Herbert Löschau schlug Wiel einen
flachen Baukörper in Stahlbetonskelett-
bauweise vor, der einen Mehrzwecksaal
mit 2740 Plätzen, ein mehrgeschossiges
Foyer, ein Restaurant, Klubräume und
ein Studiotheater mit 192 Plätzen umfasste.
Ursprünglich übrigens von einer Kuppel
überspannt, die mit Blattgold belegt werden sollte, aber nicht realisiert wurde.

Himmel und Erde in Balance
Gold hat auch das Grand Theatre in Tianjin
nicht nötig. Das formale Konzept des Grand

Theatre ist schließlich ebenso atemberaubend wie überzeugend: Auf das am westlichen Ende des Sees wie eine flach gewölbte, von einer kreisrunden Wasserfläche angeschnittene Schale im Boden steckende Volumen des Naturkundemuseums antwortet das Gebäude mit einem großen, sich öffnenden halbrunden Dach, wie ein Scheibenschnitt aus einer gigantischen Kugel. Der dreidimensionale Halbkreis liegt auf einem zum See hin offenen, eckigen U auf, das einen großzügigen Hof umschließt. Großflächig wurde ein Himmelsfenster über dem Hof ausgeschnitten, während rechts und links davon zwei rechteckige Baukörper das Dach durchstoßen und in die Höhe ragen. Sie markieren zwei der insgesamt drei frei stehenden, unabhängig voneinander zu nutzenden Säle. Der Dachform folgend schließt auch der für Bodenhaftung sorgende Sockel auf der dem See abgewandten Seite rund ab. Auf ihm ruht die auf dem Teppich so treffend reduzierte Einheit aus vertikalen, horizontalen und diagonalen Streifen. Der Sockel nimmt auf seiner Ostseite die komplette An- und Ablieferung auf, sodass das Gelände des Kulturzentrums ganz ohne Verkehr auskommt. Eingeschossig erhebt er sich in dem den Künstlern und Angestellten

vorbehaltenen Bereich über Bodenniveau, wodurch eine gekrümmte Straßenschlucht entsteht. Zum Wasser jedoch treppt sich das steinerne Plateau auf 6 m Höhe und ganzer Breite ab und wird zur gigantischen Bühne – die jedoch an einem Werktag im April 2016 abgesperrt ist. Die Öffentlichkeit muss leider draußen bleiben. Die unmissverständliche Geste greift ins Leere, ein Jammer. So bleibt zu hoffen, dass mit derselben Geschwindigkeit, mit der China den Kapitalismus adaptiert hat, auch gelernt und akzeptiert wird, dass Stadtkultur nur entsteht, wenn man sie selbstverständlich, unorganisiert und unkontrolliert zulässt. Die Künste bereichern den Charakter einer Stadt nämlich nur, wenn man sie lässt. Und die wenigsten politischen Systeme, das beweist die Geschichte, können ewig existieren, wenn das Volk nicht als Volk wahrgenommen wird.

Die Architektur des Grand Theatre allerdings muss den Beweis, dass sie Tianjin bereichert, nicht mehr antreten. Himmel und Erde sind in Balance. Denn stemmt sich nicht das Naturkundemuseum kreisförmig in den Boden? Öffnet sich das kreisförmige Grand Theatre nicht zum Himmel? So halten sich gemäß daoistischer Lehre Yin und Yang, die beiden kosmischen Urkräfte, auf deren Harmonie in China großen Wert gelegt wird, die Waage. Blickt man über den See, erinnert das Grand Theatre zudem an eine geöffnete Muschel. Wie drei Perlen scheinen die drei Säle hinter den horizontal gegliederten, gläsernen Fassaden zu schlummern.
Doch Bilder sind dazu da, Emotionen zu wecken und nicht, um 1:1 übertragen zu werden. Kitsch ist kein Stilmittel des Büros. Das Dach schimmert weder blau noch perlmuttfarben, die Perlen sind kubisch. Für Werthaltigkeit wurde anders gesorgt: zurückhaltend, angemessen und sensibel.

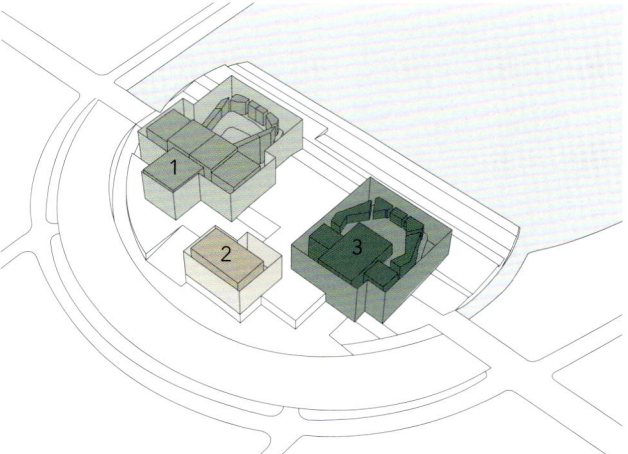

Tianjin Grand Theatre
Funktionsdiagramm
(links)
1 Opernsaal
2 Multifunktionssaal
3 Konzertsaal

Kulturpalast Dresden
bronzierte Verglasung am alten Kulturpalast (oben) · Funktionsdiagramm (rechts)
1 Kupferdach
2 Städtische Bibliothek
3 Dresdner Philharmonie
4 Festsaal
5 Dresden Information
6 Besucherzentrum Stiftung Frauenkirche
7 Kabarett »Die Herkuleskeule«
8 Eingangsfoyer

Kulturpalast Dresden: Zurück in die Zukunft

So auch bei der Sanierung in Dresden. Christian Hellmund, Projektleiter für die Sanierung und den Umbau des Kulturpalasts aus dem Büro gmp, erinnert sich noch gut an ein Treffen mit Wolfgang Hänsch. Nett war die Atmosphäre. Sehr gut gefiel dem Erbauer des Kulturpalasts das Konzept, in dem ausgehöhlten, sechseckigen Innenraum einen komplett neuen Konzertsaal unterzubringen, anstelle des ehemaligen Restaurants und der alten Klubräume die Bibliothek vorzusehen und als dritte Nutzung einen Saal für »Die Herkuleskeule« im Untergeschoss unterzubringen. Doch eine Klage gegen die Stadt auf Wahrung seiner Urheberrechte wollte der alte Herr trotzdem anstrengen. Aus Prinzip. Das Urteil des Oberlandesgerichts Dresden fiel 2012: »Der Große Saal ist eine herausragende Architektenleistung, das Umbauinteresse der Stadt aber gewichtiger.«

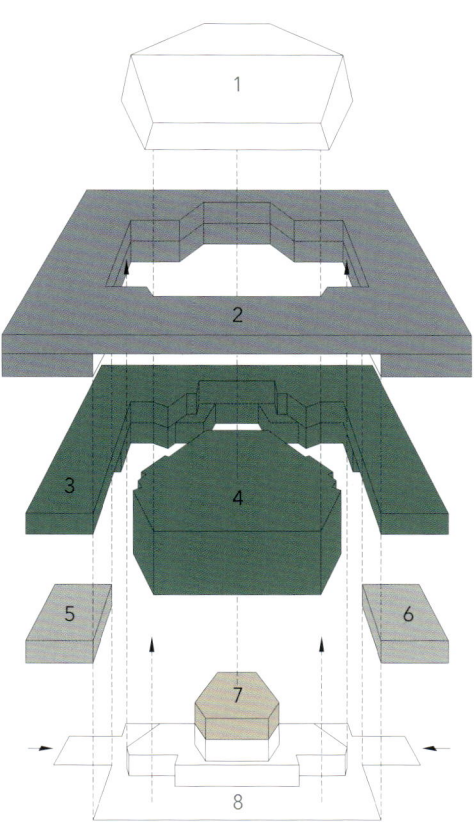

Wolfgang Hänsch verstarb 2013 im Alter von 84 Jahren. Vermutlich wäre er mit dem Umbau versöhnt gewesen, wenn er erlebt hätte, wie sorgsam bei der Sanierung nach Lösungen gesucht wird, die den Charakter des Kulturpalasts bewahren. Und zum Teil gar wiederherstellen. Denn schon zu Hänschs Lebzeiten waren Eingriffe nötig gewesen. Bereits kurz nach der Eröffnung wurden die großen Klarglasscheiben durch bronzierte Gläser ersetzt, die den Eindruck des zwischen zwei weißen Betonsimsen schwebenden Körpers nachhaltig störten. 2006, im Stadtjubiläumsjahr, wurde die südöstliche Ecke zu einem Informationscenter Frauenkirche umgebaut. Die roten, für Dresden untypischen, für den Kultur-

palast jedoch so charakteristischen Granitplatten wurden dazu entfernt und durch Glas ersetzt. An der ursprünglich geschlossenen, westlichen Ecke war bereits in den 1990er-Jahren ein gläserner Ticketschalter entstanden. Damals beugte sich Wolfgang Hänsch dem durchaus verständlichen Wunsch nach Transparenz und Verkaufsförderung. Glücklich machten ihn diese Eingriffe jedoch nicht. Seiner Bitte, den Sockel im Zuge der Sanierung als Granitsockel wieder kenntlich zu machen, wollte die Stadt zwar nicht ganz entsprechen. Doch sie gab gmp ein gutes Argument an die Hand, die Basis zwar nicht komplett, aber größtmöglich mit Platten aus dem ursprünglichen Steinbruch in der Ukraine wiederaufzubauen.

Tianjin Grand Theatre
Blick in den Opernsaal von der Bühne aus (oben) • Foyer des Opernsaals (rechts)

Vielfalt in der Einheit

Muss man in Dresden den Kulturpalast betreten, um die im Verborgenen schlummernde »Perle«, den neuen Konzertsaal, betrachten zu können, so manifestiert sich die Eleganz des Grand Theatre schon weithin sichtbar in der gekonnten Fügung der geometrischen Formen in einem Farbspektrum aus Silber, Grau, Weiß und Beige. Baima heißt der Stein, aus dem der Sockel gefertigt ist, ein weißgrauer Granit aus dem Norden Chinas. Der Steinbruch, so heißt es im gmp-Büro lächelnd, müsste eigentlich längst abgebaut sein, der Stein nämlich findet in zahlreichen von gmp in China realisierten Bauten Verwendung, innen wie außen, poliert wie sägerau, der Architekturauffassung treu, Vielfalt in der Einheit zu finden. Was selbstverständlich nicht nur in China gilt, sondern weltweit. In Tianjin wurde der Naturstein auf dem Boden sowie an den Wänden verlegt. Er korrespondiert farblich mit den silbergrau gespritzten Aluminiumprofilen, die sich innen und außen als horizontal liegende, auskragende Lamellen ausbilden, die auf ebenfalls aus der Glasfläche heraustretende Stützen treffen und sich zu einem plasti-

schen Gitterwerk verweben. Silbergrau präsentiert sich auch die sechste Fassade des Grand Theatre, die Dachuntersicht, die vor allem nachts, wenn feine Lichtstreifen die Geometrie überziehen, das Haus fantastisch inszenieren. Tagsüber hingegen sind die Streckmetallpaneele erkennbar, die bündig zwischen den parallel zur Wasserfront verlaufenden Trägern befestigt sind. Diese wiederum folgen dem Rhythmus der Fassadenstützen und geben die Abtreppung vor, die im Inneren des Hofs die Form des Dachs ablesbar macht. Wohltuende Ruhe strahlt die gleichmäßige und farblich abgestimmte Struktur aus, die Zurückhaltung bei der Wahl der Materialien wirkt unprätentiös und doch nobel. Leicht schräg stemmen sich die zum Wasser orientierten Fronten aus dem Boden. So weisen sie auf die an allen drei Schenkeln zu findenden Eingänge hin und nehmen den Fassaden ihre größenbedingte Wuchtigkeit.

Im Innenraum durfte es ein wenig repräsentativer sein. Hier wurde Travertin statt Granit verwendet, Edelstahl statt Aluminium. Dynamisch kurven sich die Foyergalerien auf zwei Ebenen den Rängen der Säle entsprechend und diese erschließend in den wahrhaft großzügigen Raum. Gläserne Brüstungen sorgen für Aus- und Durchblick. Auch der beige Travertin findet auf dem Boden wie an den Wänden Verwendung: Schmale Streifen, vertikal angebracht, zeichnen ein Muster, das an den Faltenwurf eines Vorhangs erinnert. Es sorgt für den passenden Vorgeschmack auf die beiden großen Säle, in die rötlich schimmernde, in schräge Nischen eingepasste Holztüren führen.

Ein Opernhaus ist ein Opernhaus ist ein Opernhaus?

Die innenräumliche Noblesse macht Sinn. Schließlich steckt schon in der Bezeichnung Grand Theatre das Wort »Grand«. Mit der Übersetzung Opernhaus wird man dem Grand Theatre allerdings nicht gerecht, ein

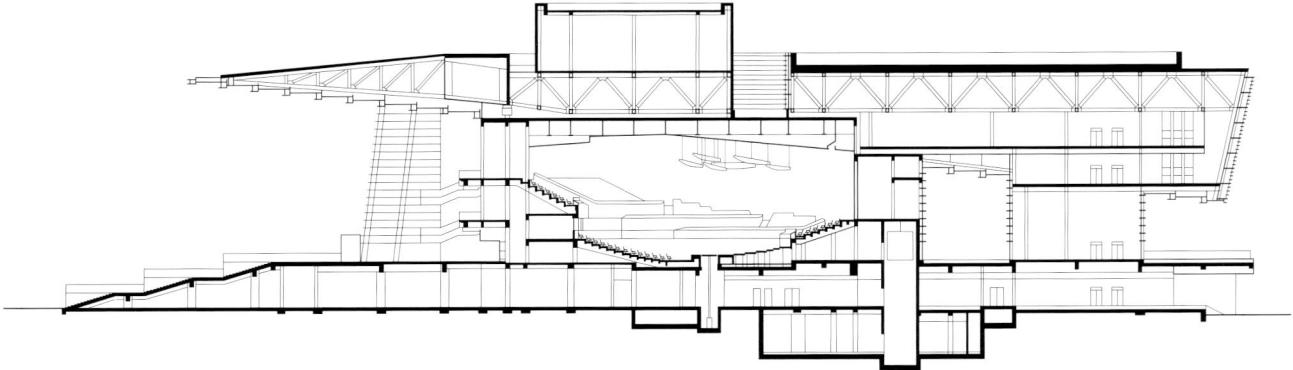

Opernhaus im europäischen Sinn ist das
Große Theater in China nicht. Dabei ist die
Bezeichnung Oper den Chinesen durchaus
ein Begriff. Sie entstand sogar lange vor
dem, was im alten Europa unter Oper verstanden wird, während der Tang-Dynastie
(618–906). Doch die Chinesische Oper
samt ihrer bekanntesten Umsetzung, der
Peking-Oper, bildete im Gegensatz zu ihrem
europäischen Pendant nie eine eigene bau-
typologische Gestalt aus, wurde nicht zum
städtischen Fixpunkt elitärer Hochkultur,
wie etwa die 1878 in ihrer heutigen Form
von Gottfried Semper erbaute und 1985
wiederaufgebaute Semperoper in Dresden,
nicht weit vom Kulturpalast entfernt. Die
Chinesische Oper war als Einheit aus Musik,
Gesang, Pantomime, Schauspiel, Kampf-
technik und Akrobatik vielmehr stets volks-
nah, ihre lebensnahen Stücke hat am ehesten
wohl Bertolt Brecht mit seinem anti-illusio-
nistischen Theater nach Europa transferiert.
Daher ist das Grand Theatre in Tianjin,
ebenso wie die von gmp realisierten Großen
Theater in Chongqing oder Qingdao, vielmehr ein Bühnenhaus, das unterschiedliche Formate zulässt und deren Aufführung
ermöglicht – Musical und Kammerkonzert,

Comedy oder Orchesterwerk. Und wenn es
sein soll, natürlich auch eine Oper. Wie gut,
dass die chinesischen Besucher inzwischen
wissen, dass man während der Aufführungen nicht mit dem Nachbarn plaudert oder
dem Handy telefoniert.

Das ist der Kulturpalast auch: ein Bühnenhaus. Seit seiner Eröffnung 1969 war das
Haus ein Multifunktionsbau für diverse Kul-
turangebote, eher Stadthalle als Konzert-
gebäude, dessen zentral gelegener, sechs-
eckiger Festsaal mit damals innovativem
Kippparkett für Konzerte ebenso erbaut war
wie für Bälle und Kongresse. Verständlich
also, dass er den Ansprüchen der Dresdner
Philharmonie nicht genügen konnte. Das
wird sich ändern. »Ich schätze die Dresdner Philharmonie sehr und kenne auch den
akustisch völlig unzureichenden Saal, in
dem dieses fantastische Orchester bisher
spielen muss. Insofern freue ich mich sehr,
dass nun ein Weltklasse-Orchester endlich
auch einen Weltklasse-Saal bekommt«,
schreibt Anne-Sophie Mutter in einer Bro-
schüre der Dresdner Philharmonie zum
neuen Konzertsaal. So wird zwar aus dem
Kulturpalast noch immer kein repräsentati-

Tianjin Grand Theatre
Schnitt, Maßstab 1:1000
(links) • Grundriss Multifunktionshalle, Maßstab
1:1000 (unten) • Blick in
den Opernsaal (rechts)

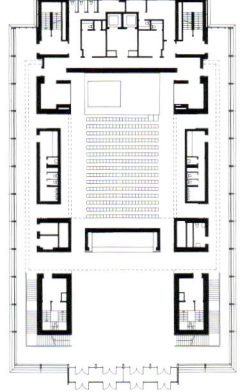

ves Stadtschloss, wie es der Begriff Palast nahelegt. Und auch ein Hybrid wird er blei-ben, mit Konzertsaal, Kabarettbühne sowie der Städtischen Zentralbibliothek. Doch seine akustische Qualität wird – endlich – der Musik gerecht werden.

Es ist übrigens ein schöner Zufall, dass ein Höhepunkt des diesjährigen Veranstal-tungsangebots des Grand Theatre das Gastspiel der Staatskapelle Dresden unter Rudolf Buchbinder war. Am 30. April 2016 führte sie Klavierkonzerte von Mozart auf, die neun auf der Facebook-Seite des Grand Theatre Tianjin geposteten Fotos zeigen einen ausverkauften Konzertsaal. Fremd war der Staatskapelle Dresden das Haus und seine Umgebung nicht: Die Musiker waren bereits letztes Jahr im Rahmen ihrer China-Tournee im Grand Theatre und loben auf der Website, dass »die Aufmerksam-keit von Seiten des Publikums bereits seit einigen Jahren internationales Niveau« hat – und somit für Ruhe im Saal gesorgt war. Ganz offensichtlich hat in diesem Punkt die Musik nicht nur den Charakter der Stadt, sondern auch der Menschen schon verändert.

Waren die Verhaltensregeln, die zumindest bei Konzerten europäischer Musiker herr-schen, für die heimischen Zuschauer neu und somit eine Herausforderung, so waren die Architekten in Tianjin und in Dresden gefordert, eine Licht- und Bühnentechnik für sämtliche denkbaren Events vorzusehen. Ihre Lösung: unterschiedliche Säle, Vielfalt in der Einheit eben.

Drei Säle, zahllose Möglichkeiten

Die kleinste der drei »Perlen«, die Multifunk-tionsbühne für 400 Besucher, schiebt sich in die Mitte des Grand Theatre zwischen Opern- und Konzertsaal tief in die Gebäu-deform ein. Das auch im Innenraum als Rechteck erlebbare Volumen wird vom Hof aus erschlossen. Der Multifunktionsraum zeigt sich, seiner Bestimmung entspre-chend, bewusst schlicht, seine Ästhetik ist die der Bühnentechnik. Die Stahlträger an der Decke sind sichtbar, anthrazitfarbene Akustikpaneele tauchen den Raum mit ver-änderbarer Bestuhlung in eine Dunkelheit, die an Kinoatmosphäre erinnert.
Auf der Südseite des Hauses liegt der sogenannte Opernsaal mit 1600 Sitzplät-zen. Ganz klassisch auf die Bühne aus-

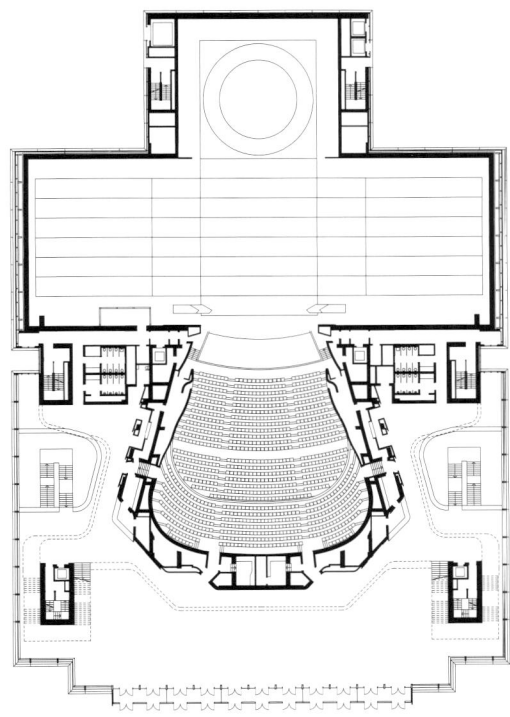

Tianjin Grand Theatre Opernsaal (links) · Grundriss
Opernsaal, Maßstab 1:1000 (oben) · Die Sternenhalle der Königin der Nacht. Bühnenbildentwurf
der Oper »Die Zauberflöte«, Karl Friedrich Schinkel,
um 1815 (rechts)

von Lichtern erstrahlen können. Auch sie
wurden gleichmäßig verteilt, ihren Abschluss
finden die Spots in einem Leuchtkranz unter
der Kuppel. Bezaubernd ist die Wirkung,
sie erinnert an die Sternenhalle im Palast
der Königin der Nacht, so wie Karl Friedrich
Schinkel sie sah und als Bühnenbild schuf,
das erstmals 1816 im Opernhaus Unter
den Linden in Berlin zu sehen war. Dabei
muss man Mozarts »Zauberflöte« und
Schinkels Entwurf nicht kennen, um diesen
Raum zu verstehen: Traditionsgemäß ist
für Chinesen die Erde quadratisch und der
Himmel eine Kugel.

Akustische Qualität
Im Norden des Grand Theatre liegt der Konzertsaal. 1200 Sitze bietet er Zuschauern
und Zuhörern. Holz bestimmt die Atmosphäre. Die im Opernsaal mit gleichbleiben-
dem Rhythmus von Lamelle und Luftraum
ausgeführte Struktur ist im Konzertsaal
dynamisch gestaltet. Wie Wellen scheinen
die Wände rund um die Bühne zu wogen.
Erst an der Decke vereinigen sie sich wieder zu einem Rund. Abgehängte Segel
lenken Ton und Blick und wurden wie der
gesamte Raum akustisch, optisch, lichttech-
nisch und haptisch in zahlreichen Studien
optimiert. Besser geht es nicht: Statt als

gerichtet sind die in einem warmen Braun-
ton gehaltenen Sitze auf das Parkett sowie
drei Ränge verteilt, die sich in die Kuppel
über dem Zuschauerraum schrauben.
Wer wohl den aufregenderen Blick hat?
Es mag bei einigen Aufführungen der von
der Bühne sein. Vor dem Künstler nämlich
öffnet sich ein symmetrischer Raum, wie
aus einem Stück Holz gefräst. Gleichmäßig
überziehen feine horizontale Lamellen die
Wände, in deren Abstandsrillen Tausende

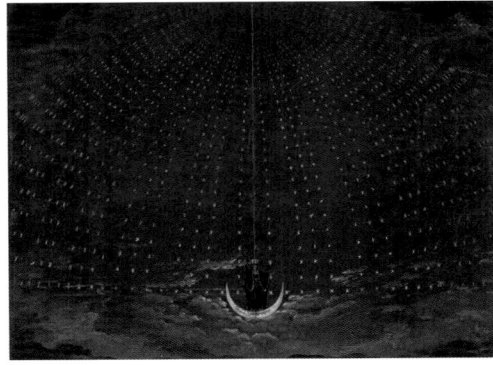

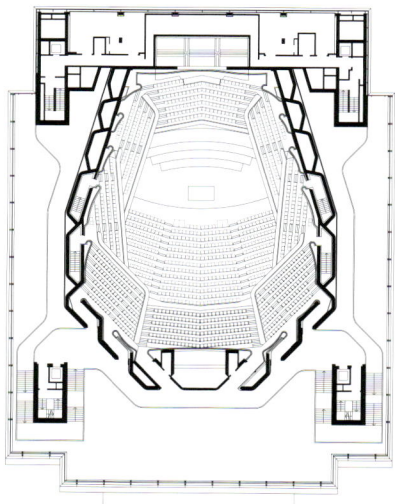

Tianjin Grand Theatre Konzertsaal mit terrassenförmig nach oben steigenden Rängen (oben) · Grundriss Konzertsaal, Maßstab 1:1000 (unten)

Schuhschachtel wurde der Saal als sogenannter Weinberg organisiert, d. h. die Sitze fächern sich um eine Mittelbühne auf, was für beste Klangerlebnisse bei großen Orchestern wie bei Solisten sorgt. Kein Wunder also, dass auch in Dresden im Kulturpalast der Konzertsaal als Weinberg gebaut wird. Im Wettbewerb hieß es, der Konzertsaal erhalte durch das prägnante Thema der »tektonischen Schollen« eine »eigene, unverwechselbare und moderne Gestalt«. Tatsächlich passt die Scholle als Bild gut in den Weinberg, der den Charakter des Saals beschreibt. 1818 Sitzplätze wird er haben, verteilt auf Parkett und zwei Ränge, mit einer großen Bühne im Zentrum, an die das Publikum nah heranrückt. Gemäß einer Vereinbarung mit der Denkmalbehörde wurde für den Umbau eine Fläche definiert, auf der – einem innenräumlichen Baufenster entsprechend – die Neugestaltung durchgeführt werden durfte.

Dass diese aus akustischen Gründen kleiner ist als der alte, unvorteilhaft breite Saal, dient nach Abschluss der Bauarbeiten nicht nur dem Klangerlebnis, sondern auch dem Raumerlebnis: Polymorphe Zwischenräume bilden spannungsvolle Übergänge zwischen Alt und Neu, kleine Zeitreisen-Kabinette. Ein Reflektor oberhalb der Bühne wird das gegenseitige Hören der Musiker unterstützen. Das ergaben übrigens nicht nur die computergenerierten Rechenmodelle, zusätzlich wurde für den Kulturpalast der Saal stets auch im 1:10-Modell überprüft. So zeigte sich beispielsweise, dass statt der geplanten glatten Decke eine streuende Struktur sinnvoll ist, die für Schalldurchmischung sorgt. Ihre Ausgestaltung wird vor der Eröffnung noch akustisch feinjustiert, im Maßstab 1:1. Das heißt: Nach »Konzerten« im mit Statisten besetzten Saal fällt die Entscheidung, ob bzw. wo schallharte und wo schallabsorbierende Platten in die nun aus Dreiecken gebildete Decke eingefügt werden. Bereits jetzt fest installiert ist allerdings eine Orgel mit 55 Registern. Sie ist für ein sinfonisches Repertoire des 19. und 20. Jahrhunderts bestens geeignet, erweitert die Dresdner Orgellandschaft und bestimmt den Saal auch optisch.

Erinnern, erhalten, entwickeln: der neue alte Kulturpalast

Im gelben Heftchen aus dem VEB Verlag für Bauwesen, das statt für die auf der hinteren Klappe ausgezeichneten 6 (DDR-) Mark in einer Dresdner Buchhandlung inzwischen für 14,50 Euro verkauft wird, hieß es noch: »erbaut 1966/69, Ideenvorschlag v. L. Wiel, Entw. Arch. W. Hänsch, H. Löschau und Kollekt.; Innengestalt. H. Zimmermann; […] Geistig-kulturelles Zentrum der Stadt u. des Bezirkes, flacher Baukörper 102,80 × 71,80 × 19,35 m. Bildet städtebaulichen Abschluss des Altmarktes

Kulturpalast Dresden als Weinberg konzipierter Konzertsaal (unten)

Kulturpalast Dresden Kubatur und gefaltete
Deckenkonstruktion des Konzertsaals wurden in
Zusammenarbeit mit Akustikplanern in Simula-
tionen untersucht und weiterentwickelt, die
Neigungen einzelner Decken- und Wandflächen
den Messergebnissen entsprechend angepasst
(unten) · Montage Deckenpaneele (rechts)

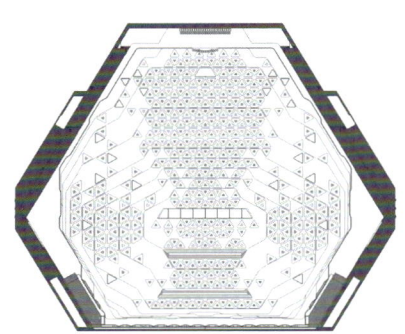

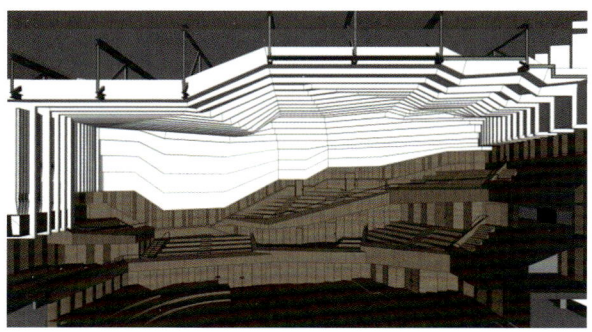

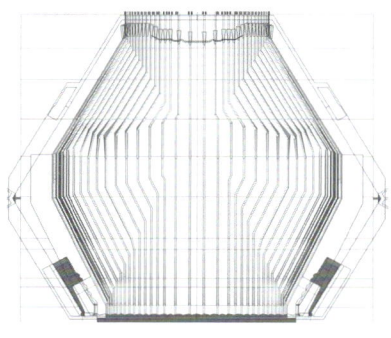

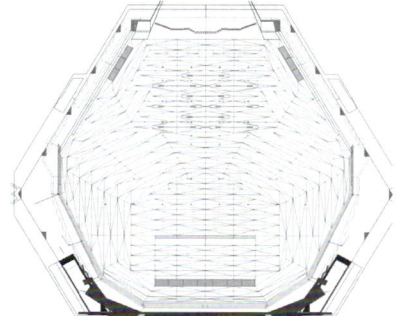

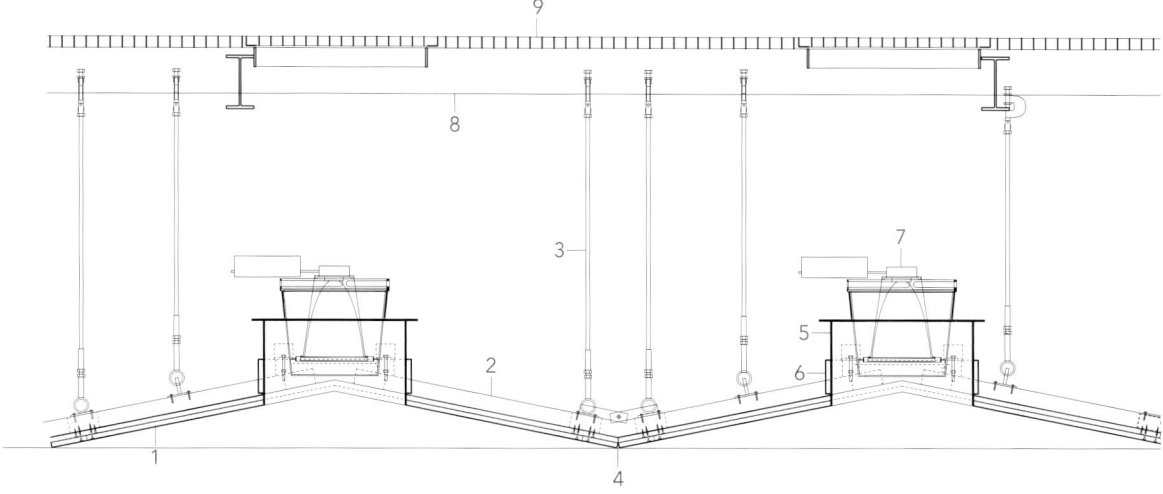

Kulturpalast Dresden
Detailschnitt der abgehängten Decke, Maßstab 1:20 (oben)
1   gefaltete Decke
    Gipskartonplatte
    auf Dreieckrahmen
    verschraubt
    2× 12,5 mm
2   Dreickrahmen Alu-
    minium 80/40/3 mm
    dazwischen Alumini-
    umblech gefaltet
    200/0,6 mm als
    Schraubgrund für
    Gipskartonplatten
3   Abhängung Gewin-
    destange drei-
    dimensional höhen-
    justierbar M10
4   Fuge in der
    obersten Platten-
    lage 5 mm
5   Gehäuse zur Auf-
    nahme der Leuchten
    Aluminium matt
    weiß pulverbe-
    schichtet 5 mm
6   Stahlprofil
    ∟ 22/28/2 mm zur
    Auflage des Leuch-
    tengehäuses auf
    Dreiecksrahmen
7   LED-Leuchte
    Aluminium 5 mm
    schwenkbar und
    zur Revision
    höhenverstellbar
8   Stahlprofil IPE
    (Bestand)
9   Gitterrost (Bestand)

nach Norden. Monolith. Stahlbetonskelettbauw. (Raster 6 × 9 m), Sockelgesch. Naturstein, Obergesch. Aluminium-Glas-Elemente, teilw. Betonstrukturwände, Saalaufbau profiliertes Kupferdach; Mehrzwecksaal m. Kippparkett 2740 Pl., Studiotheater 192 Pl., Restaurant 205 Pl., Klubräume 584 Pl.; Wandbild ›Weg der roten Fahne‹ v. G. Bondzin; Bronzereliefs Eingangstüren v. G. Jäger; Freiflächengestaltung v. G. Krätzschmar«. Doch natürlich war der Bau des Kulturpalasts schon damals viel mehr: 1966 lagen Schloss und Frauenkirche in Trümmern. Der liegende Baukörper aus Glas und Beton, auf poliertem rotem Granit ruhend und bekrönt von einem beinahe anthroposophisch anmutenden Kupferdach, das den Saal im Inneren nachzeichnet, war ein kulturpolitischer Akt. Architektonisch zeitgemäß und vielleicht sogar ein wenig visionär. Christian Hellmund ringt die Geschwindigkeit, mit der ein solches Bauvorhaben damals realisiert wurde, noch heute Respekt ab. Und das unabhängig davon, dass die im Wettbewerb geplante, goldschimmernde Kuppel durch das sechseckige Dach ersetzt, der Kulturpalast um ein Geschoss verkleinert, sein Grundriss im Vergleich zum Wettbewerb kompakter organisiert und die Himmelsnadel in drei Fahnenmasten zerschnitten wurde. Doch reichte selbst die

»abgespeckte« Variante aus, das Gebäude unverrückbar in die Biografie zahlloser Dresdner einzuschreiben. Übrigens auch in die von Christian Hellmunds Schwiegervater: kurz nach der Fertigstellung verdiente der Student sich Geld damit, das Kupferdach mit Scheuermittel blank zu schrubben – um wenigstens einen Hauch von Gold über der Stadt strahlen zu lassen. Auch wenn die damals aufgetragene Versiegelung die heutige Patina nicht verhindert hat und so vergänglich war wie die politischen Überzeugungen, die im Kulturpalast bei seiner Eröffnung propagiert wurden.

Dafür wird das Foyer 2017 in altem Glanz erstrahlen, schlicht und mit wenigen, heute wie damals additiv zugefügten edlen Materialien wie etwa dem Ebenholz der Treppenläufe oder einer Wand aus Goldrüsterfurnier. Galt für das neue Baufenster für den Konzertsaal nämlich nur die Vorgabe, für beste Akustik und schönste Atmosphäre zu sorgen, so stand das Foyer unter Denkmalschutz. Wie ehemals wird es sich auf den Altmarkt orientieren, statt Wasser, wie in Tianjin, hat man hier städtisches Leben im Blick. Rot wird wieder der Teppich auf dem Fußboden leuchten, Weiß die MoKi-Decke schimmern. Lange glaubte Christian Hellmund, MoKi stünde – vom Sachsen sprach-

lich zu »Mogi« gemacht – für monolithischer Gips. Doch die Erklärung für die Abkürzung MoKi ist eine andere: sie steht für »Modell Kino International«. Das Kino wurde 1963 in Berlin eröffnet, geplant von den Architekten Josef Kaiser und Heinz Aust. Und dort wurde die gleiche Decke aus Gipselementen verwendet. War es Zufall oder Schicksal, dass bei einer der mit der Sanierung des Kulturpalasts beauftragten Firmen ein Mann arbeitet, der als Lehrling die ursprüngliche Decke eingebaut hat? Und der, wie der Zufall oder das Schicksal es will, zu Hause noch ein paar der alten Gipsformen fand? Statt wie eigentlich geplant neue Formen zu fräsen, wurden daher von Stuckateuren im Erzgebirge die alten Formen neu abgegossen und diese dann mit Gips gefüllt. 280 000 Mal. Auf dieselbe Art und genauso viele wie beim Bau in den 1960er-Jahren. Während die charakteristischen Leuchten, 1600 Stück, in Marienberg nach altem Vorbild hergestellt werden, versehen mit neuer Lichttechnik. Denn beim Umgang mit einem Denkmal gilt bei gmp: Der originale Nachbau ist in Ordnung. Der

veränderte Nachbau sollte als solcher erkennbar sein. Während das Imitieren des Nicht-Originalen die schlechteste architektonische Lösung ist.

Mit dieser Haltung wurde auch der Fassade begegnet. »Die ist aus den 1960ern, die muss ersetzt werden«, hieß es erst. Wirklich? Denn beim Ausbau einer Achse zeigte sich eine handwerklich gefertigte Mischung aus Fensterkonstruktion und Pfosten-Riegel-Fassade, vermutlich die erste Systemfassade der DDR. Die ebenfalls in Berlin bereits verbaut war, im von Josef Kaiser und Heinz Aust entworfenen Café Moskau aus dem Jahr 1964. Bei dessen Sanierung blieb die Fassade erhalten. Warum dann nicht auch beim Kulturpalast? Tatsächlich wurde dann auch in Dresden nur die Zweifachverglasung ersetzt. Und Christian Hellmund ist froh, dass die »seltsame Mischung« nicht nachgebaut, nicht imitiert werden musste, sondern das Original ertüchtigt werden konnte. Das Geländer der unter Denkmalschutz stehenden Treppenhäuser dagegen ist schlichtweg nicht

Kulturpalast Dresden
Rendering Foyer
(oben) • Wandbild
»Weg der roten Fahne«
von Gerhard Bondzin
(1969), Westseite Kulturpalast (rechts)

hoch genug, um den heutigen Sicherheitsbestimmungen zu entsprechen und wird nach geltendem Maß neu gefertigt.

Ein zeitgemäßes Aussehen erhalten selbstverständlich auch die Haupt- und Musikbibliothek sowie die Jugendabteilung medien@age der Städtischen Bibliotheken, die momentan in einem Bürokomplex untergebracht und verkehrstechnisch schlecht angebunden sind. Ihre Flächen legen sich mit Leselounge im Foyer sowie Lesesaal, Arbeits- und Gruppenarbeitsplätzen im ersten und zweiten Obergeschoss um den Konzertsaal herum. Tatsächlich kann die Entscheidung, den Kulturpalast auch als Bibliothek zu nutzen, zum Glücksfall werden: Verteilt sich in Tianjin das kulturinteressierte Publikum auf mehrere Bauten zu verschiedenen Tageszeiten, so lockt die Bibliothek in Dresden geschätzte 3000 bis 4000 Menschen täglich ins Gebäude. Junge und Ältere, sogenannte Bildungsbürger ebenso wie Besucher, die sonst nicht unbedingt in Konzerte der Dresdner Philharmoniker gehen oder in ein Kabarett der 1961 gegründeten »Herkuleskeule«, die momentan 350 Vorstellungen für 210 Leute und zusätzlich etwa 120 Gastspiele pro Jahr in Deutschland und der Schweiz gibt. Viele Vorstellungen sind übrigens auch im Kulturpalast vorgesehen, denn während sich die Gäste untereinander mischen, ist die Technik getrennt: Der Saal für das politi-

sche Kabarett, der zwischen dem Bühnengeschoss mit Stimmzimmern, Künstlergarderoben sowie Büros und dem Keller mit Lager und Schlagzeugproberäumen untergebracht wird, ist schalltechnisch vollkommen entkoppelt.

So investieren Tianjin und Dresden mittels Kultur in die Zukunft. Unübersehbar zeitgemäß in China, sensibel den historischen Zeitgeist entstaubend und im komplett erneuerten Kern überzeugend heutig in Dresden. Zwar wird dort an der Fassade zur Schlossstraße wieder das Wandbild »Weg der roten Fahne« von Gerhard Bondzin Platz finden. Doch vielleicht erinnern sich noch einige, dass das Kunstwerk, das sich davor dort befand und gleich zweimal den Wettbewerb für ein Wandbild am Kulturpalast der Stadt Dresden für sich entschied, von Rudolf Sitte stammte. Es hieß »Die Veränderbarkeit der Welt« und missfiel der SED, die den Auftrag dann an Bondzin vergab.
Die Veränderbarkeit hat sich trotzdem durchgesetzt, wenn schon nicht im sozialistischen Realismus, dann zumindest in der Realität. Unsere Welt, unsere Städte, unsere Gesellschaft, sie sind veränderbar. Und es sind Bauten, die diese Veränderbarkeit und Veränderungen manifestieren. Auf großem Raum wie in Tianjin ebenso wie auf kleinerer Fläche in Dresden. Denn die Kultur bestimmt die Natur, d. h. den Charakter einer Stadt und ihrer Bürger.

Die vierte und die fünfte Qualität des Bauens

Universiade Sports Center Shenzhen · Bao'an Stadion Shenzhen ·
Shanghai Oriental Sports Center

Boomzeit ist Bauzeit

Es war die Zeit der zweistelligen Zuwachsraten der chinesischen Wirtschaft. Die aufkommenden Millionenstädte konkurrierten miteinander, übertrafen sich mit dem Bau neuer Stadtverwaltungen, Sportstätten, Opernhäuser und dergleichen, angespornt durch die ganz großen Projekte für die Olympischen Spiele in Peking 2008 und das Staatsfernsehen CCTV. Die Stadtoberen der Provinzstädte, aus Peking gesandte Funktionäre, versuchten jeweils, in den fünf Jahren ihrer Amtszeit Erfolge vorzuweisen, Zeichen zu setzen, auch und gerade architektonische Zeichen. Dieser ungezügelte Wettstreit, der zu manch nutzlosem Prestigeprojekt und zu manch exotischen formalen Auswüchsen geführt hat, veranlasste 2015 das Zentralkomitee, gegenzusteuern. Großbauten von bizarrer, »unchinesischer« Form sollten nicht mehr genehm sein. Die Urheber hatte man unter den ausländischen Stararchitekten ausgemacht, weshalb bei öffentlichen Bauten fortan vorrangig chinesische Baukünstler zum Zug kommen sollten – die freilich viele der bizarren Bauten selbst zu verantworten haben. Man wird auf die künftige Entwicklung gespannt sein dürfen.

Bis dahin hatten sich gmp mit einer ihrer Kernkompetenzen, dem Bau von Sporthallen und Stadien, erfolgreich an Wettbewerben beteiligt – in Shanghai, wo es galt, eine Schwimmweltmeisterschaft auszurichten, oder in Shenzhen, der geradezu explodierenden Wirtschaftsmetropole im Bannkreis Hongkongs, wo die Universiade 2011, die Weltsportspiele der Studenten, von der Teilnehmerzahl her die weltweit zweitgrößte Sportveranstaltung, stattfand. Zwei Dutzend neue Sportstätten waren dafür aus dem Hut zu zaubern. Die Architekten von gmp gewannen die eingeladenen Wettbewerbe für das Universiade Sports Center sowie das Bao'an Stadion 2006 und konnten die Projekte in den darauffolgenden Jahren ohne wesentliche Änderungen realisieren.

Universiade Sports Center, Shenzhen (CN) · Entwurf: Meinhard von Gerkan und Stephan Schütz mit Nicolas Pomränke · Bauzeit: 2007–2011 · Sitzplätze: 60 000 (Stadion), 18 000 (Multifunktionshalle), 3000 (Schwimmhalle)

Bao'an Stadion, Universiade 2011, Shenzhen-Bao'an (CN) · Entwurf: Meinhard von Gerkan mit Stephan

Schütz und David Schenke · Bauzeit: 2009–2011 · Sitzplätze: 40 050

Shanghai Oriental Sports Center, Shanghai (CN) · Entwurf: Meinhard von Gerkan und Nikolaus Goetze mit Magdalene Weiss · Bauzeit: 2009–2011 · Sitzplätze: 18 000 (Hallenstadion), 5000 (Natatorium), 5000 (Außenschwimmbecken)

Olympiabauten Tokio
Kenzo Tange, 1964
(oben) · **Olympia-
gelände München**
Behnisch & Partner mit
Frei Otto, 1972 (links)

Die Idee der Bauwerksfamilie

So wie sich die Bauwerke in einem historischen chinesischen Garten gleichen, weil
sie alle in identischer Bauweise errichtet
wurden und eine Familie bilden, spielt auch
die Idee der Bauwerksfamilie eine entschei-
dende Rolle. Was Kenzo Tange mit seinen
Olympiabauten 1964 in Tokio ansatzweise
versuchte und was Behnisch & Partner

1972 in München mit dem alles verbinden-
den Zeltdach überzeugend gelang, war
auch das Ziel bei den Universiade-Bauten
in Shenzhen und kurze Zeit später beim
Shanghai Oriental Sports Center (SOSC) in
Shanghai, nämlich die Zusammenfassung
unterschiedlicher Sportbauten zu einer
Familie durch konstruktive und formale
Gemeinsamkeiten.

Diesen „Familienzusammenhalt" gibt es sonst in China nicht, wo man üblicherweise Großbauten nebeneinander platziert, die jeder für sich versuchten, als Individuum aufzutreten und mit dem Nachbarn zu konkurrieren. Das gilt im Übrigen auch für ganze städtebauliche Strukturen. Es gibt zwar die aus einer Hand entworfenen Hochhausteppiche in reinen Wohngebieten, mit denen aber nur die durch serielles Bauen zu erzielenden, renditesteigernden Rationalisierungseffekte angestrebt werden. Wenn es in Wettbewerben jedoch um größere städtebauliche Komplexe geht, setzt sich gmp oft mit seinem eminent gesamtheitlichen Denken durch, das großes Gewicht auf die städtebauliche Verknüpfung legt und das Design vom einzelnen Gebäude auf das Quartier ausdehnt, wie etwa beim Projekt der SOHO Group in Peking oder der Financial City II in Nanjing. Die Architekten arbeiten bei diesen Bauaufgaben nach dem Prinzip des Rockefeller Center in New York, d. h. sie arrangieren und gestalten mehrere Baukörper so, dass ein harmonisches Gesamtbild entsteht, eine Häuserfamilie.

Leuchtende Kristalle in anmutiger Landschaft
Beim Universiade Sports Center besteht die Familie aus einem vollwertigen Leichtathletikstadion nach internationalen Standards

für 60 000 Zuschauer, einer multifunktionalen Sporthalle für 18 000 Zuschauer und einer Schwimmhalle mit 3000 Zuschauerplätzen. Alle drei sind im exakten geometrischen Bezug eines gleichschenkligen Dreiecks zueinander gesetzt. Die in Nord-Süd-Richtung orientierte Hauptachse des Stadions zeigt auf den Mittelpunkt der Arena. Im rechten Winkel dazu liegt die Schwimmhalle, deren Achse wiederum auf den Mittelpunkt des Stadions weist.

Bizarre Bauspektakel, wie die chinesische Regierung sie verbannen wollte, waren von gmp jedenfalls nicht zu erwarten. Das

Sports Center in Shenzhen ist einer jener
großen architektonischen Würfe, die ganz
neu und doch irgendwie vertraut die Hand-
schrift des Büros erkennen lassen. Eine
ausgeprägte, formale Idee, die in der
Konstruktion ihren Ausdruck und ihre Legiti-
mation findet, penibel ausgearbeitet und
perfektioniert bis ins Detail und doch von
großer Geste. Jener Geste, die in China,
dem Land, das die Symbolik liebt, Grundlage des Erfolgs ist.
Vielleicht wird ein Chinese das Sportzentrum mehr noch als ein Europäer »verstehen«, ist er doch den Umgang mit Symbolik
im Alltag gewohnt. So mag der chinesische
Blick in den Bauten je nach Anschauung
und Tageszeit Origamikunstwerke, Papier-
laternen oder, am ehesten, Bergkristalle
erkennen. Der mineralische Kristall mit ste-
reometrischer Idealform in einer vegetabilen

Umgebung von weicher, organischer
Gestalt – dieses den Erscheinungsformen
der Natur entsprechende Gegensatzpaar,
weich und schroff wie Yin und Yang, ist
das Thema der Anlage und die der chinesischen Landschaftsphilosophie anverwandte
symbolische Idee.

Der Bambushain als Formidee
Das zweite Projekt für die Universiade
steht in Bao'an, einem Stadtteil von
Shenzhen, 35 km südöstlich des Sportzentrums. Es ist als Leichtathletikstadion
für 40 050 Zuschauer konzipiert, wurde
2011 aber auch für die Austragung der
Fußballspiele genutzt und hat sich in
dieser Funktion bewährt. Es folgt einer
ganz anderen gestalterischen Idee, denn
es tritt nicht wie die Bauten des Sports
Center als dominanter Baukörper in

Erscheinung, sondern als geradezu zartes, ultraleichtes, eher zeltartiges Gebilde, das man jederzeit wieder abbauen und anderswo aufschlagen könnte. Zeigt sich das Sports Center als Gruppe harter, mineralischer Körper, so wirkt das Bao'an Stadion zwar ebenfalls wie eine der Natur nachempfundene Form, jedoch vegetabil – wie ein Bambushain. Auf jeden Fall sind beide von der Natur inspiriert und bedienen somit symbolische Vorstellungen, denen die Chinesen mit Empathie begegnen.

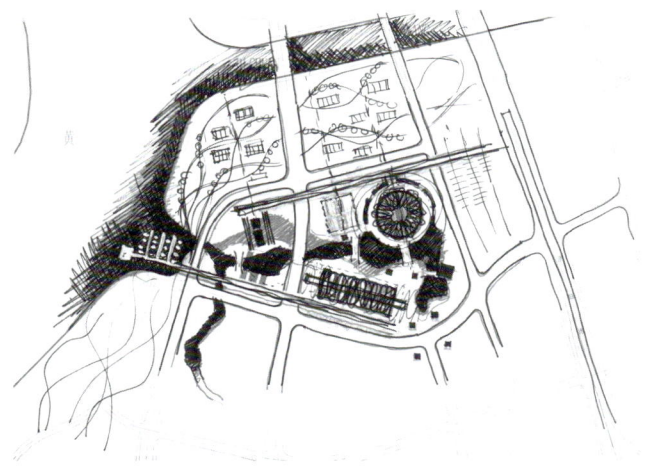

Weiße Segel am Huangpu

Ganz ähnlich wie das Universiade Sports Center in Shenzhen ist das Arrangement des Shanghai Oriental Sports Center (SOSC) konzipiert. Auch hier sind es drei großformatige Sportbauten – eine Schwimmhalle, eine Mehrzweckhalle und die Tribüne des Außenschwimmbeckens –, die auf einem Campus arrangiert eine Familie bilden. Ein 16-geschossiges Verwaltungsgebäude, das Medienzentrum, pointiert als vertikaler Akzent die Anlage. Die drei Sportbauten bilden ebenfalls ein Dreieck, allerdig kein geometrisch exaktes wie in Shenzhen, sondern ein freieres Arrangement.

Als Landmarke, als weithin von den Stadtautobahnen sichtbarer Orientierungspunkt, fungierte das SOSC von Anbeginn. Es gibt wenige Gebäude in Shanghai, die ihm mit ihrer Signifikanz gleichkommen. Ihre Unverwechselbarkeit ist durchaus international zu sehen. Einer der Gründe dafür ist die fundamentale Idee der Entwerfer, die drei Bauten des SOSC wie die des Universiade Sports Center durch gestalterische Mittel zu einer erkennbaren Familie zu vereinen, sie also mit ähnlichen »Karosserien« zu versehen. Weitere Gründe sind die schiere Dimension, die an Segel erinnernden, extravaganten Formen und die strahlend weiße Farbe. Eine Designvorstellung, die in gesamtheitliches, städtebauliches Denken mündete und die Geistesgeschichte und die Topografie des Orts einbezieht. So entstand in einer von urbaner Dichte und offenen Wassern geprägten Landschaft in einem naturreligiösen Geist ein landschaftlich-architektonisches Ambiente, das Vieles gleichzeitig ist, strahlendes Wahrzeichen und elegantes Artefakt, Stadtstruktur und Lebensraum, Attraktion und Freizeitvergnügen für die gestressten Bürger einer pulsierenden Metropole.

Ein lebendiger Teil der Stadt

Die Formidee ist der eine, gewiss nie vernachlässigte Aspekt. Von ebensolchem Gewicht ist die kontextuelle Einbindung in den jeweiligen städtebaulichen Zusammenhang. Beim Sports Center in Shenzhen galt es, am Rand des Sportareals die umgebenden, vielspurigen Straßen zu überwinden und eine Verbindung zwischen den dicht und hoch bebauten Stadtquartieren im Norden und der südöstlich angrenzenden Hügellandschaft zu schaffen. Dieser Grünzug zieht sich nun vom Hausberg Tongo Lin herab, verläuft mittels einer breiten Landschaftsbrücke über eine sechsspurige Straße hinweg in den Sportcampus

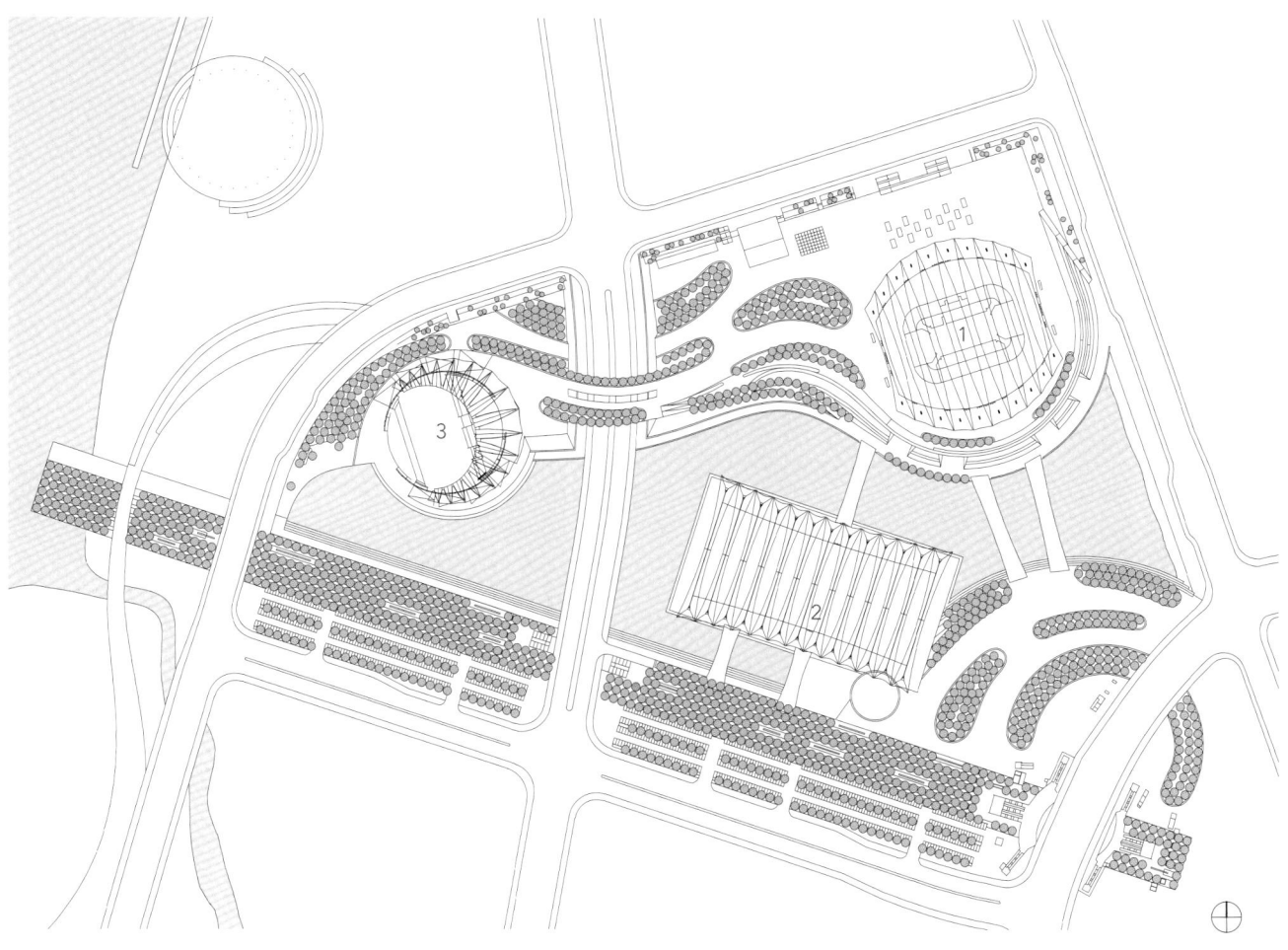

hinein und verbindet sich dort mit der künstlichen Seenlandschaft des Sportzentrums, während sich im Norden das Wohn- und Industriequartier Shatangwei anschließt. Die Bauten spiegeln sich malerisch in den Seen, was nachts bei effektvoller Innenbeleuchtung der Fassaden große Wirkung erzielt. Parkplatzflächen von moderater Ausdehnung bilden einen Puffer zwischen den umgebenden Straßen und dem Stadion. Vor allem aber sorgt eine riesige Tiefgarage unter dem Gelände dafür, dass die sanft modellierten Frei- und Grünflächen von den Besuchern genutzt werden können. Es war wohl neben der Symbolik der Baukörper diese Einbindung in eine anmutige Landschaft, die 2006 zum Gewinn des Wettbewerbs geführt hat.

Neben dem Grün als alles verbindendes Element kam das zuvor am Standort nicht

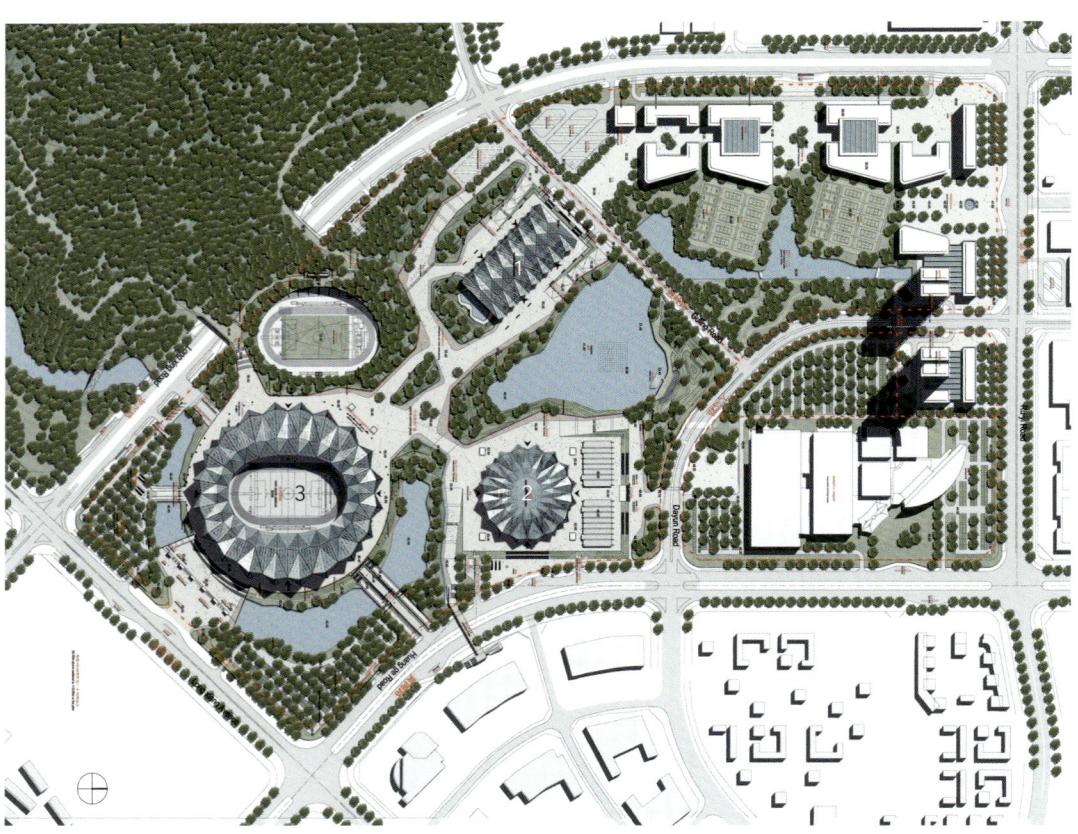

Universiade Sports
Center Shenzhen
Stadion mit dem
Hausberg Tongo
Lin im Hintergrund
(oben) · Lageplan,
Maßstab 1:12 000
(links)
1 Schwimmhalle
2 Multifunktionshalle
3 Stadion
**Bao'an Stadion
Shenzhen** Schnitt,
Maßstab 1:6000
(rechts oben) · Grundriss, Maßstab 1:6000
(rechts unten)

präsente Wasser in Gestalt einer Abfolge von frei geformten Seen hinzu. Wasser spielt in der chinesischen, von Naturphilosophie geprägten Kultur eine bedeutende Rolle und kann durchaus wesentlich zum Erfolg von Bauprojekten beitragen. Auch beim SOSC in Shanghai haben sich die Architekten dieses Mittels für die Gestaltung der Freiflächen und die Einbettung der Bauten in ihre Umgebung bedient. Hier beziehen sie sich auf die topografischen Eigenheiten des Jangtsekiang-Mündungsgebiets und des Großraums Shanghai, die von zahlreichen Gewässern geprägt sind.

Passgenau ins Blockraster eingefügt

Das zweite Universiade-Projekt, das Stadion in Bao'an, ist in mehrfacher Hinsicht ein Gegenentwurf, so auch beim Städtebau. Dort waren klare städtebauliche Bezüge anzutreffen. Der Bauplatz, vierseitig von Stadtstraßen umgeben, bildet ein ganzes Feld des Straßenrasters inmitten der Stadt, in die die Stadionanlage passgenau eingefügt wurde. Durch die Sporthalle und ein Schwimmbad im nordöstlich angrenzenden Block ergab sich eine Achse von Sportbauten, die es auszuformulieren galt. Diese Achse liegt diagonal in Nordost-Südwest-Richtung. Das Spielfeld im Stadion sollte jedoch gemäß »Chinese Code«, aber auch den FIFA- und olympischen Richtlinien folgend exakt in Nord-Süd-Richtung gedreht sein, um zu den üblichen Spielzeiten beste Licht- und Sichtverhältnisse für die Presse- und VIP-Tribünen zu gewährleisten. Deshalb wählten die Architekten für das Gebäude als vermittelnde Figuration die Kreisform, innerhalb derer das Spielfeld beliebig gedreht werden kann. Das angefügte Aufwärm- und Trainingsfeld richtet sich allerdings wieder an der Diagonalachse aus, wodurch sich der gesamte Sportcampus als reizvolle Reihung der geometrischen Figuren Rechteck, Quadrat, Kreis und Oval präsentiert. Eine niedrige Randbebauung um das Trainingsfeld an der Südwestseite,

die eine Sportschule aufnimmt, bildet den erweiterten Sockel des Stadions. Wichtig war den Architekten wiederum die barrierefreie Zugänglichkeit sowie die Einbindung in die vorhandenen Wegebeziehungen der umgebenden Stadt.

Konferenz der Ingenieure

Beim Universiade Sports Center war das Raumprogramm in groben Zügen vorgegeben. Die Auftraggeber setzten zwar auf die Expertise von gmp bei der Umsetzung und Konkretisierung des Programms, dennoch ließen sie sich ein ausführliches Kick-off-Meeting nicht nehmen, bei dem die Architekten und Ingenieure einer großen Zahl von Experten und Spezialisten der Teilgewerke gegenübersaßen und viele Details, Funktionen, Abläufe und dergleichen sowie technische Spezifikationen ihres Entwurfs zu

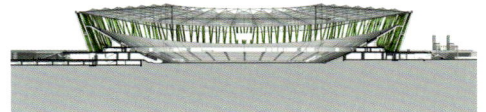

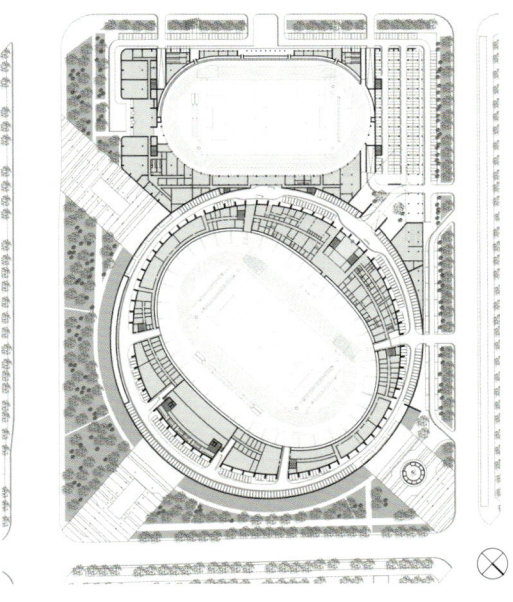

vertreten hatten – was letztlich aufgrund der vielfältigen Erfahrungen mit ähnlichen Projekten gelang. Die größte Mühe bereitete dabei die Verkehrsplanung mit der Erschließung, die auch bei gleichzeitiger Nutzung aller drei Stadien gewährleistet sein musste. Um die angestrebten Formen der Gebäude in der erwünschten Transparenz konstruieren zu können, griffen die Architekten und Ingenieure auf eine Stahlfachwerkbauweise zurück, die mit zweischaligen Fassaden versehen wurde. Während die äußere Glashaut dem Wetterschutz dient, übernimmt eine innere transluzente Membran die Aufgaben der Verschattung und Akustik. Sie streut Tageslicht und ist am Abend Reflexionsebene für die ganzflächige Fassadenbeleuchtung, deren LED-Licht die Farbe wechseln kann. So leuchten die drei Bauten bei Dunkelheit als ganze Körper wie die beliebten chinesischen Gartenlampions verheißungsvoll in die Nacht.

Shenzhen liegt in subtropischen Gefilden, weshalb ein erheblicher Energieeintrag durch Sonnenstrahlung zu bewältigen ist, insbesondere bei Ganzglasfassaden. Die zweischalige Fassade ist deshalb mit einer aktiven Tunnellüftung ausgerüstet, mit der die erhitzte Luft im Fassadenzwischenraum nach oben abgeführt wird. Ein umfängliches Forschungsprojekt an der Universität Shenzhen hat Planung und Bau der Fassade mit Tests und Monitoring begleitet. Unter anderem wurde ein immerhin 30 m großes Modell der Stahlkonstruktion im Maßstab 1:10 gebaut, um die Lastverteilungen und die Bauphysik zu testen. Andere Modelle dienten der Entwicklung der Raumakustik.

Die Firmen, die sich um den Bau bewarben, mussten ihr Angebot im Maßstab 1:1 abgeben. An einer Reihe von Fassadenproben, die die Firmen hinter Planen unter größter Geheimhaltung vor der Konkurrenz errichteten, ließ sich feststellen, wie sie sich die Konstruktion des Tragwerks und der Fassaden vorstellten. Mit der letztlich ausgewählten Firma wurde ein Mockup-Pavillon gebaut, an dem man alle Details zeigen und entwickeln konnte. Dieser Probepavillon wurde später als Café genutzt.

Phalanx der Prismen

Zu einer Familie konnten die drei Arenen werden, weil mit dem Kristallmotiv eine eigenwertige, typusunabhängige Form

Universiade Sports Center Shenzhen
zweischalige Fassade (oben) · Baustelle der Multifunktionshalle (unten) · Innenansicht des Stadions (rechts)

gewählt wurde. Für ein Stadion sind sie eher ungewöhnlich, die haushohen, wie zu einer zyklopischen Halskette aufgefädelten Kristalle. Die Stadionschüssel innerhalb der stählernen Hüllform ist als statisch unabhängiger Betonbau ausgeführt, wobei der im Land unübliche Sichtbetonbau und die Fertigteilproduktion ein langes Training mit den ausführenden Firmen erforderten.

Die Ränge bilden eine ruhige, diszipliniert regelhafte Großform, die sich mit dem überwölbenden Dach zu einem Raumerlebnis fügt, das keinen Besucher unbeeindruckt lässt. Auch das Farbkonzept trägt zur Beruhigung bei. Das kraftvolle Grün des Rasens und das Rot der Aschenbahn signalisieren den Ort des Geschehens, das umfangende Gebäude hält sich mit seiner Palette von Grautönen zurück. Die eigens entworfenen (und mittlerweile auch von anderen Architekten beim Stadionbau eingesetzten) Sitze

sind in fünf verschiedenen Grautönen gehalten und in unterschiedlichen Verhältnissen gemischt, auf dem Unterrang in dunklerem, auf den beiden oberen Rängen in hellerem Verlauf. Die von gmp meist eigesetzte, pixelartige Verteilung der Sitze suggeriert auch bei schwachem Besuch ein gefülltes Stadion. Eine Ehrentribüne für 200 Besucher ist im westlichen Mittelring untergebracht, 60 VIP-Logen zwischen Mittel- und Oberrang. Die Zugänge für die einzelnen Nutzergruppen erfolgen kreuzungsfrei.

Die Zugänge zum Unterrang und den Oberrängen auf der Haupterschließungsebene wechseln sich mit Kiosken und Sanitäreinrichtungen ab. Schon vom Umgang aus gibt es großzügige Einblicke in das Stadionrund. An der Nordwestseite geht der Umgang in die Sportplaza über, die alle Bauwerke miteinander verbindet.

membranbespannte Flächen wechseln sich mit Klarglasflächen aus Lichtsteuerungslamellen ab und liefern verschwenderisches, doch blendfreies Licht. Mehrere Hundert, an vier Catwalks montierte Scheinwerfer sorgen dafür, dass die Lichtfülle auch am Abend gegeben ist.

Kicken im Bambushain

Beim Bao'an Stadion hatte die Kombination des Ovals der Laufbahn mit der Kreisform des Baukörpers geometrische Konsequenzen für den Entwurf: An den Längsseiten steigen die Tribünen höher an als an den Schmalseiten. Die Oberkante der inneren Stadionschüssel schwingt also auf und ab mit Hochpunkten an den Längsseiten und Tiefpunkten an den Ecken des Spielfelds. Diese ondulierende Bewegung, gewissermaßen eine eingebaute »La Ola«, ist auch sehr gut von außen abzulesen, da aus Kostengründen auf eine Fassade verzichtet wurde. Gut sichtbar und ringsum frei zugänglich steht das Stadion auf einem weiten Podest, das die Besucher über breite Freitreppen an den Diagonalen erreichen. Die Ebene des Sockels ist gleichzeitig das Eingangsniveau zwischen Ober- und Unterrang. Der Besucher gewinnt auf diesem Umgang sofort einen Überblick über das Stadionrund und kann sich gut orientieren. Die bruchlos umlaufende Geometrie der Ränge und die erkennbare Logik des überwölbenden Dachs erzeugen ein ruhiges Bild, das von den unregelmäßigen, in Bewegung scheinenden Elementen konterkariert wird. Grün ist hier Bewegung, seien es die tanzenden Stützen, die mit grünen Sitzen in verpixelter Anordnung belebten Ränge oder der Rasen des Spielfelds, auf dem sich die sportlichen Aktivitäten abspielen. Die den Bau konstituierenden Elemente zeigen verschiedene Grautöne, die Stahlteile des Dachs, die Betonstrukturen der Stadionschüssel, auch das Oval der Laufbahnen. Der gesamte Bau kommt mit den beiden Farbpaletten Grün und Grau-Weiß aus. Nur

Der Weg führt von dort hinüber zur Sporthalle, die mit ihrem ovalen Innenbau unter kreisrunder Hülle ähnlich wie das Stadion konzipiert ist. Sie verfügt über zwei feste Zuschauerränge sowie einen zusätzlichen unteren Rang mit neun Sitzreihen, der sich je nach Bedarf und Art der Veranstaltung flexibel einsetzen lässt, um die maximale Kapazität von 18 000 Zuschauern zu erreichen. Die Bandbreite der Veranstaltungen reicht von allen Hallensportarten einschließlich Eissport bis hin zu Versammlungen, Konzerten und Ausstellungen.

Von längsrechteckiger Grundfigur ist die Schwimmhalle. Da das Tragwerk aus ähnlichen Dreiecksmodulen aufgebaut ist, zeigt sie an den Längsseiten mit der Phalanx hoch aufragender Prismen ihre Verwandtschaft zu den beiden Rundbauten. Die Schmalseiten sind hingegen durch eine vertikale Glaswand geschlossen, die vom auskragenden Tragwerk überschattet wird. Auch im Inneren teilt eine gläserne Wand die Halle in zwei gleich große Bereiche für das von zwei Tribünen flankierte Wettkampfbecken und das Trainingsbecken. Transparenz und Helligkeit beherrschen den Eindruck, die Dachkonstruktion ist das raumbestimmende Element. Opak leuchtende im Inneren tritt eine weitere hinzu, hier sorgen die braunen Bambuslamellen der Wände dafür, dass das Generalthema des Baus – der Bambushain – auch in den Innenräumen präsent ist.

Außen wird das Bild des Bauwerks von dem ungewöhnlichen Stützenkranz, der Dach und Tribünen trägt, bestimmt. Die Stützen scheinen regellos und zufällig, mal senkrecht, mal leicht geneigt beieinanderzustehen, ganz wie die Stangen in einem Bambushain. Unterschiedliche Grüntöne unterstützen diesen Effekt. Mustert man diesen »Hain« genauer, wird das System dahinter

deutlich. Die bis zu 32 m langen Stahlrohrstützen haben, je nach Belastung und Aufgabe, unterschiedliche Stärken. Jene, die den Druckring und damit die Hauptlast des Dachs tragen, haben einen Durchmesser von 80 cm und stehen in regelmäßigen Abständen in den 36 Tragachsen des Dachdruckrings. Schlankere, 55 cm starke Stützen neigen sich leicht in verschiedene Richtungen und sorgen dadurch in der Summe für die Horizontalaussteifung des Tragwerks. Jede zweite der inneren Stützen ist nur scheinbar mit dem Dach verbunden und trägt stattdessen einen »Zahnbalken« der Tribünenkonstruktion. Diese Trennung

Universiade Sports Center Shenzhen Dachkonstruktion der Schwimmhalle (links) · **Bao'an Stadion Shenzhen** nach dem Speichenradprinzip konstruierte Stadionüberdachung (unten)

ist notwendig, damit sich das Dach und der Betonbau der Tribünenschüssel unabhängig voneinander verformen können, denn das im Vergleich zum Betonunterbau elastische Dach kann sich im Extremfall um bis zu 1 m bewegen.

Stahlrohre in einer Länge von 32 m hätten ein echtes Transportproblem dargestellt, weshalb die Stützen aus jeweils drei bis vier leichter zu transportierenden Teilstücken zusammengesetzt wurden. Die Trennfugen sind als schwarze Ringe deutlich artikuliert. Sie lassen an die Knoten von Bambushalmen denken und verstärken wiederum die Assoziation Bambushain.
Die Verteilung der Lasten auf 320 überaus schlanke Einzelstützen, aber auch die Ausführung als Zugseilkonstruktion nach dem

Speichenradprinzip lassen das Dach trotz der beeindruckenden Größe von 30 000 m² und einer Auskragung von 54 m leicht und filigran erscheinen. Zudem ist der äußere Druckring, das massivste Bauteil, in zwei durch Stege verbundene Rohre aufgelöst, ein inneres mit trapezförmigem und ein äußeres mit kreisrundem Querschnitt. Hatten die Entwerfer in Kapstadt oder in Warschau auf die Rechteckform des Spielfelds reagiert und das offene Auge oval geformt, so handelt es sich bei der Dachkonstruktion in Bao'an um ein klassisches Speichenraddach mit kreisrundem äußeren Stahl-Druckring und zwei ebenso kreisrunden inneren Seil-Zugringen aus Litzenbündeln. Abweichend vom Ideal schwingt der Außenrand leicht auf und ab, um über den Tribünen an den Längsseiten etwas mehr

Bao'an Stadion Shenzhen von Bambushainen inspirierte Stahlrohrstützen (links) · Schnitt durch einen der Kragarme, Maßstab 1:500 (unten)

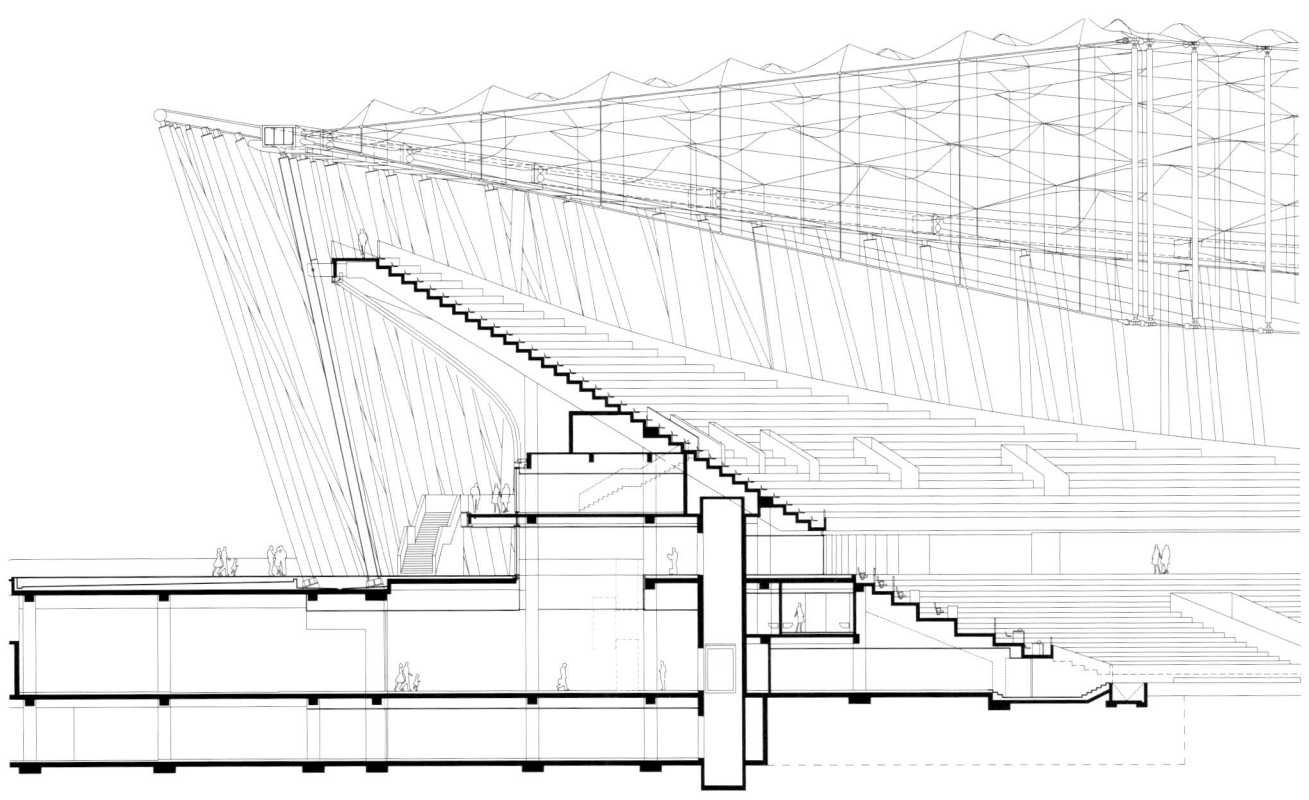

Höhe zu gewähren, die über den Schmalseiten nicht notwendig ist. 36 radiale Seilbinder bilden die primäre Tragstruktur des Dachs. Die für Wind- und andere Lasten notwendige räumliche Stabilität gewinnt das Dach dadurch, dass die Speichen nicht einfach aus Zugseilen bestehen, sondern ein stabiles Dreieck bilden. Dieses besteht aus einem Untergurt zwischen Druckring und unterem Zugring, einem Obergurt zwischen Druckring und oberem Zugring sowie jeweils einer 18 m langen Luftstütze, die als Druckstab die beiden Zugringe auseinanderhält. Dadurch wird aus der zweidimensionalen Dachfläche ein räumliches Tragwerk mit entsprechender Stabilität. Über dünne, bogenförmige Binder, die auf den oberen Speichen aufsitzen, ist die transluzente Dachhaut über den 36 Jochen segmenttonnenförmig gespannt. Da es keine weiteren Bauteile gibt – keine Kragträger für eine innere Verlängerung des Dachs, keine Regenwasserableitungen und keine Unterspannmembran –, gehört das von den Ingenieuren schlaich bergermann partner konstruierte Dach in Bao'an zu den filigransten Flächentragwerken, die sich denken lassen. Am stärksten fällt noch der unverzichtbare Catwalk unter dem Dach ins Auge, der sämtliche Installationen aufnimmt, insbesondere die Flutlichtscheinwerfer und die Lautsprecher.

Das Bao'an Stadion mit seinen 245 m Durchmesser und nur 2800 t Gewicht der Dachkonstruktion dürfte, was das Verhältnis zwischen Materialeinsatz und überdachter Fläche betrifft, eines der weltweit ökonomischsten sein. Eines der elegantesten und signifikantesten ist es auf jeden Fall.

Natative Familie

»Keramikmesserbänkchen« nannten die Architekten scherzhaft die mit weiß lackiertem Aluminium verkleideten, im Querschnitt dreieckigen Träger, aus denen die drei Bauwerke des SOSC in Shanghai modulartig zusammengesetzt sind. Durch die Reihung von 13 geraden, nahezu gleich langen Elementen entstand die rechteckige Schwimmhalle, das Natatorium. Die Aneinanderreihung von Trägern zunehmender und wieder abnehmender Länge ergab den ovalen Grundriss der Multifunktionshalle, während radial angeordnete halbe, also kragende Module für die Tribünenüberdachung der Außenbecken eine Zweidrittelkreisform hervorbringen, wobei zwischen den Kragarmen Membrane als Dachfläche gespannt sind.

Dass die immerhin 220 m lange Schwimmhalle im Grundriss nicht rechteckig ausfiel, sondern eine etwas eingeschnürte »Taille« aufweist, liegt an einem geschützten Gingkobaum, der erhalten werden sollte. Die Halle bietet im Wettbewerbsbereich Platz für ein Becken in 50-m-Standardgröße und ein Sprungbecken mit 3500 festen Zuschauerplätzen. Ein weiteres Standardbecken sowie ein Freizeitbadbereich mit fünf unterschiedlichen Bassins ergänzen das Angebot.

Die Multifunktionshalle wurde für die FINA-WM temporär mit einer Edelstahlwanne ausgestattet und stand auf diese Weise ebenfalls für Schwimmwettkämpfe zur Verfügung. Sie bietet 14 000 Sitzplätze und kann bedarfsweise auf 18 000 Plätze erwei-

Bao'an Stadion
Shenzhen Baustelle
(links) · **Shanghai
Oriental Sports Center**
Hallenstadion (oben) ·
Außenbeckenanlage
(rechts)

tert werden. Die Arena wird heute für unterschiedlichste Sportarten – von Boxen über Basketball bis Badminton oder Eishockey – sowie für Konzerte genutzt.

Drittes Mitglied der Familie ist die Außenbeckenanlage mit einem 50-m-Standardbecken und einem Sprungbecken. Umkleiden und Funktionsräume fanden unter einer Tribünenanlage Platz, die ihrerseits von der signifikanten Dachkonstruktion geschützt wird. Das Dach aus 17 Kragträgern bildet einen Zweidrittelkreis und bietet einen gewissen Windschutz.

Ergänzt wird das Ensemble durch ein die Hallen überragendes, für chinesische Verhältnisse allerdings moderates Hochhaus mit 16 Geschossen. Während der Schwimmweltmeisterschaften stand es als Organisations- und Pressezentrum für die Medien zur Verfügung, inzwischen ist es ein Verwaltungsgebäude. Seine gläserne Fassade ist von ebenfalls weiß lackierten Aluminiumtafeln umhüllt, deren Perforierung nochmals mit wogenden, flirrend reflektierenden Wellen das Generalthema Wasser thematisiert.

Verhehlte Konstruktion
Sprechen wir vom Design, so lohnt ein Blick darauf, wie diese erstaunlichen Formen

zustande gekommen sind, wie sie konstruktiv generiert wurden. Nämlich auf für gmp eher ungewöhnliche Weise – was damit zusammenhängt, dass das Projekt selbst für das in China erfolgreich agierende Architekturbüro eine extreme sportliche Herausforderung bedeutete.

Das stattliche Ensemble war vom Wettbewerb bis zur Eröffnung in zweieinhalb Jahren zu realisieren. Die kurze Zeitspanne hatte in mehrfacher Hinsicht direkten Einfluss auf den architektonischen und ingenieurtechnischen Entwurf. Aufgrund ihrer reichen gemeinsamen Erfahrungen im Entwurf und Bau von großformatigen Bauten und Tragwerken beschlossen die Architekten von gmp und die Ingenieure von schlaich bergermann partner, von ihrer sonstigen Haltung abzurücken. Üblicherweise entwickeln sie Tragwerke für Stadien, Hallen, Brücken und andere Großbauten, deren Konstruktionen Ausdruck ihrer selbst sind – Stützen, deren Belastung man erahnen kann, weit gespannte Träger, die ihr kraftvolles Wirken erkennen lassen, Seile, deren enorme Spannung spürbar wird. Kurzum Konstruktionen, denen ihre Zweckbestimmung und Funktionsweise anzusehen ist. Dabei geht es ihnen allerdings nicht darum, Tragen und Lasten demonstrativ

zum gestalterischen Motiv zu machen, wie dies die Absicht des Technizismus in den 1980er-Jahren gewesen ist, sondern ganz selbstverständlich und unaufgeregt um die Zweckform. Eine solche Haltung führt, das zeigen alle von den beiden Büros gemeinsam entwickelten Bauten, fast automatisch zu schönen, eindrucksvollen Konstruktionen. Fast, denn ein wenig Esprit, letzthin ein gewisser gestalterischer Mehrwert sind zum Gelingen dennoch unverzichtbar.

Beim SOSC wurde nun dieses Prinzip der selbsterklärenden Konstruktion verlassen.

Shanghai Oriental Sports Center Gerüstkonstruktion auf der Baustelle (oben) · Baustelle des Natatoriums (unten) · Entwurfsskizzen zur Anordnung der Kragelemente (rechts)

Die Stahltragwerke verschwanden hinter einer Verkleidung, einer Karosserie, die einen gestalterischen Eigenwert entwickelt. Sie zeigt nicht mehr das Tragwerk selbst, sondern deren korrigierendes, idealisiertes, wenn man so will geschöntes, Abbild.

Der Grund für diesen Paradigmenwechsel war die kurze Planungs- und Bauzeit. Ein sichtbares Tragwerk zu entwickeln, erfordert viel Feinarbeit wie zum Beispiel Designarbeit an den Knoten und Gelenken, Veredelung der Oberflächen, konstruktiven Korrosionsschutz und dergleichen. Die Zeit dafür hatte man nicht. Große Teile der Stahlkonstruktion wurden rasch und ohne redundante Planungsschritte, zum Teil mit gravierenden Entscheidungen auf der Baustelle realisiert. Eine vorzeigbare Konstruktion hätte unter diesen Voraussetzungen nicht entstehen können, deshalb wurde sie mit einer Verkleidung verdeckt.

Hinzu kam das Genehmigungsverfahren, das in China anders läuft als in Europa. Bei Sonderkonstruktionen von Großbauten werden sogenannte Overcode Meetings abgehalten, in denen Expertenkommissionen, in diesem Fall renommierte Tragwerksingenieure verschiedener chinesischer Hochschulen, die Entwürfe begutachten und genehmigen. Aus Zeitgründen musste das SOSC diese Hürde unbedingt im ersten Durchlauf nehmen.

Die Erfahrungen von schlaich bergermann partner in China ließen erwarten, dass die avancierten material- und kostensparenden, auf höchstem Niveau gerechneten Konstruktionen es schwer haben würden, das Vertrauen einer solchen Kommission zu gewinnen. Das Verfahren führte denn auch zu Änderungen des Systems, indem die Füße der Rahmentragwerke zusätzlich eingespannt werden mussten und entsprechend klobiger ausfielen – aus Sicherheitsgründen »zusätzlich zum Gürtel ein Hosenträger«, wie die Ingenieure sagen.

Nun zeigte sich der Vorzug der Trennung von Konstruktion und Verkleidung, denn die aus zweiachsig gekrümmten Aluminiumtafeln gebildete Hülle ließ sich dank des parametrischen BIM-Planungssystems rasch anpassen. Anfangs hatte man eine Verkleidung aus Betonfertigteilen diskutiert, aber auch diese aus Zeitgründen verworfen. Alutafeln sind mit CNC-Werkzeugen rascher und flexibler herzustellen. Jeder Träger ist ein eigenständiges statisches System, was die Montage vereinfachte. Die doppelt gekrümmten Oberflächen in Form von Kugelabschnitten tragen zur

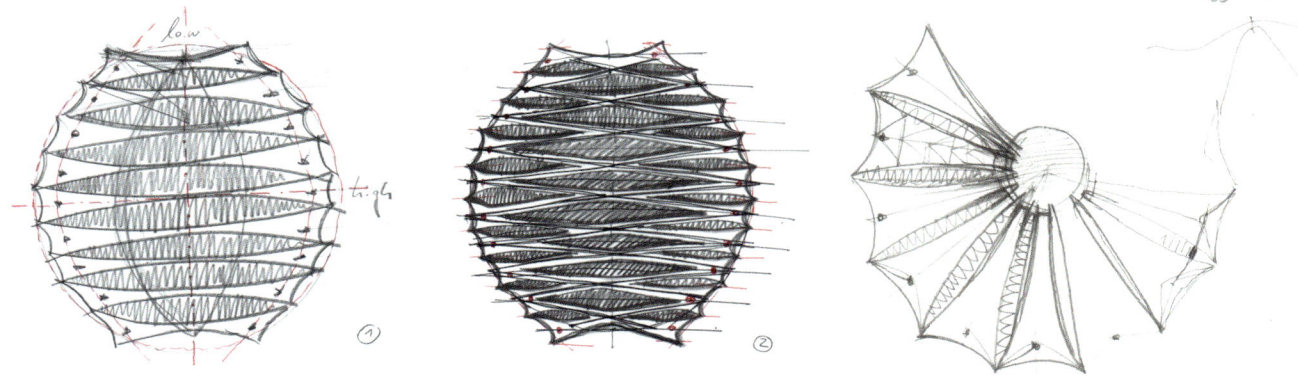

Shanghai Oriental Sports Center Baustelle der Außenbeckenanlage (links) · Konstruktion des Stahltragwerks (unten) · Entwurfsskizzen (rechts oben) · Richtfest (rechts unten)

Stabilität bei und erleichterten, da in beiden Achsen nur Kreise und keine veränderlichen Kurvenradien auftreten, die serielle Herstellung der Aluminiumpaneele erheblich. Auch konnte dadurch die Variabilität der einzelnen Tafeln und deren Anzahl verringert werden.

Bei der Erstellung des Stahltragwerks wurden weniger als üblich im Werk große Kompartimente vorproduziert, sondern viel auf der Baustelle geschweißt. Baubeschleunigung durch »Manpower« ist in China ein probates Mittel. Eine der Voraussetzungen dafür ist die Übernahme der Bauherrenfunktion durch das Baukonsortium, sozusagen die Aufhebung der Gewaltenteilung am Bau. Management, Controlling und Bauausführung sind in einer Hand, das sorgt für kurze Wege und wenig Abstimmungsbedarf.

Mit der Ausführungsplanung muss in China ein einheimisches Partnerbüro betraut werden, was immer zu Problemen bei der Sicherung von Entwurfsvorgaben und Qualität führen kann. Die Architekten versuchen deshalb, mit großer Planungstiefe und genügend Leitdetails die Realisierung ihrer Vorstellungen zu sichern.

Immerhin gelang es gmp, eine Art Consultance-Funktion für den Bauherrn einzunehmen und über die Prüfung der Planungen im BIM-Modell Einfluss zur Durchsetzung der Konstruktions- und Designvorstellungen zu behalten.

Der Umwelt zuliebe

Wie immer, wenn sich im Politbüro der Kommunistischen Partei Chinas eine Überzeugung durchgesetzt hat, wird mit der Umsetzung nicht lange gefackelt. Nachhaltigkeit

"KNOCHEN" AUSGEHÖHLT

ist auch in China das Gebot der Stunde. Kaum war die Notwendigkeit nachhaltiger Bauweisen erkannt, waren an allen chinesischen Architekturhochschulen Professuren für ökologisches Bauen installiert. Längst werden Umweltprobleme und Ressourcenknappheit auch in China offen diskutiert und die Gesetzgebung wird darauf eingestellt, auch nach deutschen Vorbildern übrigens. Architekten aus Deutschland ist diese Orientierung zu eigen, Nachhaltigkeit ist für sie Bestandteil der DNA des Architektenberufs. Dabei geht es nicht nur um »graue Energie«, Ökologie der Baustoffe oder Betriebsaufwand. Nachhaltigkeit schließt auch die sinnvolle Nachnutzung von Event-Architekturen mit ein. Heute wird zum Beispiel der Campus des Universiade Sports Center in Shenzhen intensiv genutzt und dient den Menschen in den angrenzenden, dicht bebauten Stadtquartieren als Sport- und Erholungsmöglichkeit. Das Sportzentrum wurde so entworfen, dass es die wichtige Aufgabe einer multifunktionalen, quartiersnahen Naherholungseinrichtung erfüllen kann, für die es neben der Universiade in zweiter Linie gedacht war.

»Weiße Elefanten« werden Prestigebauwerke genannt, die, zu einem internationalen Großereignis errichtet, später nicht mehr oder nur geringfügig genutzt werden. Das

Olympiastadion in Peking (»Vogelnest«) ist dafür ein Beispiel. Fußball wird im Stadion in Shenzhen zwar nicht mehr gespielt, aber nutzlos ist das Bauwerk keineswegs. Die Schwimmsporthalle ist ein stark frequentiertes, öffentliches Hallenbad geworden. Vor der südlichen Stirnwand fügt sich ein frei geformtes Becken an und ergänzt das Angebot für den Familienbadebetrieb im

Shanghai Oriental Sports Center Veranstaltung in der Außenbeckenanlage (links) · mit Aluminiumpaneelen verkleidete Stahlträger des Natatoriums (rechts)

Freien. Die Architekten hatten dies in Voraussicht des allgemeinen Badebetriebs nach der Universiade bereits in die Konzeption einbezogen und gleich mit geplant. Veranstaltungen aller Art, Sport, Musik und Shows finden in der Eissporthalle statt, die als Multifunktionshalle konzipiert ist. In die Böschungen der Freiflächen sowie an der Außenseite des Stadions wurden Läden und Restaurants zur Versorgung der Erholungsuchenden eingebaut, die die Freiflächen in großer Zahl aufsuchen.

Ein »weißer Elefant« ist auch das Universiade Stadion in Bao'an nicht, denn es wird regelmäßig für Ligaspiele genutzt und ist der Lieblingsspielort der chinesischen Fußballnationalmannschaft geworden, weil sie hier das eine oder andere Heimspiel gewinnen konnte.

Auch beim SOSC war es den Architekten und dem Bauherrn ein besonderes Anliegen, ein nachhaltiges Nutzungskonzept zu sichern. Heute, fünf Jahre nach den FINA-Schwimmweltmeisterschaften 2011, ist erwiesen, dass sich die Anlage am Ostufer des Huangpu bewährt hat, dass sie noch weiteres Potenzial birgt und weiter in die Stadtstruktur einwachsen wird. Die Industriebrachen südlich und nördlich des SOSC bis hin zum ehemaligen Ausstellungsgelände der EXPO 2010 werden nach und nach mehrheitlich mit Wohnungen bebaut. Ein neues Quartier entsteht, und bald sollen die Zäune fallen, sodass das SOSC-Gelände zum öffentlichen Stadtpark wird.

Die Verantwortung des Architekten

Viele Architekten in China, ausländische wie einheimische, richten ihr Bestreben darauf, möglichst spektakuläre Großbauten zu kreieren, zum Ruhm des Bauherrn (und zu ihrem eigenen). Die Architekten von gmp sehen immer auch die soziale Verantwortung des Architekten, der mit Volksvermögen für das Volk baut und der folgenreiche Eingriffe in Natur und Umwelt vornimmt. Deshalb sind ihnen der urbane Zusammenhang und die gesellschaftliche Funktion so wichtig. Große Projekte sind konstituierende Teile der Stadt, sind strukturell und funktional zu vernetzen und haben den Menschen zu dienen, den gelegentlichen Besuchern wie den betroffenen Anrainern. Und sie müssen, heute wichtiger denn je, nachhaltig sein, in Bau, Unterhalt und Funktion. Neben Funktion, Konstruktion und Gestaltung sind die urbane Vernetzung und die Nachhaltigkeit in Betrieb und Nachnutzung die vierte und die fünfte Qualität des Bauens. Diese Maßstäbe wollen die Architekten von gmp auch an ihre großen Sportanlagen in China angelegt wissen.

Arvo Pärts Würfelspiel und die Könige am See

Christus-Pavillon Expo 2000 / Kloster Volkenroda · Ferienhäuser »Apfelhof« am Fleesensee

Der Christus-Pavillon im mittelalterlichen Volkenroda und der Apfelhof am Fleesensee in Nossentin könnten unterschiedlicher nicht sein. Und doch haben die beiden Bauten mehr gemeinsam als man auf den ersten Blick ahnen würde. Eine Novelle über Licht, Ruhe, Kühe, Koffein – und kleine Überraschungen eines großen Büros.

»Bitte um Entschuldigung. Es dauert noch ein bisschen. Ich werde mich verspäten.« Die Straße wird immer schmaler, der Weg immer verschlungener, die Landkarte immer weißer. Volkenroda, ein kleines Klosterdorf im Kreuzungspunkt der beiden Städteachsen Göttingen-Erfurt und Leipzig-Kassel, zwingt den weit gereisten Journalisten zur Langsamkeit. Nach einigen Stunden Autofahrt mitsamt Umwegen und diversen Verfahrungen beginnt man, am europäischen Christentum zu zweifeln und liebäugelt bereits mit dem Buddhismus, demnach der Weg als eigentliches Ziel erachtet wird. Doch dann ist man angekommen, irgendwo in der Mitte Thüringens, und muss sich eingestehen, dass das Ziel das Ziel ist. Mitten aus der mittelalterlichen, jahrhundertelang gewachsenen Struktur Volkenrodas ragt ein weißer, opak schimmernder Würfel empor. Auf den ersten Blick wirkt das kubische Bauwerk wie die nach außen gestülpte

Kulisse des Low-Budget-Horrorklassikers »Cube«. Viele Quadrate, viele schwarze Linien, viele leicht changierende Flächen, die wie ein schwereloses Tischtuch im Himmel zu hängen scheinen. Gerade an diesem wolkigen Tag, an dem sich der Himmel unaufdringlich zurücknimmt, verschwimmt das Weiß mit dem Weiß. Anders als in »Cube« jedoch endet die Geschichte hier nicht bereits, sondern fängt erst an. Denn hier ist nicht Hollywood, sondern Kirche.

»Bitte um Entschuldigung. Es dauert noch ein bisschen. Ich werde mich verspäten.« Man würde ja meinen, aus der eigenen Erfahrung gelernt zu haben. Das Gegenteil ist der Fall. Was in Thüringen noch 30 Minuten waren, wächst in Mecklenburg-Vorpommern, das mit seiner malerischen Mecklenburgischen Seenplatte rund um Rostock

Christus-Pavillon, Expo 2000 / Kloster Volkenroda, Hannover (D) / Volkenroda (D). Entwurf: Meinhard von Gerkan und Joachim Zais · Bauzeit: 1999–2001 · BGF: 2004 m² · BRI (gesamt): 18 548 m³

Ferienhäuser »Apfelhof« am Fleesensee, Nossentin (D). Entwurf: Volkwin Marg und Joachim Zais · Bauzeit: 2010–2012 · BGF: 445 m² · Wohnfläche: 160 m² (Haus 1), 107 m² (Haus 2) · BRI (gesamt): 1330 m³

Apfelhof Nossentin
königlicher Blick auf
den Fleesensee in
Nossentin (oben) ·
Christus-Pavillon als
Erweiterung des Klos-
ters im thüringischen
Volkenroda (unten)

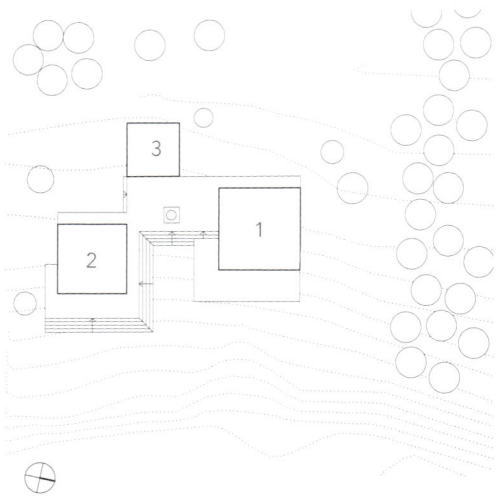

und Schwerin noch prächtiger wirkt, noch langsamer zu ticken scheint, bereits zu einer vollen Stunde aus. Die schlanken Birkenalleen, die ausgerittenen Pferde und die unzähligen Seen und Teiche und Tümpel dienen dem Ankommenden als kontemplative Vorbereitung auf das zu Besichtigende. Das Ziel nimmt die Verspätung mit Gelassenheit. Überall Ruhe. Überall sanfter Wind in den Bäumen. Überall weiße Charolais-Rinder, die wie wollige Urahnen der uns bekannten Kuh vor dem Schilfgürtel des Fleesensees stehen und grasen. Ein Maler würde das Motiv sofort auf die Leinwand bannen. Und die drei Holzhäuser namens Apfelhof, die wie stille Skulpturen in der Landschaft harren und Fauna (sechs Kühe) und Flora (sechs Apfelbäume) so etwas wie einen Rahmen bieten, gleich mit dazu. Selten hat sich ein modernes, zeitgenössisches Bauwerk auf den ersten Blick so unaufgeregt in die ländliche Kulisse gefügt wie in Nossentin. Es ist schön hier. Bildhübsch sogar. Auch wenn das kein gern gehörtes architektonisches Kriterium ist. Wie auch immer. Der Bauch siegt. Man will hier nie wieder weg.

Novelle über die Liebe zum Detail

Die beiden Projekte in Thüringen und Mecklenburg-Vorpommern könnten unterschiedli-

cher nicht sein. Da ein öffentlicher Bau. Dort ein Privathaus. Da ein modernes, innovatives Aushängeschild der Stahl- und Glasindustrie. Dort ein konventionell errichtetes Gebäude mit Macken und Schrammen und unendlich charmanten Spuren lokalen Handwerks. Da ein Kirchenbau, der für Messen, Konzerte und Veranstaltungen für bis zu 2500 Menschen genutzt wird und der den meisten noch als Christus-Pavillon auf der Expo 2000 in Hannover in Erinnerung ist. Dort ein kleines Refugium mitten in der Natur, nicht weit von der Ostseeküste, das einer Hamburger Familie als sehnsuchtsvoller Fluchtpunkt gilt.

Und doch haben die beiden Bauten mehr gemeinsam als man auf den ersten Blick ahnen würde. Sie zeichnen sich durch eine lange, ja sogar jahrelange Planungszeit aus. Sie teilen sich die Liebe zum Detail, zur optischen und haptischen Entdeckungsreise in allen Maßstäben, zur genüsslichen Lektüre einer scheinbar dreidimensionalen, manifest gewordenen Novelle mit einem ganz klaren Protagonisten, um den sich alles dreht.

Nicht zuletzt jedoch sind der Christus-Pavillon in Volkenroda und das Sommerhäuschen in Nossentin der überraschende Beweis dafür, dass das international agierende Architekturbüro gmp nicht nur groß,

Apfelhof Nossentin
Frontalansicht der drei Lärchenholzkuben vom Ufer aus (rechts) · Lageplan, Maßstab 1:1000 (links)
1 Haus der Eltern
2 Haus der Kinder
3 Pavillon/Schuppen

Apfelhof Nossentin
Studien zur Gebäude-
form (rechts) • Blick in
das Wohnzimmer der
Eltern mit Feuerstelle
im nördlichen Haus
(unten)

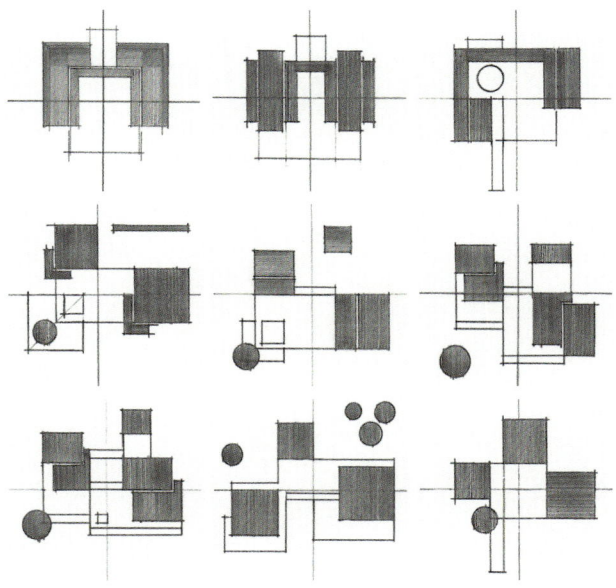

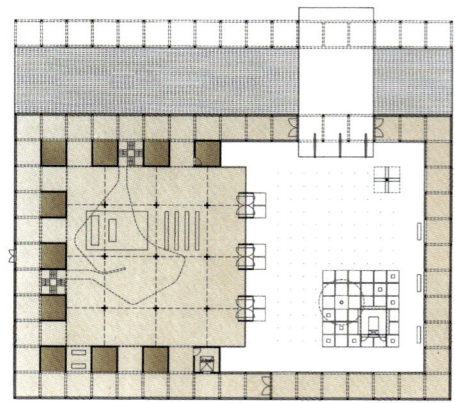

nicht nur weltweit, nicht nur seinen voraus-
eilenden Klischees folgeleistend ist, sondern auch fein, klein, entzückend sein kann.
Oder, wie Gina König, Auftraggeberin des
Apfelhofs, meint: »Bei einer Familienfeier
traf mein Mann auf seinen alten väterlichen
Freund Volkwin Marg. Die beiden haben
sich über den Fleesensee unterhalten. So
hat alles begonnen. Dabei hatten wir, ehrlich gesagt, immer Angst vor gmp. Wir
wollten doch kein chinesisches Opernhaus
bauen!« In Volkenroda und Nossentin
bekommt selbst der abgebrühteste Architekturkritiker Gelegenheit, sein Urteil neu
zu überdenken.

Der Würfel und die Portion Koffein

»Nein, einen Flughafen wollten wir nicht,
aber einen Würfel ehrlich gesagt auch
nicht«, sagt Jens Wolf, seit 44 Jahren Mitglied der Jesus-Bruderschaft und heute
Vorstand der Stiftung Kloster Volkenroda.
Was das Kloster eigentlich wollte, war
eine moderne, mental leicht nachvollzieh-
bare Komplettierung der Klosterkirche, die
im Bauernkrieg 1525 zu einem großen Teil
zerstört wurde. Die Idee, die Apsis, das
Querschiff und den Raum der Erinnerungen wieder wie vor fünf Jahrhunderten ein
Ganzes werden zu lassen, geht bis weit in
die 1990er-Jahre zurück. Da der Ort eine
so bewegte Geschichte hinter sich hat, mit
Zeiten als Kloster, als Landwirtschaftsbe-

trieb, als profaner Verwaltungsbau und
mit bitteren Zeiten als ungenutzte Ruine,
war Wolf der Meinung, dass er es wirklich
verdient hätte, wieder an den Stolz seines
Anbeginns anzudocken.
Es fanden sich viele Sponsoren und Unter-
stützer, allen voran die katholische und
evangelische Kirche. Doch trotz einer Vielzahl an Auftraggebern schien das ökumeni-
sche Projekt in der Errichtung immer noch
viel zu teuer. »Eines Tages«, erinnert sich
Wolf, »hatten wir eine geniale Idee, die alles

Christus-Pavillon auf
der EXPO 2000 in
Hannover mit Krypta
und Glasturm, Grund-
riss und Ansicht, Maß-
stab 1:1000 (oben) ·
Skizzen von Meinhard
von Gerkan zu seiner
Entwurfsidee in einem
Brief an Joachim Zais,
Doris Schäffler und
Stefan Schulz (unten) ·
Kirchenraum mit den
drei Portalen (rechts)

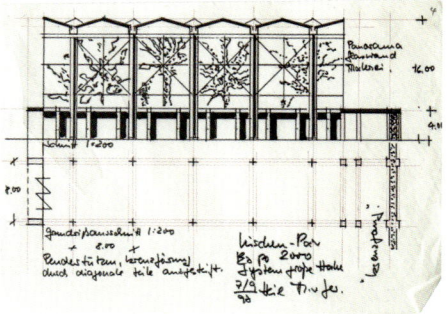

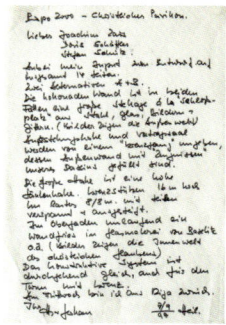

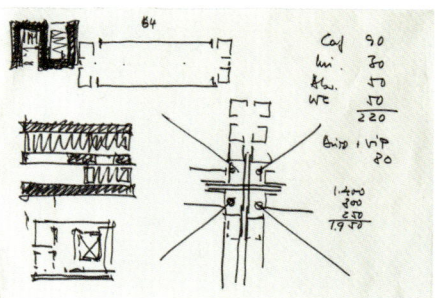

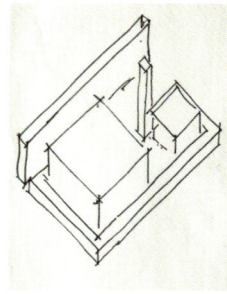

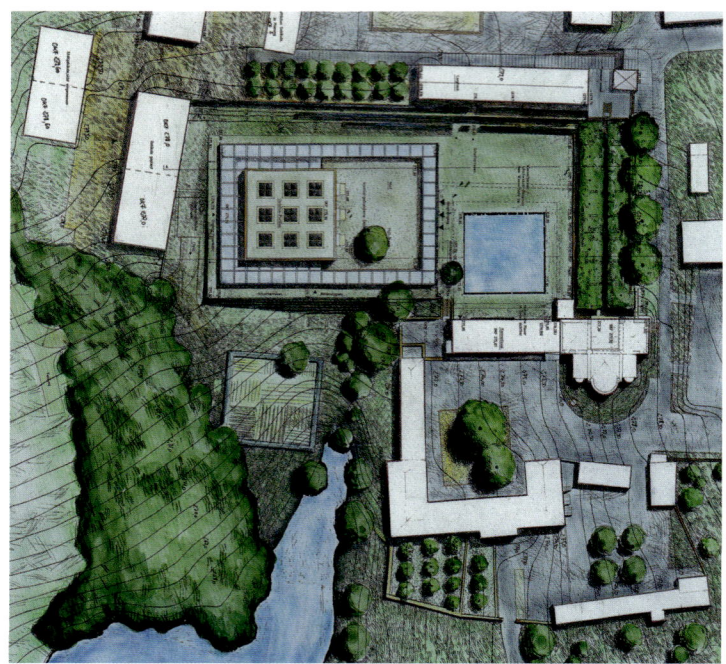

Christus-Pavillon
Lageplan für Volken-
roda, Maßstab 1:2000
(links) · Frontalan-
sicht der Kirche (links
unten) · Isometrie
Dachtragwerk (rechts
oben) · Explosions-
zeichnung Kreuzgang
(rechts Mitte) · Mon-
tage der Kreuzgang-
elemente (rechts
unten)

verändert hat. Wir haben gesagt: Wir bauen für die Expo 2000 in Hannover genau das, was wir in Volkenroda benötigen.« Das Win-win-Konzept stieß auf große Zustimmung und mündete 1997 schließlich in einer geladenen Ausschreibung unter insgesamt fünf deutschen Architekturbüros. Der Sieg ging an das Büro gmp.

Die Kirche freute sich über potente Partner aus Industrie und Wirtschaft. Die Expo-Veranstalter sahen sich in ihren Grundsätzen bestätigt, ein Bauwerk zu errichten, das über seine temporäre Nutzung hinaus nachhaltig wertvoll, nachhaltig dienlich ist. Und die Glas- und Stahlindustrie sah sich einmal mehr herausgefordert, den Expo-Pavillon als Bühne für technische Innovationen zu sehen, die nicht nur auf der Weltausstellung, sondern für Kenner und Fachleute auch weit darüber hinaus Beachtung und Bewunderung finden würden.

»Für mich war das der mit Abstand ruhigste Ort auf der Expo«, meint Wolf. »Ich erinnere mich an eine Benediktinerin, die in ihrer Kluft mit einer Flasche neben dem rot-weißen Coca-Cola-Automaten stand und in diesem so anachronistischen Bild die beiden Gegensätze des Orts vereinte – die Stille dieses Baus und den Tumult der Besuchermassen.« Nicht nur das Koffein, auch die Atmosphäre des Christus-Pavillons, der bis zu 2500 Menschen Platz bot, diente den Besuchern als Aufputschmittel.

Per Tieflader zur Auferstehung

Doch dann ging die Expo zu Ende und der minutiös geplante und errichtete Modulbau

mit seinen atemberaubend simplen Sigma-Knoten – die 1997 von Ewald Rüter entwickelte und patentierte Vollstahl-Steckverbindung kam auf der Expo erstmals zum Einsatz – wurde Stück für Stück auseinandergenommen und auf LKWs verladen. Während die meisten anderen Expo-Pavillons verschrottet wurden oder als längst von der Natur zurückeroberte Artefakte immer noch auf dem Weltausstellungsgelände in Hannover-Kronsberg stehen, ist dem Pavillon der christlichen Religionen ganz im Sinne des abendländischen Glaubensverständnisses ein Leben nach dem Tod beschieden.

»Die Demontage und der Abtransport mit den Tiefladern war von Anfang an Teil des Konzepts«, erklärt Joachim Zais, ehemaliger Partner und Projektarchitekt bei gmp. Aus diesem Grund wurden alle Bauteile so errichtet, dass sie sich ohne Probleme wieder zu einzelnen, transportierbaren Elementen auseinandernehmen ließen. Letztendlich hat daher die damals maximal zulässige Länge von 17 m für Schwertransporter die Länge der neun Hauptstützen und somit auch die Innenraumhöhe des Pavillons bestimmt. Ein paar wenige Module des umlaufenden Kreuzgangs rollten, in Teile zerlegt, in Richtung Aachen. Der Großteil jedoch, der gesamte Pavillon und 180 Laufmeter Kreuzgang, wurde ins 200 km entfernte Volkenroda gebracht.

»So wurde der Pavillon, wie er damals auf der Expo stand, Stück für Stück auf Tieflader verladen. Und jeden Morgen kam, 100 Nächte lang, irgendein riesiges, überdimensionales Teil bei uns im Dorf an. Nach 100 Nächten begann der Wiederaufbau unseres geliebten Christus-Pavillons, der nicht nur ein Hybrid mit teils säkularen, teils klerikalen Wurzeln, sondern lustigerweise auch Produkt der deutschen Straßenverkehrsordnung ist.« Der süffisante Ton von Jens Wolf ist nicht zu überhören. Es macht Spaß, den Anekdoten und bildhaften Erinnerungen des Jesus-Bruders zu lauschen.

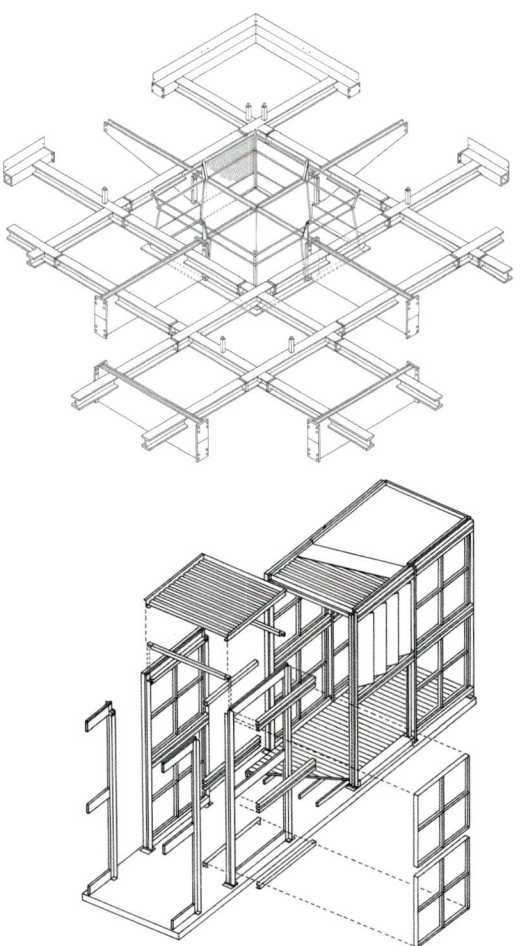

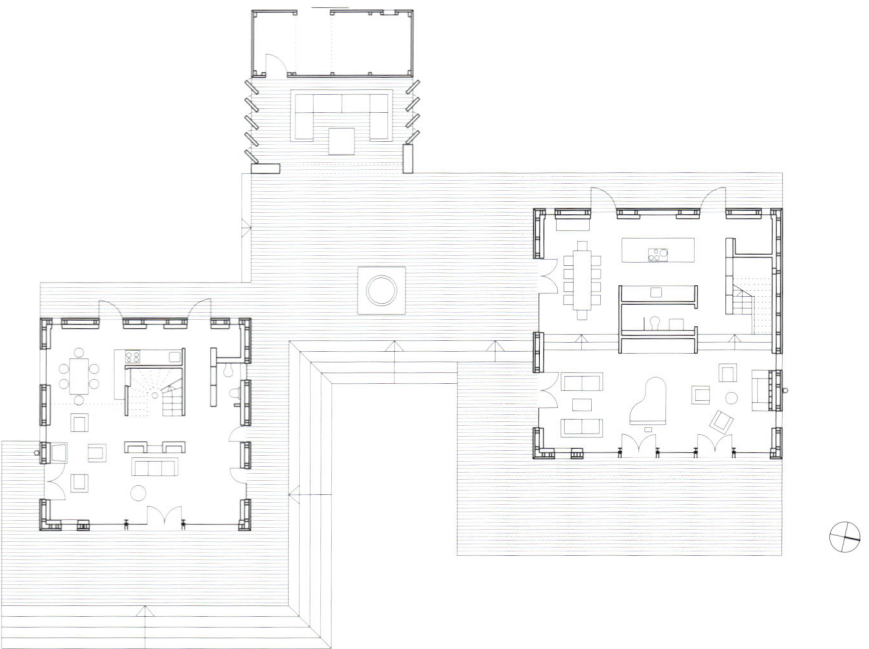

Zu dem Zeitpunkt, als der Christus-Pavillon in Volkenroda ein zweites Mal aufgebaut wurde, hatte Jens Wolf sich bereits mit der Idee angefreundet, dass nicht die Klosterkirche in ihrer ursprünglichen Kontur wiederaufgebaut wurde, wie er sich ursprünglich gewünscht hatte, »sondern dass man uns einen 18 m hohen Würfel hinstellte. Was mich zu Beginn ehrlich gesagt etwas enttäuscht hatte – der siegreiche Wettbewerbsentwurf von gmp war keineswegs mein persönlicher Favorit gewesen –, reifte in mir nun zu einem Haus mit großer Freude«, so Wolf. »Das Ding ist echt gut. Und ich muss zugeben: Der Christus-Pavillon funktioniert auf einer Expo genauso gut wie hier, wo sich Fuchs und Hase Gute Nacht sagen. Und im Fuchs-und-Hase-Land vielleicht sogar noch besser.«

Konsens mit Kühen und Königen

Ein Kaninchen hoppelt durchs Bild. Die wollige Charolais-Kuh scheint sich davon nicht beirren zu lassen. Verbeißt sich in die Wildblumenwiese und kaut und kaut und kaut wieder. Gina und Volker König waren gemeinsam mit ihren vier Söhnen und dem Königspudel an der Leine jahrelang auf der Suche nach einem passenden Seegrund-

Apfelhof Nossentin
Grundriss, Maßstab 1:250 • Lounge-Pavillon mit synchron beweglicher Lamellenfassade (links) • Südfassade des Elternhauses (rechts oben) • Blick von der Terrasse auf die Mitbewohner, die neuen Besitzer haben den Charolais-Rindern ein lebenslanges Besuchsrecht des Apfelhofschen Grünstreifens gewährt (ganz rechts)

stück, um die Leidenschaft für die Mecklenburgische Seenplatte, die sie nach der Wende entdeckt hatten, in einer temporären Heimat zu verankern. »Ich kann es nicht anders formulieren, aber hier zu sitzen und auf das Wasser und die Kraniche, die Wildgänse und die Fischadler zu gucken, macht mich ganz tief drinnen wunschlos glücklich.« An die 50-mal sind die Königs nach Mecklenburg-Vorpommern gefahren, haben Banken, Makler und Annoncen durchforstet, Bauer und die Welt befragt, wo denn ein Grundstück zu haben sei, sind herumgewandert und haben Ausschau gehalten nach in den Erdboden gerammten Holzschildern, bis sich nach mehr als zehn Jahren endlich eine Gelegenheit bot, zuzuschlagen und der Faszination an ostdeutscher Natur und Kultur Raum zu geben. »An diesem Tag haben wir unseren Söhnen eine SMS geschrieben«, erinnert sich die Künstlerin. »Jungs, wir haben eine Kuhwiese in Meckpomm gekauft!« Der Ideenfindungsprozess, bis der Apfelhof Stil und Gestalt annahm, zog sich über viele Monate und könnte in der Tat eine eigene Weltausstellung füllen. An die 30 unterschiedliche Entwürfe und Entwurfsvarianten entwickelte Projektarchitekt Joachim Zais,

ehe sich ein Konsens fand, der mit Kühen und Königs vereinbar schien. »Ich hatte überhaupt keine Ahnung vom Bauen«, blickt die Auftraggeberin auf ihre Premiere zurück. »Wir wollten viel zu viele Betten, einen Tischtennisraum, eine Schmutzschleuse und selbstverständlich einen Bootssteg in den Fleesensee. Und Herr Zais blieb immer freundlich. Bis er eines Tages meinte: ›Es reicht. Ich mache keine Kompromisse. Es muss jetzt eine Entscheidung getroffen werden. Ansonsten fürchte ich, kann ich nichts mehr für Sie tun.‹ «

Die Einheit der drei Häuser

Doch er konnte. Am 3. Oktober 2010, dem Tag der deutschen Einheit, feierten die Königs mit ihren Handwerkern Richtfest. Damals konnte man noch eine Idee davon bekommen, wie die beiden Wohnhäuser konstruiert sind: Stahlbetonbau mit ausfachenden Elementen aus Kalksandstein. Die Unterkonstruktion für die Fassade wurde in Stahlbauweise errichtet. Verkleidet wurde das Ganze schließlich mit einem vorgehängten, millimetergenau geplanten Holzkleid aus sibirischer Lärche, das sich in

einem 10 cm-Raster um das Haus schmiegt. Das kaum wahrnehmbare Fassadenraster macht vor allem im Bereich der Wandkanten und Fenster- und Türöffnungen auf sich aufmerksam. Die geometrische Komposition sitzt perfekt. Es ist eine Freude, den Fugen zu folgen.

Da die Bauherrin familiären Bezug zu einer Kalksandstein-Firma hat, konnte auf dieses Material preiswert zurückgriffen werden. Daher ist kein reiner Holzbau, sondern eine Mischkonstruktion aus Stahlbetonpfeilern, Kalksandsteinwänden, Stahlstützen in der Fassade und aussteifenden Holzbalken entstanden. Gegenüber einer reinen Holzkonstruktion hat diese Bauweise den Vorteil, dass sie viel speicherfähige Masse beinhaltet und so die Temperaturschwankungen zwischen Tag und Nacht, zwischen Sommer und Winter ausgleichen kann. Das Resultat ist ein besseres Innenraumklima. Auf den ersten Blick scheinen die beiden Wohnhäuser identisch. Erst bei näherer Betrachtung erkennt man zwischen den vermeintlichen Zwillingen die Unterschiede in Größe, Erschließung und Raumkonfiguration. Während das größere Gebäude als Schlafstätte für die Eltern und ihre Freunde sowie als Homebase für Kochgelage und große, ausladende Hausfeste dient, sind im kleineren Hausbruder die vier Söhne und deren Gäste untergebracht. Bei schönem Wetter findet das Wohnen draußen auf der Terrasse und im gedeckten Freisitz statt, der sich an den beiden Seiten mit einem Griff in eine luftig durchlässige Gartenskulptur verwandeln lässt.

Aus Freude an der Patina

Man hat bereits das nächste Sommergrillfest vor Augen und Nase. Im fröhlichen Tummeln von Familie und Freundeskreis schwingt Meinhard von Gerkans zeitloses Motto mit: »Bauen ist Kunst in der sozialen Anwendung.« Oder wie Bauherr Volker König, seines Zeichens Immobilienkaufmann, es ausdrückt: »Dieser Ort spendet

Apfelhof Nossentin
Blick vom elterlichen Esszimmer durch den Wohnbereich Richtung See, darüber liegt halb verglast das Schlafzimmer (links) • skulpturale Eichenholztreppe im Haus der Kinder (rechts)

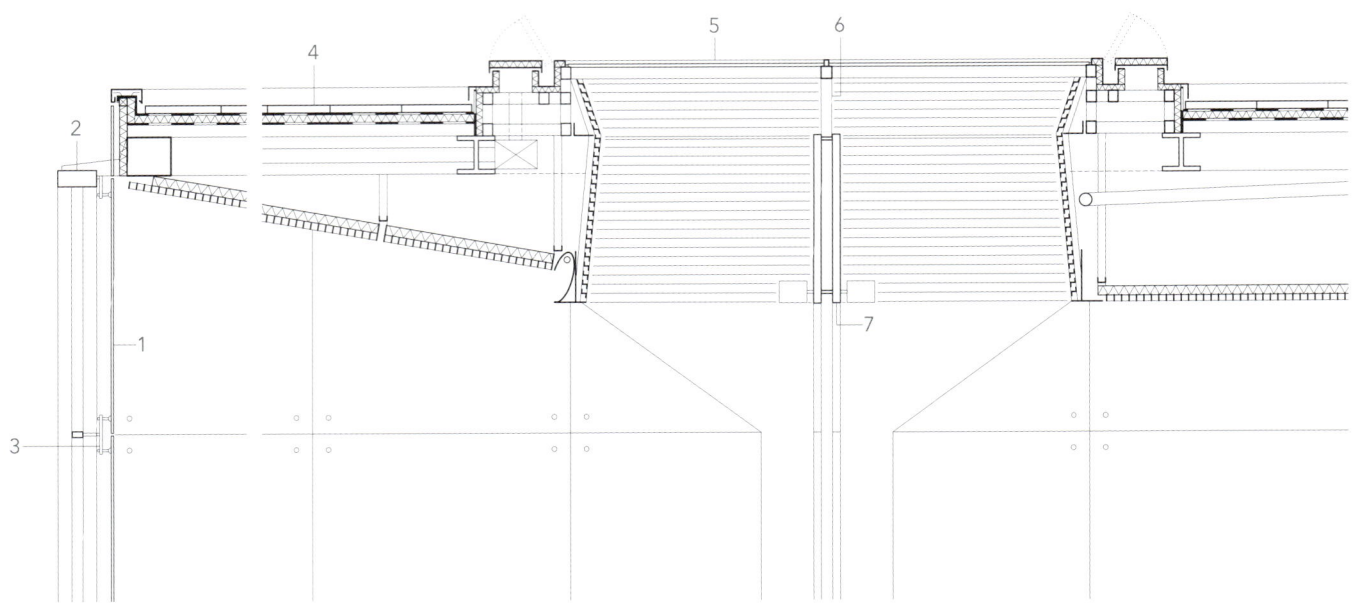

1 Verbundelement Marmor 10 mm, Gießharz 3 mm + ESG 12 mm
2 Stahlprofil ▱ 250/80/10 mm
3 Vierpunkthalter Edelstahl
4 Betonplatte 500/500/50 mm

5 Oberlicht ESG 10 mm Innenseite bedruckt + SZR 14 mm + VSG 2× 8 mm
6 Stahlprofil ⌀ 60 mm
7 Stütze und Trägerrost Stahl 2× Flachstahl 40 mm

Christus-Pavillon
Aufbau des Kirchenraumtragwerks (unten) · Vertikalschnitt, Maßstab 1:50 (oben)

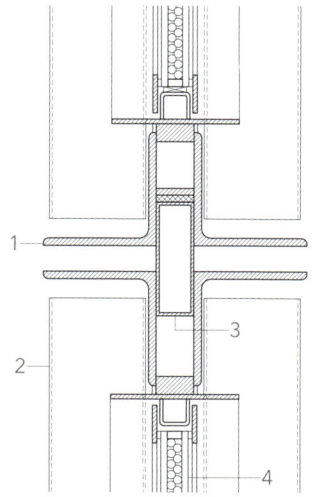

Christus-Pavillon
Kreuzgangfenster
gefüllt mit Feuer-
zeugen (oben) •
Kreuzgang, Horizontal-
und Vertikalschnitt,
Maßstab 1:10 (rechts)
1 Stahlprofil
    ∟ 150/150/10 mm
2 Stahlprofil
    ⊏ 150/129/2 mm
3 Stahlprofil
    ▭ 150/50/4 mm
4 ESG 8 mm + SZR
    16–63 mm gefüllt
    + ESG 8 mm
5 Pressleiste Edelstahl
    15/50 mm
6 Stahlrahmen
    170/6 mm
7 Stahlprofil
    ▭ 10/20 mm
8 Stahlprofil
    ∟ 180/90/10 mm
9 Eichenbohlen
    50 mm

wirklich Freude. Und es ist nicht diese rein
visuelle Freude an einem Schmuckstück,
das man sich kaum anzufassen traut. Es
ist vielmehr die Freude am Nutzen, an
der Tatsache, dass uns dieses Projekt als
Gebrauchsgegenstand dient, mit all seinen
Alterungs- und Gebrauchsspuren. Jeder
einzelne Kratzer in der Oberfläche, jede
einzelne abgeschlagene Kante birgt eine
Geschichte. Ich finde diese Spuren der Zeit
schön und wertvoll.«
Während die untere Wohnebene in beiden
Häusern dem kollektiven Wohnen und Feiern gilt, mit dem frei stehenden Küchen-
block als Zentrum des Hauses, windet man
sich über die Eichenholztreppe Stufe für
Stufe in den Privatbereich. Viel Weiß, viel
Ruhe, ab und zu ein alter Bauernstuhl und
ja, auch ein ausgestopfter Elch. Dank dem
steil aufsteigenden Pultdach ergeben sich
über den Betten in den Schlafzimmern noch
zusätzliche, mit Segelnetzen eingehauste
Schlafgalerien, die man über angelehnte
Leitern erreicht.
Es liegt nicht nur an den baulichen Elementen, dass man sich hier, nur wenige Meter
vom Fleesensee entfernt, an Segelboot und
Sylt erinnert fühlt. Die ruppigen Sperrholz-
wände mit ihren Astlöchern, die nach der
Montage weiß lasiert wurden, verleihen dem
Apfelhof auch auf dem Festland maritimen
Charakter. Im Luv und Lee der raffinierten
Durchblicke zwischen oben und unten, der
in die Schrankwand eingeschnittenen Griff-
löcher, der wunderbar verspielten, schmalen Türen, die viele Funktionen auf einmal
abdecken und je nach Position ganz neue
Raumflüsse ermöglichen, wähnt man sich
bisweilen in einer Kajüte auf hoher See.

16 Sekunden Nachhall und viel mehr
400 km südlich, weit im Landesinneren
Deutschlands, hat sich der Wellengang be-
ruhigt. Wie ein stilles Etwas liegt der Christus-Pavillon inmitten der alten Klosteranlage
mit ihren mittelalterlichen Bauten und Fach-
werkhäusern aus dem 18. und 19. Jahrhun-

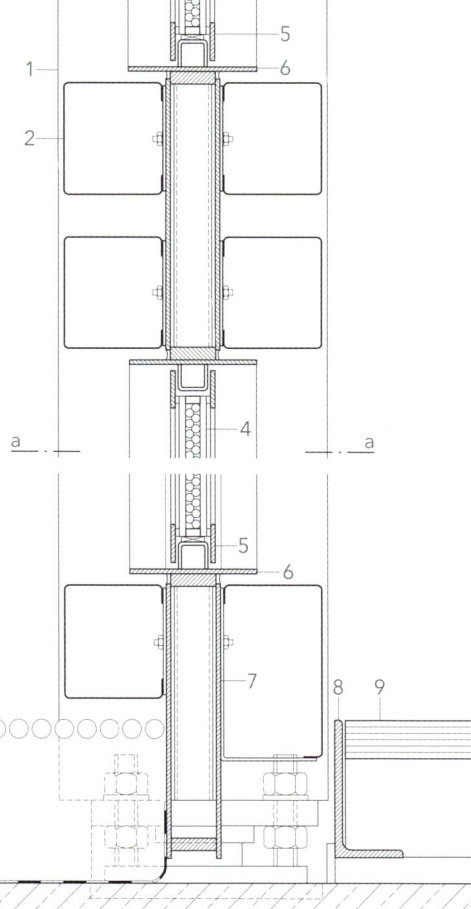

  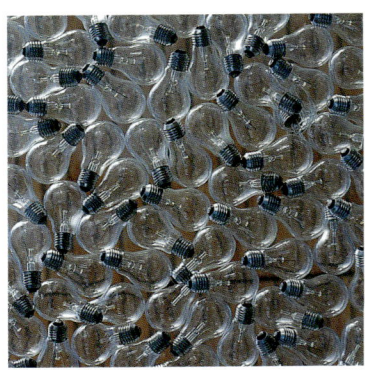

dert vor Anker. Mit dem einen Auge betrachtet, scheint das Bild fremd, kontrastreich, gewöhnungsbedürftig. Mit dem anderen Auge jedoch erkennt man mit jeder Minute mehr, wie unaufgeregt sich der wiederauferstandene Christus-Pavillon in die alten Gemäuer und Fachwerkstrukturen fügt. »Zu Beginn hat der Expo-Pavillon wie ein fremdes Implantat gewirkt«, erinnert sich Bernward Paulick, Architekt der Bauhütte Volkenroda. »Doch mit der Zeit hat der Bau mehr und mehr an Ausstrahlung und Anpassungsfähigkeit gewonnen. Die Wirkung wächst von Jahr zu Jahr. Heute, würde ich sagen, ist der Pavillon aus Volkenroda nicht mehr wegzudenken.« Längst sei das ungewöhnliche Bauwerk rundum eingewachsen, so Paulick. Und zwar nicht nur im wörtlichen Sinne des Grüns, sondern auch in den Köpfen der hier lebenden Menschen.

An den meisten Tagen wird der Pavillon von den Brüdern als ruhiger Meditationsraum genutzt. Die Lichtstimmung mit den entlang der Stahlsäulen nach unten fallenden Sonnenstrahlen ist so dramatisch wie am ersten Tag. Immer wieder jedoch dient die sonst so kontemplative Hülle als Bühne für Musik, Tanz und Theater. Man erinnert sich gern an das Landes-Posaunenfestival oder an

Christus-Pavillon
unterschiedliche Fensterfüllungen im Kreuzgang: Musik-Kassetten, Teesiebe, Glühbirnen (oben) • Lichtbrechung durch die verschiedenen Füllungen (links) • Pavillon im klösterlichen Umfeld in der thüringischen Abendsonne (rechts)

das evangelische Landes-Jugendfestival, das hier alle zwei Jahre stattfindet. Klare Sache, meinen die Jesus-Brüder von Volkenroda. Ein niederschwelliger Raum mit viel Licht und Luft. Und mit rekordverdächtigen 16 Sekunden Nachhallzeit. Das zieht. Regelmäßig führt Architekt Bernward Paulick durch die Anlage. Meistens hat er Azubis, Studentinnen sowie Architekten und Bauingenieure im Schlepptau. »Und dann frage ich die Besucher: Wo ist die konstruktive Aussteifung? Wo sind die Diagonalen?« Und sobald er von der biegesteifen Ecke erzählt und auf den Rüter-Knoten deute, sind alle baff. Paulick freut sich, dass dieses mehr als 15 Jahre alte Aushängeschild der deutschen Stahlindustrie heute immer noch so voller Überraschungen ist. »Das zeugt von einer gewissen zeitlosen Qualität.«

Ein Hauch von Arvo Pärt

Jens Wolf spaziert durch den Hof. »Wissen Sie, die wunderschöne Erinnerung an die Expo 2000 ist in Hannover fast schon verblasst. Die jungen Leute, die hierherkommen, können mit dieser Reminiszenz nichts mehr anfangen. Jetzt wird es Zeit, dass der Christus-Pavillon einem kleinen Revival unterzogen wird. Nichts Großes. Aber groß genug, um das Projekt für die Zukunft fit zu machen.« Am liebsten wäre ihm, wenn die Fensterfüllungen, wenn die vielen Zahnräder, Zahnbürsten und Einwegspritzen gegen eine neue Form des Displays ausgetauscht werden. »Die Möglichkeiten sind heute anders als im Jahr 2000. Vielleicht machen wir etwas Digitales, vielleicht etwas Künstlerisches, vielleicht lassen wir einfach die Generation nach uns entscheiden.« Und dann gibt es noch den einen Wunsch, einen Herzenswunsch, den der Vorstand der Stiftung Kloster Volkenroda schon seit Jahren mit sich herumträgt. Etwas Musikalisches, sagt er. Etwas ganz Stilles. »Ich würde mir wünschen, in diesen Räumlichkeiten Arvo Pärt aufzuführen. Und wer weiß, vielleicht schreibt er uns sogar ein kleines exklusives Stück. Ich denke, Raum und Musik passen in dieser reduzierten Form gut zusammen. Nicht zu aufgeregt. Nur ein Hauch.«

Mit dem Wind werden die höchsten Klänge bis nach Nossentin getragen. So weit entfernt ist dieses Haus im konzeptionellen Raum auch wieder nicht. Es ist schön hier. Bildhübsch sogar. Auch wenn das immer noch kein gern gehörtes architektonisches Kriterium ist. Doch der Bauch siegt. Man will hier nie wieder weg.

Glossar der Ähnlichkeiten

Was ist gleich? Und was ist ähnlich? Eine Gegenüberstellung der entdeckten Gemeinsamkeiten in 12 Punkten.

Das Dazwischen

»Manchmal komme ich nach Nossentin, mache mir einen Tee und setze mich die erste halbe Stunde einfach nur auf die Treppe und schaue auf den Fleesensee und auf die weißen Charolais-Rinder. Ich nenne das immer Natur-TV. Das bringt mich so richtig zur Ruhe.« Volker König, Immobilienkaufmann aus Hamburg, bezeichnet die Kante an der Terrasse als seinen Lieblingsplatz. »Dieser hölzerne Freiraum zwischen den beiden Wohnhäusern und dem gedeckten Freisitz ist fast schon wie ein Zimmer für sich. Es verbindet die Gebäude und schafft zugleich einen Respektabstand, der uns allen gut tut.« Auch im Christus-Pavillon in Volkenroda spielt das Dazwischen zwischen Innen- und Außenraum eine große Rolle. »Wir feiern Gottesdienste im Pavillon«, sagt Bernward Paulick, Architekt der Bauhütte Volkenroda. Zur selben Zeit gehen Leute mit ihrem Hund durch den Ort spazieren, durchschreiten den Kreuzgang und können nach eigenem Ermessen darüber entscheiden, wie sehr sie sich dem Pavillon nähern. »Dieser leere Pufferraum ist so wichtig wie die Pause in der Musik … eine Art geheimnisvolle Einladung.«

Der Drehpunkt

Einer Tür muss man ihre Funktion nicht unbedingt ansehen können. Das hat schon Le Corbusier gewusst. In seinen profanen und sakralen Bauten hat der Schweizer Architekt die Drehachse der Türe immer wieder vom Rand ins Mittelfeld gerückt, sodass sich der Drehradius verkleinert und die Tür im geöffneten Zustand wie eine senkrechte Scheibe im Durchgang steht. Das Prinzip ist zeitlos. Im Kreuzgang des Christus-Pavillons folgen die quadratischen Türen dem Prinzip der ins Mittelfeld gerückten Achse, was dem Bauwerk im geöffneten Zustand den Eindruck von durchlässigen Lamellen verleiht. Auf diese Weise, meint Projektarchitekt Joachim Zais, habe man den Besuchern die Schwellenangst nehmen wollen. Auch im Apfelhof in Nossentin kommt der Kniff der Moderne zum Tragen: Im offenen Lounge-Pavillon zwischen den beiden Wohnhäusern lassen sich die Seitenwände im Akkord öffnen. Über einen Flachstahl an der Unterkante sind die fünf Holzlamellen miteinander

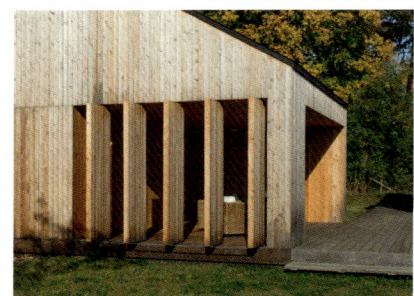

verbunden. Mit einer einzigen Hand-
bewegung beginnen die vertikalen Schuppen synchron nach innen und außen zu
schwingen.

Die Füllung

Im Kreuzgang des Christus-Pavillons
spiegelt sich die ganze Welt wider. In den
1,70 × 1,70 m großen, nanobeschichteten
Verbundfenstern, die bis zu 10 cm stark
sind, wurden Gegenstände aus Industrie
und Natur eingefüllt: Blumen, Bambus,
Baumscheiben, Kohle, Zweige, Zündhölzer,
Zahnräder, Zahnbürsten, Teesiebe, Glühbirnen, Gummiringe, Fieberthermometer,
Federn, Mohnkapseln und medizinische
Spritzen. »Zunächst wurde diese Idee nicht
wirklich ernst genommen und von vielen
sogar bespöttelt«, erklärt Architekt Meinhard von Gerkan. »Doch nun zeigt sich,
dass aus diesen Fenstern gewissermaßen
Gemälde geworden sind. Durch das einfallende Licht ergeben sich Bilder von ästheti-
schem Reiz und malerischer Anmutung.«
Insgesamt kamen 60 unterschiedliche Fül-
lungsmaterialien zum Einsatz. Die genaue
Auswahl erfolgte nach ästhetischen, aber
auch nach technischen Gesichtspunkten.
Und dann steht man plötzlich in Nossentin
und blickt auf den Holzunterstand neben
der Terrasse. Schwarzer Stahlrahmen
bis nach oben hin gefüllt mit perfekt ge-
schlichtetem Brennholz. Zufall?

Der Geist des Ortes

Das schwarze Granitbecken existierte zu
Expo-Zeiten noch nicht und wurde eigens
für Volkenroda errichtet. Die spiegelnde
Fläche ist das visuelle Herzstück der Klosteranlage. Vom Norden des Innenhofs
betrachtet – da, wo einst das Hauptschiff
der Klosterkirche stand – fallen Christus-
Pavillon und Spiegelbild zu einem großen
Ganzen zusammen. »In gewisser Hinsicht
ist der konturierte Kreuzgang mit seinen
unterschiedlichen Füllungen wie eine Neu-
interpretation der benachbarten Fachwerk-
häuser«, meint Architekt Bernward Paulick.
»Als wäre der Pavillon eigens dafür gemacht worden, um den Dialog mit dem
dunklen Fachwerk und den Füllungen aus
Lehm und geschlemmten Ziegeln aufzunehmen.« Es ist die Sensibilität gegenüber
dem Ort, die dieses Projekt so fein erscheinen lässt. In Nossentin fragt die Nachbarin,
die sich um den Apfelhof kümmert, wenn
die Königs nicht da sind: »Sehen Sie die
alten Scheunentore, die man hier in Nossentin und Umgebung überall sieht? Und
sehen Sie diese Lärchenfassade? Es ist wie
ein Miteinander. Ist das nicht toll?«

Christus-Pavillon
geschichtete Mate-
rialien hinter Glas
und Pressleisten
(unten links) · **Apfelhof
Nossentin** gestapel-
tes Brenngut, stählern
schwarz gerahmt
(unten Mitte) · **Christus-
Pavillon** in Volkenroda
rückt das quadrati-
sche Becken – seine
Fläche entspricht der
des Kirchenraums –
leicht aus der Achse
(rechts oben) · **Apfel-
hof Nossentin** Lärchen-
holzpaneelwand
Gartenpavillon mit
Namensgeber des
Hofs (rechts unten)

Die Inbesitznahme

»Wenn ich ein Projekt fertigstelle, dann schließe ich es auch mental ab«, sagt Joachim Zais. Dazu gehört auch, dass eines Tages plötzlich Geweihe an der Wand hängen, die mit der schlichten Stille der Architektur in einem gewissen Widerspruch stehen. »Der Apfelhof gehört jetzt den Bewohnern. Architektur sollte so robust sein, dass sie solche Dinge zulässt, ohne dass das Konzept zerbricht.« Von der Jesus-Bruderschaft in Volkenroda wurde das Büro gmp gebeten, die historische Gesamtanlage über den Aufbau des Christus-Pavillons hinaus zu betreuen. »Das wollten wir auf keinen Fall«, so der Projektleiter. »So ein Dorf braucht Leben und Vielfalt und somit auch viele verschiedene Handschriften.« Eine weitere wird hinzukommen, nachdem nun, nach 15 Jahren, die Füllungen in den Fenstern an Reiz verloren haben. »Jetzt gilt es, den Pavillon ein weiteres Mal in Besitz zu nehmen und das Alte und Bewährte zu verändern«, meint Klostervorstand Jens Wolf. Wo früher die Glühbirnen, Teesiebe und Mohnkapseln waren, sollen nun junge Leute und Kulturschaffende zum Zug kommen.

Der Knoten

Ein einfacher und rascher Auf- und Abbau war die Vorgabe für die Konstruktion des Christus-Pavillons auf der Expo in Hannover, schließlich waren Demontage und Transport nach Volkenroda von Anfang an

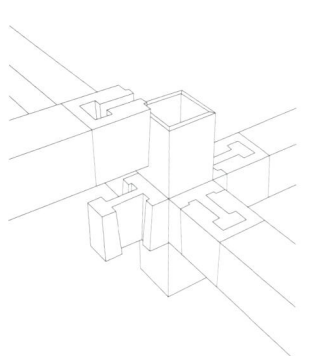

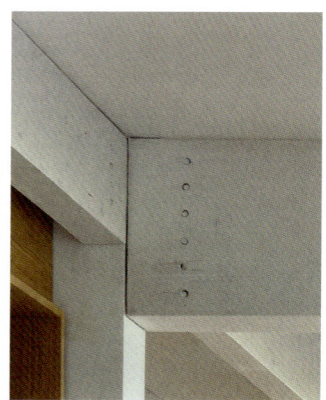

Teil des Konzepts. Nachdem Schweißarbeiten und aufwendige Schraubverbindungen in großer Höhe unter wirtschaftlichen Bedingungen nicht realisierbar waren, kam erstmals der 1997 patentierte Sigma-Knoten von Ewald Rüter zum Einsatz. Die Steckverbindung besteht aus einem Basis- und einem Passteil, die lediglich ineinander gesteckt werden. Leicht geneigte, millimetergenau gefräste Seitenflächen sorgen dafür, dass die Vollstahl-Elemente durch Schwerkraft und Eigengewicht eine passgenaue, biegesteife Einheit bilden. Fast genauso unscheinbar zeigt sich der Knoten in der Deckenkonstruktion der beiden Häuser in Nossentin. Primär- und Sekundärbalken wurden mit einfachen, handelsüblichen Schlitzblechen miteinander verbunden. Und nein, die Schrauben sieht man nicht. Sie wurden – wie die gesamte Wand- und Deckenkonstruktion – weiß mitgestrichen.

Der Osten

Man blickt nach Osten, direkt zum See. Es ist ein schönes Aufwachen auf dem Apfelhof. Das kann man sich bildlich ausmalen. »Ja, der Osten spielt eine große Rolle in diesem Projekt«, sagt Bauherrin Gina König. »Nach der Wende sind wir immer wieder nach Mecklenburg-Vorpommern gefahren, um zu zelten, zu baden, zu paddeln. Es ist eine wunderschöne, unberührte Natur. Für uns Westdeutsche aus

Apfelhof Nossentin königliche Wohnraumdekoration (oben links) • **Christus-Pavillon** Gestaltung der Fensterscheiben mit lokalen Materialien aus Volkenroda (oben rechts) • Axonometrie des patentierten Sigma-Knotens als biegesteife Steckverbindung (unten links) • **Apfelhof Nossentin** Schlitzblechverbindung des Deckentragwerks im Wohnzimmer (unten rechts)

Kloster Volkenroda
gegründet 1131,
älteste noch erhaltene
Zisterzienser-Kloster-
kirche Deutschlands
(oben links) • **Apfelhof
Nossentin** knorrige
Birken säumen die
Straßen rund um Nos-
sentin (oben rechts) •
gerahmter Ausblick
über die Sitzgruppe aus
dem Lounge-Pavillon
(unten links) • **Christus-
Pavillon** meditatives
Spazieren durch das
Kreuzgang-Kaleidos-
kop (unten rechts)

Hamburg war das ein Abenteuer. Wir haben uns in diese Landschaft und in die Lebensgeschichten der hier lebenden Menschen verliebt. Da war klar, dass wir uns hier niederlassen möchten.«

Das klösterliche Anwesen Volkenroda wurde zu DDR-Zeiten als Hofgut und Sitz der Landwirtschaftlichen Produktionsgenossenschaft (LPG) genutzt. Erst nach dem Fall der Mauer zog wieder der Heilige Geist ins Areal. »Als der Pavillon vor 15 Jahren aufgebaut wurde, war das ein Segen«, erinnert sich Architekt Bernward Paulick. »So ein puristisches Bauwerk im ehemaligen Ostdeutschland, und noch dazu im ländlichen Gebiet – das war schon eine Sensation!«

Die Ruhe im Sturm

»Jedes Mal, wenn wir nach Nossentin kommen, schleicht sich innerhalb von wenigen Minuten eine Ruhe in uns ein«, sagt Volker König. Wobei das mit der Ruhe nicht ganz so ernst zu nehmen ist, denn das Haus gefällt auch Freunden und Bekannten so gut, dass Königs fast nie allein sind. Auch die Söhne bringen immer wieder Freunde mit. Einmal haben sogar 35 Leute auf einmal übernachtet. Mehr als in der Lautstärke manifestiert sich die nossentinische Ruhe im Zelebrieren des Auf-dem-Land-Seins, im Ausblick auf den Fleesensee, im meditativen Beobachten der grasenden Charolais-Rinder.

»Es war wirklich verblüffend zu sehen, wie schnell die Besucher zu Ruhe gekommen sind, sobald sie unseren Pavillon betreten haben«, erinnert sich Jens Wolf. »Die Expo in Hannover war wie alle Weltausstellungen ein Markt der Eitelkeiten, aber mit dem ersten Schritt in den Würfel hinein hat man in der unendlichen Menschenmenge sofort diesen ganz bestimmten, entspannten Gesichtsausdruck wahrnehmen können.«

Christus-Pavillon neun Stahlstützen im 8-m-Raster tragen das Kirchenraumdach (ganz links) • **Apfelhof Nossentin** zwischen den raumhohen Fenstern ergänzen Stahlstützen das hölzerne Tragwerk (links) • ganz in Weiß: Fliegersperrholz weiß lasiert (unten) • **Christus-Pavillon** semitransparente Hybridelemente aus 12 mm Glas und 10 mm Naxos-Marmor (ganz unten)

Die Stahlstütze

Neun mächtige, kreuzförmige Stahlstützen fahren 18 m in die Höhe, wo sie sich wie ein auf dem Kopf stehender Quirl in die Breite strecken und dadurch die kassettierte Decke in Schwebe halten. Das Bild mit den auf diese Weise scheinbar durchstanzten Dachfenstern ist ein faszinierendes, ein ästhetisch einprägsames. Seit dem Barcelona-Pavillon (1929) und der Villa Tugendhat (1939) von Ludwig Mies van der Rohe wurde die Kreuzstütze nicht mehr so in Szene gesetzt. In abgeänderter Form findet sich die industrielle Stahlstütze auch im Kreuzgang wieder: 7 m hohe Elementarrahmen aus L-Profilen geben dem rund 180 m langen Umgang eine räumliche Kontur. »Der Pavillon war das Vorzeigebeispiel der deutschen Stahlindustrie«, erinnert sich Architekt Joachim Zais. »Wenn man sich schon auf etwas Neues einlässt, dann mit aller Kraft.« Auch in Nossentin, im letzten Eck der Wohn- und Schlafräume, unvermutet und fast schon versteckt zwischen Fensterkonstruktion, Vorhangstoff und Fliegersperrholzwand, gibt sie sich wie ein leises Zitat gerade noch zu erkennen, die apfelhöfische Stahlstütze.

Das Weiß

Der russische Maler Kasimir Malewitsch bezeichnete die Farbe Weiß als »die wahre, wirkliche Idee der Unendlichkeit« und schwärmte dabei vom »Farbhintergrund des Himmels«. Ist es Zufall, dass die Fassade des Christus-Pavillons mit weißem Stein verkleidet ist? Genauer gesagt handelt es sich um nanobeschichtetes Verbundglas, das an der Innenseite mit einer hauchdünnen Marmorschicht von der griechischen Insel Naxos beklebt wurde. Zur Bauzeit 2000 war die Technologie ganz neu auf dem Markt. In den grauen, durchscheinenden Schlieren des Steins erkennt man die Idee der Unendlichkeit. Schlieren gibt es auch im Ferienhaus in Nossentin: An der Innenseite wurden die Wände mit Fliegersperrholz verkleidet und anschließend weiß lasiert. Die Oberfläche ist alles andere als perfekt im architektonischen Sinne. Sie ist jedoch perfekt, wenn man mit den Augen des Genius Loci darauf blickt: »Das ist kein gelecktes Stadthaus«, meint Architekt Joachim Zais, »das ist ein Ferienhaus, das ruhig ein bisschen ruppig aussehen und in dessen Oberflächen man das Ländliche, das Handgemachte erkennen darf.«

Die Wiederholung

Eines der prägendsten Stilmittel beider Projekte ist die Redundanz. In Mecklenburg-Vorpommern erkennt man das Prinzip der Wiederholung bereits in der Anordnung der drei Baukörper, in der Kubatur, in der Holzlattung der Fassade, im Pultdach, in der gegenläufigen Pultdachgaube, in

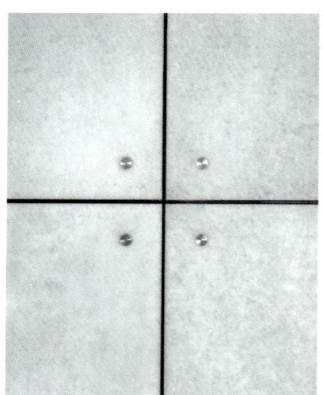

Christus-Pavillon Distelblüten, die sich während des Trocknens im Fenster gesetzt haben (oben links) · **Apfelhof Nossentin** Mikroorganismen erobern das der Witterung ausgesetzte Lärchenholz (oben rechts) · **Christus-Pavillon** Steinglas des Kirchenraums und Fensterfüllungen des Kreuzgangs, illuminiert bei Nacht in Volkenroda (unten links) · **Apfelhof Nossentin** mit all seiner Leuchtkraft in Richtung See strahlend (unten rechts)

den Deckenbalken, den Deckenkassetten, den dazwischenliegenden, stilsicher zelebrierten Stoßfugen, in den eingezogenen Schlafgalerien, den angelehnten Leitern, in den Wildgeweihen an der Wand, den schmalen Lüftungsflügeln, den vertikal parzellierten Fenstern, die das Haus strukturieren, in der Schönheit des allmorgendlichen Ausblicks, in den weißen Kühen, die sich durch das seeseitige Panorama grasen. In Thüringen wird die Wiederholung noch viel öfter wiederholt. Sowohl Pavillon als auch Kreuzgang leben von der Multiplikation des transluzenten, bis ins letzte Detail inszenierten Quadrats. Oder wie ein vor Ort lebender Geistlicher sagt: »Das Quadrat ist ein urchristliches Motiv. Doch in Wahrheit kann man sich der Faszination dieser archetypischen Grundform weder als Gläubiger noch als Ungläubiger entziehen.«

Der Zahn der Zeit

»Man merkt schon, dass der Christus-Pavillon in der ersten Phase als temporäres Bauwerk geplant wurde. Die Oberlichter sind etwas undicht, manchmal regnet es hinein, und in den Ecken und Fugen sammelt sich immer wieder Moos an.« Bernward Paulick, Architekt der Bauhütte Volkenroda, nimmt es mit Gelassenheit. »Das ist nach 15 Jahren ganz normal. Das ist ein modular errichtetes Bauwerk, das eine im wahrsten Sinne des Wortes bewegte Geschichte hinter sich hat.« Auch in Nossentin hat der Zahn der Zeit sanft zugebissen. Auf den längst schon grau verwitterten Lärchenholzlatten, die sich unaufgeregt ins Naturgemälde fügen, haben sich an manchen Stellen Moos und Algen angesiedelt. Sie hüllen Haus und Zaun in einen grünen Schleier. Wie sagt doch Jesus-Bruder Jens Wolf? »Vor 900 Jahren wurde unsere Klosterkirche errichtet. Teile davon stehen bis heute, und in weiteren 900 Jahren werden sie immer noch da stehen. Vom Pavillon jedoch werden dann nur noch neun mächtige Stahlsäulen in den Abendhimmel ragen. Ein Caspar David Friedrich des 30. Jahrhunderts wird sich über dieses imposante Motiv freuen.«

Feng Shui, Wechselspiele und das parametrische Entwerfen

Wanxiang Plaza Shanghai · SOHO 2 Beijing · 3Cubes Shanghai

Kaum eine andere Bauaufgabe wird gemeinhin als so »unsexy« betrachtet wie Bürogebäude. Schließlich bieten etwa Sakral-, Kultur- und auch Sportbauten mannigfaltigere Möglichkeiten, gestalterischen Fantasien freien Lauf zu lassen. Verwaltungsbauten dagegen eilt der Ruf voraus, oft nur eine Ansammlung immer gleicher Büros zu sein und allenfalls in den Foyers und bei der Fassadengestaltung kreativen Ideen Raum zur Entfaltung zu bieten. Der häufig geringen Wertschätzung von Bürobauten zum Trotz belegen zahlreiche Beispiele aus der Architekturgeschichte, dass diese Bauaufgabe durchaus Potenzial für formvollendete Gebäude bietet: etwa das Chrysler Building in New York (1930), das Dreischeibenhaus in Düsseldorf (1960), der BMW-»Vierzylinder« in München (1972) oder das Umweltbundesamt in Dessau (2005). Das Büro gmp verfügt über eine große Erfahrung bei der Planung von Verwaltungsbauten – und über eine große Bandbreite an gestalterischen Lösungen. In fünf Jahrzehnten hat das Architekturbüro rund sechs Dutzend Bürogebäude errichtet, unter anderem die Hauptverwaltung der Shell AG in Hamburg (1974), das Europäische Patentamt in München (1980), die Oberpostdirektion in Braunschweig (1990), das Deutsch-Japanische Zentrum in Ham-

burg (1995) sowie die Dresdner Bank (1997) und das Jakob-Kaiser-Haus in Berlin (2001).

Deutsch-chinesische Zusammenarbeit
Seit 2005 hat gmp auch in China zahlreiche Bürobauten vollendet, die grundsätzlich das Ergebnis einer deutsch-chinesischen Zusammenarbeit sind, da im Reich der Mitte für ausländische Architekturbüros die Zusammenarbeit mit einem chinesischen Partnerbüro gesetzlich vorgeschrieben ist. Diese Joint Ventures entlasten gmp von Teilen der Planungsleistungen (insbesondere von der Ausführungsplanung und der Ausschreibung), die das Büro z. B. in Deutschland normalerweise selbst übernimmt. Außerdem hat gmp (wie jedes andere, auch jedes chinesische Architekturbüro) in China

Bürogebäude Wanxiang Plaza, Schanghai-Pudong (CN). Entwurf: Meinhard von Gerkan und Nikolaus Goetze mit Volkmar Sievers · Bauzeit: 2007–2010 · BGF: 42 000 m²

SOHO China Group, Peking (CN). Entwurf: Meinhard von Gerkan und Stephan Schütz mit Stephan Rewolle ·

Bauzeit: 2009–2015 · BGF: 103 000 m²

3Cubes Bürogebäudekomplex im Büropark Caohejing, Schanghai (CN). Entwurf: Meinhard von Gerkan und Nikolaus Goetze mit Magdalene Weiss · Bauzeit: 2011–2015 · BGF: 90 650 m² (oberirdisch 58 200 m², unterirdisch 32 450 m²)

Wangxiang Plaza Shanghai (Bildmitte) Blick vom Bund,
der Uferpromenade von Schanghai, über den Huangpu

auf den Innenausbau von Büroetagen
meist nur einen sehr beschränkten Einfluss, da in China traditionell der Käufer
eines Verwaltungsbaus bzw. der Mieter
einer Büroetage die Raumgestaltung in
eigener Verantwortung übernimmt. In der
Folge müssen sich die für den Entwurf
verantwortlichen Architekten im Innenbereich oft auf die Planung der Lobby und
auf einige strukturelle Vorgaben für den
Innenausbau beschränken.
Wie auch mit Bauwerken anderer Typologien, so hat gmp mit seinen Bürogebäuden
zu den zum Teil atemberaubenden Veränderungen der chinesischen Städte beige-

tragen – oft an stadträumlich besonders
bedeutenden Orten. Drei Beispiele aus
Schanghai und Peking geben Einblicke in
die komplexen Anforderungen und gestalterischen Lösungen der jeweils sehr spezifischen Bauaufgaben, beleuchten aber auch
den Hintergrund der jeweiligen Bauherren.

Ein Blickfang in der Silhouette von Pudong
Nach der Deutschen Schule (2000) und
der Wohnbebauung Xinzhao mit Ausstel-
lungshalle in Peking (2002 / 2004) sowie den
Messe- und Kongresszentren in Nanning
(2003 / 2005) und Shenzhen (2004) vollendete gmp im Jahr 2005 mit dem Guangzhou

Development Central Building und dem Lingang Service Center seine ersten beiden Bürogebäude auf chinesischem Boden. Noch im selben Jahr wurde für den repräsentativen Sitz der Wanxiang Holding am östlichen Ufer des Flusses Huangpu in Schanghai-Pudong ein Architektenwettbewerb ausgelobt, den gmp gewann. Das von 2007 bis 2010 errichtete Bürogebäude Wanxiang Plaza ist Teil der beeindruckenden Silhouette des Wirtschafts- und Hightech-Bezirks Pudong, der sich gegenüber der berühmten Promenade von Schanghai, dem Bund, auf der anderen Seite des Huangpu erstreckt. Das Bürogebäude umfasst rund 42 000 m² Bruttogeschossfläche, davon fast ein Drittel unterirdisch. Obwohl nur in zweiter Reihe, aber dennoch an einem auch vom gegenüberliegenden Ufer gut einsehbaren Standort gelegen, bietet das mit knapp 85 m vergleichsweise kleine Gebäude nicht mit beim Höhenwettbewerb der zahlreichen Wolkenkratzer in der unmittelbaren Nachbarschaft (darunter der 2015 vollendete Shanghai Tower, mit 632 m das zweithöchste Gebäude der Welt). Aufmerksamkeit erregt das Bürogebäude Wanxiang Plaza vielmehr durch seine wohlproportionierte Gestalt und die plastische Tiefe seiner hellen Naturstein-

fassaden mit zweigeschossigen, weit zurückgesetzten Fensteröffnungen.

Der Einfluss von Feng Shui …

In dem Bauwerk manifestieren sich verschiedene Einflüsse des Bauherrn, der das Gebäude für den eigenen Bedarf errichtet hat. Die Wurzeln der Wanxiang Group reichen zurück bis ins Jahr 1969, als eine Volkskommune in Ningwei nahe Hangzhou, der Hauptstadt der Provinz Zhejiang, eine kleine Halle für die Reparatur von landwirtschaftlichen Maschinen errichtete. Heute ist Wanxiang eines der Top-120-Unternehmen sowie der größte Hersteller von Autoteilen in China, zudem produziert die Gruppe unter anderem landwirtschaftliche Maschinen und Produkte und engagiert sich auf dem Markt für erneuerbare Energien. Sie verfügt über Werke in sieben chinesischen Provinzen und außerdem über Niederlassungen in den USA, in Kanada, Mexiko, Brasilien, Australien und Großbritannien.

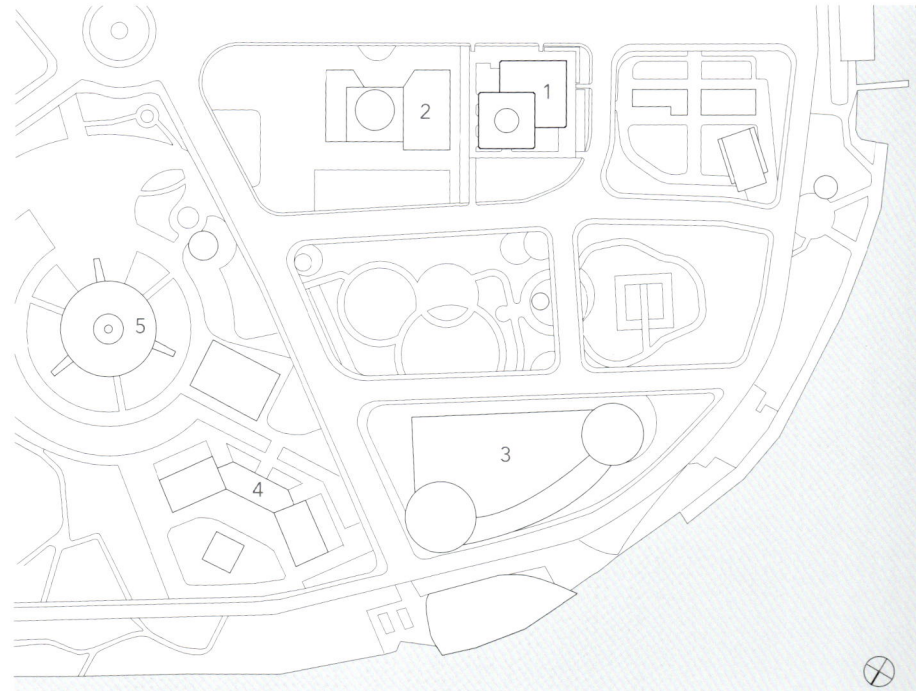

Wangxiang Plaza Shanghai Skyline des Wirtschafts- und Hightech-Bezirks Pudong (links) · Lageplan mit unmittelbarer Umgebungsbebauung, Maßstab 1:5000 (unten)
1 Wangxiang Plaza
2 Shanghai Pudong Customs
3 Shanghai International Conference Center
4 Shanghai Natural Wild Insect Kingdom
5 Oriental Pearl TV Tower

Da der Firmengründer Lu Guanqiu, einer der zehn reichsten Bürger Chinas, wie viele Chinesen nach den Prinzipien der daoistischen Harmonielehre Feng Shui lebt und diese auch bei der Planung seines neuen Firmensitzes berücksichtigen wollte, weist das Gebäude einige Besonderheiten auf. So geht die ungewöhnliche Diagonalerschließung der dreigeschossigen Eingangshalle auf die Forderung eines vom Bauherrn beauftragten Feng-Shui-Meisters zurück, den Eingang konsequent nach Süden auszurichten. Um zu vermeiden, dass Passanten das Gebäude über eine spitze Ecke betreten müssen (was wiederum mit den Feng-Shui-Prinzipien nicht zu vereinbaren gewesen wäre), wurde die eigentliche Eingangsfront abgeschrägt und wie ein Paravent »gefaltet«. Ungewöhnlich ist sicher auch, dass in den rechteckigen Turm ein runder, nach Süden angeschnittener Kern eingebaut ist, der sich mit seiner Aufzugs-

gruppe zum Foyer und in den Bürogeschossen zu einer großzügigen Begegnungszone ausrichtet.

… und Penthouse auf den Entwurf
Eine weitere Besonderheit des Wanxiang Plaza ist, dass der Chef der Holding – der Sohn des Firmengründers – sich in den beiden obersten Geschossen ein Penthouse inklusive Schwimmbecken hat bauen lassen. Auch diese Planung hat gmp verantwortet, allerdings nicht den Innenausbau. Um diese Wohnung unabhängig erschließen zu können, musste neben den vier Aufzügen für den normalen Bürobetrieb und den beiden zusätzlichen, gesetzlich vorgeschriebenen Feuerwehraufzügen noch ein Privatlift in den Kern des Turms integriert werden.
Das gesamte Bauwerk basiert auf einem streng orthogonalen Grundrissraster mit einem Achsmaß von 7,20 m, das auch die möglichen Anschlüsse von Bürotrennwänden vorgibt. Seine äußere Gestalt wird

Wangxiang Plaza Shanghai Pudong-Flussschleife mit Nord-West-Ansicht des Bürokomplexes, im Vordergrund das Shanghai International Conference Center

geprägt durch den Kontrast zwischen den Fassadenplatten aus weißem Quarzit mit rauer, geflammter Oberfläche, die den Stein besonders hell erscheinen lässt, und den tiefliegenden Fenstern mit Rahmen und Laibungen aus grauem Leichtmetall. Bei Bedarf lassen sich außen liegende, dem Sonnenschutz dienende Elemente aus Edelstahlgewebe vertikal bewegen. Aufgrund der Verschmutzung erscheinen diese inzwischen noch etwas dunkler als unmittelbar nach der Fertigstellung des Gebäudes im Jahr 2010.

Auch die Arkade der Eingangshalle wurde mit weißem Quarzit verkleidet. Doch an deren Glasscheiben endete der gestalterische Einfluss von gmp: Die Eingangshalle selbst mit dem Fußboden und den Wänden aus unterschiedlichen Marmorsorten sowie die Büros wurden von einem Innenarchitekten verantwortet. Diese Aufteilung in ein für »das große Ganze« – die Architektur mit ihrer nach außen wirkenden Erscheinung – verantwortliches Architekturbüro und einen ausschließlich für die Innenraumgestaltung zuständigen, oft erst vom Käufer oder Mieter einer Immobilie hierfür beauftragten Architekten ist in China der Regelfall. So auch beim Bürogebäude Wanxiang Plaza, obwohl es mit der Holding einen Bauherrn hatte, der es ausschließlich für eigene Zwecke baute und bis heute alleiniger Nutzer des Gebäudes ist.

Start-up-»Spielwiese« für junge Freiberufler

Im Unterschied zur Wanxiang Group baut SOHO China nicht für den eigenen Bedarf, sondern ist als größter und vermutlich auch profitabelster Projektentwickler für Büroimmobilien in China tätig. Das Unternehmen, gegründet 1995 von der ehemaligen Goldman-Sachs-Mitarbeiterin Zhang Xin und Pan Shiyi, der zunächst in einem Amt der Provinz Heibei angestellt war und dann in die Immobilienbranche wechselte, investiert nahezu ausschließlich in den Central Business Districts von Peking und Schanghai – und in zeitgenössische ikonische Architektur, die es bei namhaften Baumeistern in Auftrag gibt. Neben Zaha Hadid und Kengo Kuma war auch gmp bereits mehrfach für SOHO China tätig, bislang zweimal in Schanghai und mit Guanghualu SOHO 2 auch einmal in Peking.

Die SOHO-Bauten (SOHO steht für »small office – home office«) zeichnen sich grundsätzlich durch einen Mix aus Büros, Läden und gastronomischen Einrichtungen aus, wobei die jeweiligen Anteile sehr unterschiedlich ausfallen und bei sich ändernder Nachfrage auch kurzfristig angepasst werden können. Derzeit sind, neben klassischen Büroeinheiten, insbesondere wochenweise mietbare Einzelarbeitsplätze in Großraumbüros mit gemeinsamer Infrastruktur (Besprechungsräume, Teeküchen

Wangxiang Plaza Shanghai Renderings verschiedener Entwurfsvarianten (oben) · Westansicht mit der diagonal erschlossenen dreigeschossigen Eingangshalle (unten)

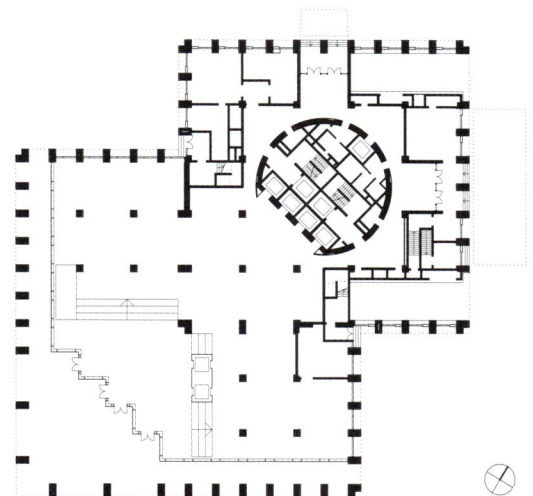

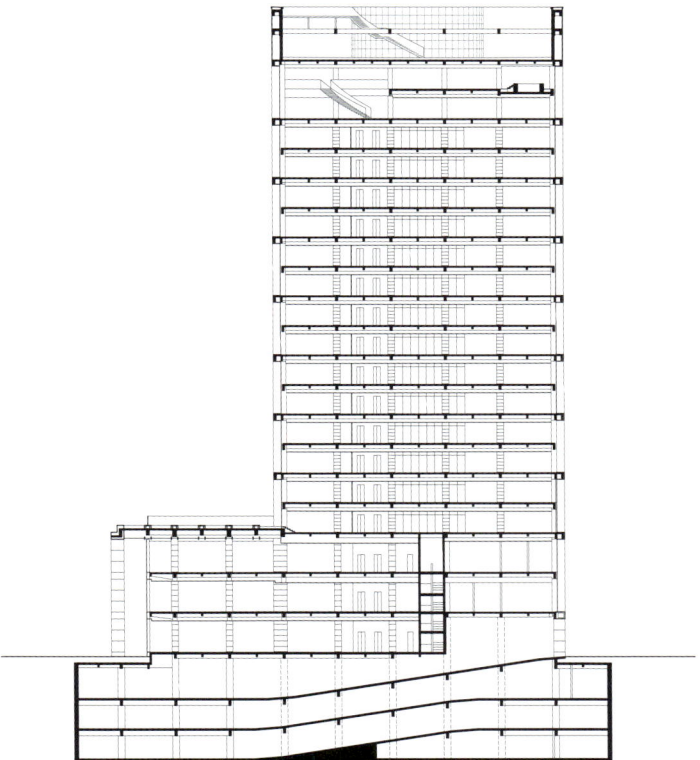

Wangxiang Plaza Shanghai Grundriss und Schnitt, Maßstab 1:1000 (links) · Ansicht der Südostfassade mit der Eingangshalle im Vordergrund, im Hintergrund der Bund (unten)

SOHO 2 Beijing Südwest-Ansicht von der Dongdaqiao Road (links) · Lageplan, Maßstab 1:5000 (unten links) · Studien zu Nutz- und Verkehrsflächen (oben rechts) · Zentraler Haupteingang an der Nordseite mit Treppenabgang ins Untergeschoss (unten rechts)

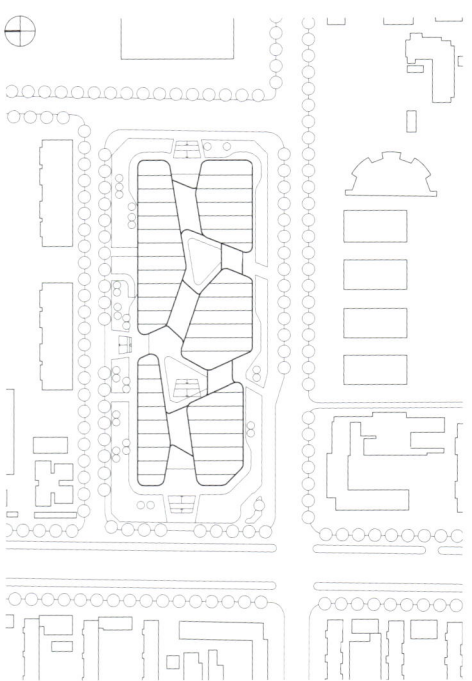

und informelle Begegnungszonen) nach-gefragt, die vor allem jungen Freiberuflern als Start-up-»Spielwiese« dienen. Auch bei den beiden von gmp geplanten SOHO-Bauten in Schanghai (SOHO Fuxing Lu, 2015, und SOHO Bund, 2016) nehmen temporär mietbare Büroeinheiten einen großen Flächenanteil ein. Bei Guanghualu SOHO 2 in Peking mussten sogar noch nach der eigentlichen Fertigstellung 2015 große Teile einer bereits ausgeführten Ein-kaufspassage umgebaut werden, um Platz für zusätzliche Kurzzeit-Büroarbeitsplätze zu schaffen.

Für den Bau von Guanghualu SOHO 2 hatte die SOHO China Group bereits 2007 einen Wettbewerb ausgelobt. Diesen gewann gmp – mit einem Entwurf, der mehr als 100000 m² Bruttogeschossfläche (84000 m² für Büros und 19000 m² für Ein-zelhandel) geschickt auf fünf Turmbauten und einen zweigeschossigen »Sockel«

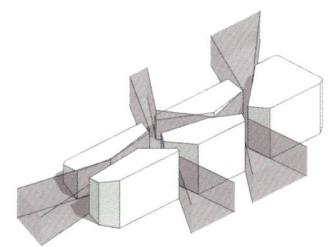

Öffentliche Zwischenäume

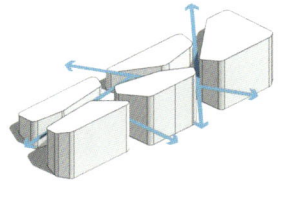

Durchblicke - Kontinuität und Transparenz

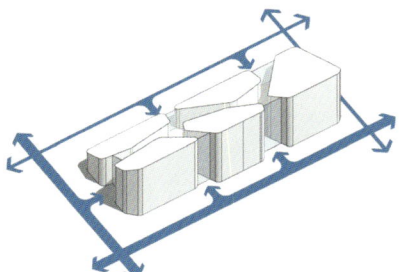

Mehrfache öffentliche Zugänge

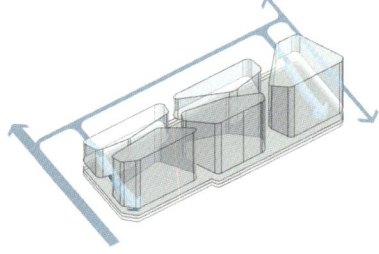

Anschluss an Parkdecks (2.- 4. UG)

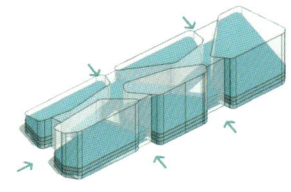

Einkaufsebenen (1. UG - 4. OG)

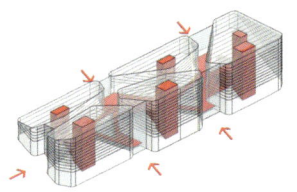

Erschließung der Büroflächen

verteilte. Die fünf Türme – drei entlang der Guanghua Lu (»lu« heißt auf Chinesisch Straße), die das Grundstück nach Süden begrenzt, zwei auf dem nördlichen Teil des Areals – werden durch den gemeinsamen Sockel sowie durch mehrgeschossige Brückenbauten zu einem an fünf Stellen durchlässigen Block vereint. Eine hoch verdichtete Blockbauweise ist in China eigentlich nicht üblich, jedoch ist die Randbebauung der vergleichsweise engen Guanghua Lu in einem der prominentesten Stadtbezirke im östlichen Zentrum Pekings von Blocks geprägt. Der 214 × 77 m Grundfläche messende Baukomplex für SOHO China greift den urbanen Charakter im Central Business District auf und verstärkt ihn noch durch seine sehr spezielle Art, Verbindungen mit dem Umfeld herzustellen – in (stadt)räumlicher, aber auch in funktionaler Hinsicht, wofür das Wegenetz zwischen den Gebäuden sorgt.

Verschattungsrichtlinien als gestaltungsprägender Parameter

Weichen schon die Fassaden entlang den umgebenden Straßen mit dynamischen Vor- und Rücksprüngen immer wieder von der primären Baulinie ab, so entwickeln sich die fünf Baukörper zum gemeinsamen Innenbereich hin in immer freieren Formen. Von oben betrachtet, erscheinen sie wie unterschiedlich abgeschliffene Felsen in einem Wasserlauf. Sanfte Richtungswechsel der Fassaden an den stets abgerundeten »Ecken« der Gebäude gewährleisten immer wieder neue Ansichten und Durchblicke, sie erzeugen das Bild einer dynamischen Stadtlandschaft ohne Unterscheidung zwischen Vorder- und Rückseiten der einzelnen Gebäude. Geschosshohe Glasscheiben mit vorgehängten vertikalen Aluminiumlamellen, die der Steuerung des

Lichteinfalls dienen, prägen rundum die einheitliche Fassadengestaltung der Türme. Mit den von Süden nach Norden geneigten Dachflächen entstanden weitere Fassadenflächen, die folgerichtig ebenfalls durch – hier allerdings horizontale – Aluminiumlamellen strukturiert sind. Der einheitliche Neigungswinkel der Dachflächen ergab sich aus den lokalen Verschattungsrichtlinien sowie aus dem konkreten Anspruch der Bewohner der nördlich angrenzenden Apartmenthäuser, die dortigen Wohnungen zu bestimmten Tages- und Jahreszeiten von jeglicher Verschattung freizuhalten.

Erinnert schon das sanft hin- und herwogende Erscheinungsbild der Aluminiumlamellen an einen vom Wind bewegten Vorhang, so wird dieses Motiv in den zweigeschossigen Lobbys der fünf Türme ganz konkret visualisiert – mithilfe einer vorhangartigen und durch Licht von oben wirkungsvoll inszenierten Wandverkleidung über grün hinterleuchteten Glaswänden. Ein dynamisch geformter, weißer Concierge-Tresen gegenüber dem Zugang zu den Aufzügen akzentuiert als einziges Möbelstück diesen besonderen Empfangsraum, dessen dunkler Steinfußboden – allerdings mit polierter Oberfläche – den Gehwegbelag fortführt.

Die beiden Sockelgeschosse und zusätzlich das erste Untergeschoss waren ursprünglich als Einkaufspassage geplant und als solche auch bis ins Detail nach Entwürfen von gmp ausgeführt worden. Sie sind um zwei große Lufträume organisiert, die Licht von oben spenden und Orientierung im Raum bieten. Die weiß verkleideten Galerien und die hellen Steinfußböden verteilen das einfallende Tageslicht sowie das dezent dazugeschaltete Kunstlicht im ganzen Raum. Wo sich eigentlich zahlreiche Läden mit Vollglasfronten zu einer transparenten Stadtlandschaft im »Canyon« des Gebäudekomplexes addieren sollten, wurden nach-

SOHO 2 Beijing Sicht von Osten (oben) · Schnitt mit nördlichem Nachbargebäude und Schattenlinie (links) · Maximales Gebäudevolumen mit Schattenschnittfläche (unten) · Thermische Auswirkung auf Gebäude im Norden (ganz unten)

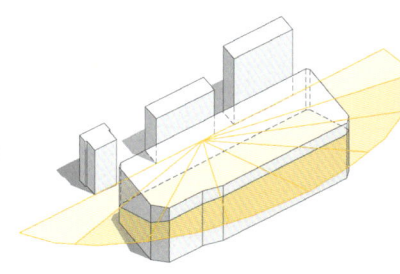

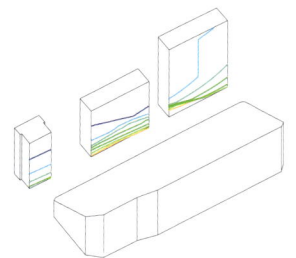

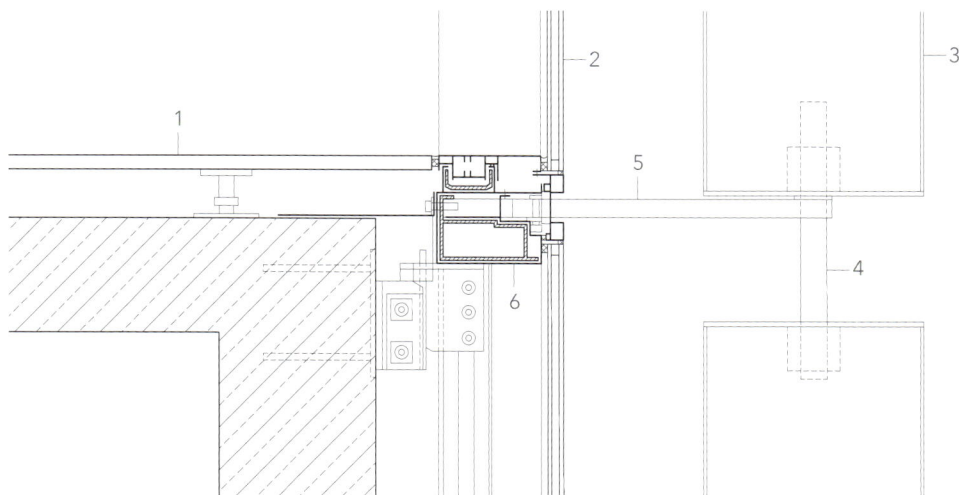

1 Bodenaufbau:
  Systembodenplatte
  auf Stahlfüßen
  Ø 70 mm Beton-
  decke bewährt
  150 mm
2 Isolierverglasung
  mit Low-E-Beschich-
  tung ESG 10 + SZR
  12 + VSG 8 mm
3 Aluminiumlamelle
  350/60 mm
4 Stahlrohr Ø 35 mm
  mit Zahnwelle
5 Halterung Vier-
  kantrohr Stahl
  600/60/30 mm
6 Pfosten-Riegel-
  Konstruktion Stahl
  Pfosten 165/70 mm,
  Riegel 165/170 mm

träglich kurzzeitig mietbare Büroarbeits-
plätze und eine Bibliothek eingerichtet.
Auf die Gestaltung der dauerhaft vermiete-
ten Büros in den Obergeschossen hatten
die Architekten keinen direkten Einfluss,
da diese von den Mietern in eigener Verantwortung beauftragt wurde. Immerhin
gewährleistet die Entscheidung, die Decken
grundsätzlich nicht zu verkleiden und eine
lineare Deckenbeleuchtung vorzugeben, ein
einheitliches Erscheinungsbild der 3,60 m
hohen Bürogeschosse von außen.

Ein spannungsvolles Wechselspiel von Anpassung und Abweichung

Seit den 1990er-Jahren entwickelt die
Shanghai Caohejing Hi-Tech Park Development Corporation, eine große öffentliche
Entwicklungsgesellschaft, in Schanghai
große Gebiete vor allem für den Industrie-
bau. Infolge des rasanten Wachstums der
Stadt sind einige dieser – ehemals periphe-
ren – Industriegebiete inzwischen mit den
städtischen Strukturen verwachsen und
werden schon wieder für neue Nutzungen
freigemacht und bei intensiverer Ausnut-
zung der Grundstücke mit höherwertigeren
Gebäuden neu entwickelt. Ein Beispiel
dafür ist der Caohejing Hi-Tech Park, der
einen ganzen Distrikt im Westen von

SOHO 2 Beijing Fassa-
denschnitt, Maßstab
1:10 (oben) • Ansicht
Fassade mit Lamellen
(unten)

Schanghai umfasst und ursprünglich mit Produktionshallen und Arbeiterwohnungen bebaut worden war. Die Industriebetriebe wurden mittlerweile an die Peripherie der Stadt ausgelagert, an ihrer statt entwickelt die Shanghai Caohejing Hi-Tech Park Development Corporation seit einiger Zeit hochwertige Büroparks und auch Einzelgebäude mit verschiedenen namhaften Architekturbüros. Auch gmp hat für den Caohejing Hi-Tech Park bereits mehrere Büroparks und -gebäude entworfen, darunter die im Jahr 2015 vollendete Gebäudegruppe 3Cubes.

Die Entwicklungsgesellschaft gewährleistet im Caohejing Hi-Tech Park nicht nur den Bau von Bürogebäuden in einem bewährten Standard. Sie bietet darüber hinaus auch

das Management von Büroparks an und kümmert sich z. B. um die Pflege der oft aufwendigen Grünanlagen, um den Reinigungsservice und die Sicherheit sowie um das Management kleiner Serviceeinheiten wie Läden und Restaurants. Die Bürogebäude werden entweder verkauft oder geschossweise bzw. in kleineren Einheiten vermietet. Von den 3Cubes wurden zwei Gebäude komplett an jeweils einen amerikanischen Kunden verkauft (MSD und Emerson), das größte der drei Gebäude wird dagegen geschossweise vermietet. Das Gebäudeensemble 3Cubes entstand –

SOHO 2 Beijing Foyer mit Concierge-Tresen, gegenüber der Zugang zu den Aufzügen (oben links) • Vom Foyer weiterführender Flur (oben rechts) • Atrium mit Treppe als sozialer Treffpunkt (unten links) • Meeting Points und Co-Working Spaces im Erdgeschoss (unten rechts) • Blick aus dem Atrium nach oben auf die Erschließungsgalerien und die schräge Dachverglasung (rechts)

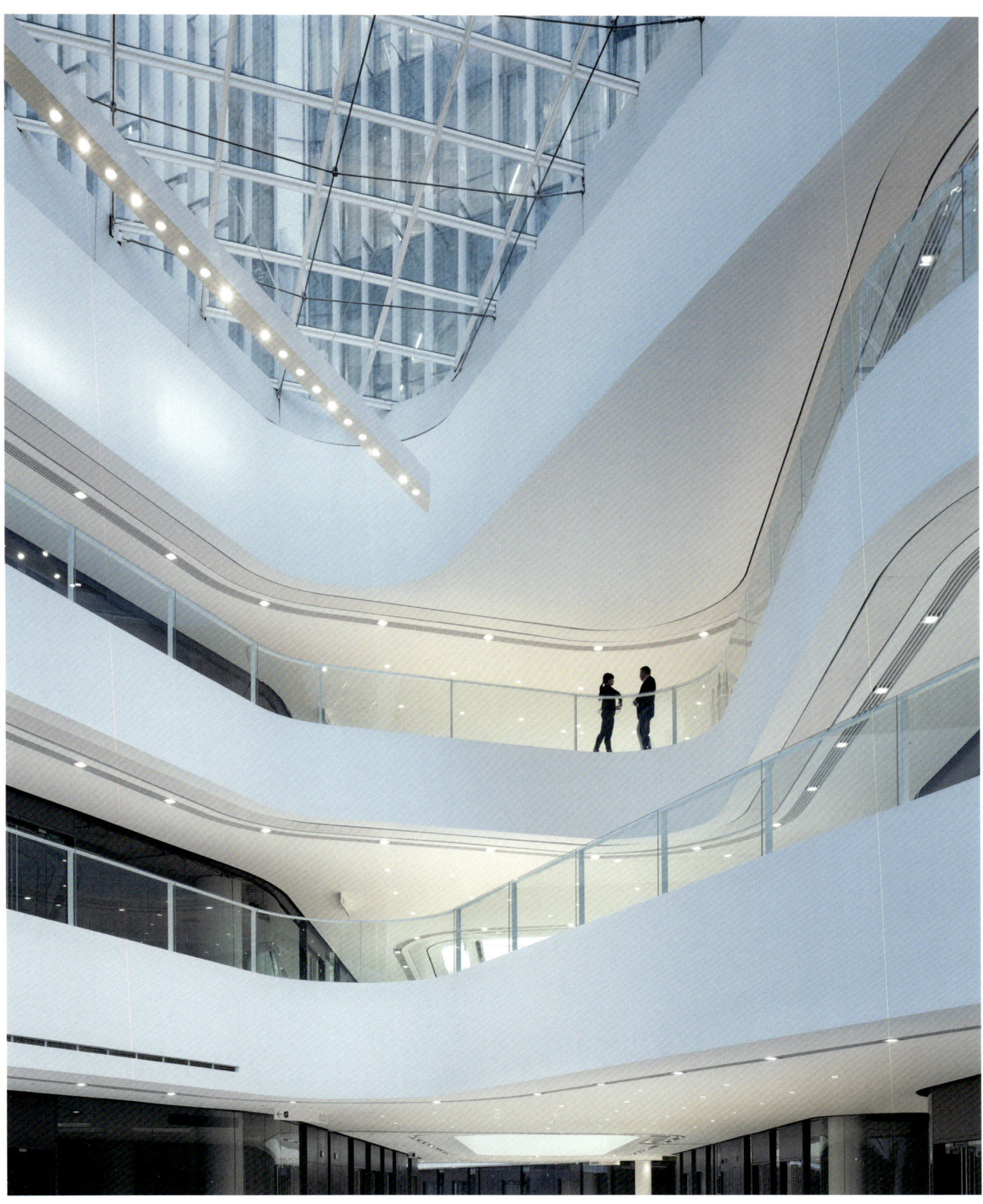

nach einem Direktauftrag an gmp im Jahr 2010 – von 2012 bis 2015. Mit ihren vertikal orientierten Fassaden greifen die drei kubischen Baukörper zwar ein typisches Gestaltungsmotiv im Caohejing Hi-Tech Park auf, doch in ihrer Gesamtkomposition heben sie sich deutlich vom sehr heterogenen Umfeld ab. Über einem gemeinsamen Podium ragen sie zwischen 35 und 60 m (mit Technikaufbauten bis zu 68 m) auf. Das in die künstliche, begrünte Hügellandschaft eingebettete Podium mit einem Achsmaß von 8,40 m birgt auf zwei teilweise natürlich belichteten Untergeschossen einige Servicefunktionen. Es öffnet sich über einen breiten bogenförmigen Einschnitt – die Glasfront eines Restaurants – zu den angrenzenden Bauten des Caohejing Hi-Tech Parks. Mit ihren geschwungenen Formen umfließen die Grüninseln der Hügellandschaft die kubischen Baukörper mit ihrer strengen Eleganz.

Zwar bringen die drei auf gleichen Fassadenelementen und Materialien basierenden, versetzt zueinander angeordneten Gebäude ihre Zusammengehörigkeit deutlich zum Ausdruck, jedoch zelebrieren sie ein spannungsvolles Wechselspiel von Anpassung und Abweichung. So weist der kleinste Kubus die größten, zweigeschossigen Öffnungen auf, während der größte Kubus durch lediglich eingeschossige Öffnungen strukturiert wird.

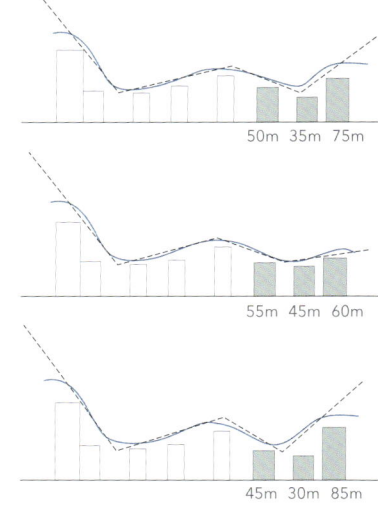

Ein Paradebeispiel für parametrisches Entwerfen

Den drei Kuben liegt ein Achsmaß von 9 m zugrunde, das Raster der Fassadenelemente variiert zwischen 2,25, 3,00 und 4,50 m. Breite und Winkel der schräg gestellten Fassadenelemente aus weißem Lochblech und Aluminiumprofilen, die auch die Öffnungsflügel aufnehmen, wurden parametrisch ermittelt: Faktoren wie die saisonalen

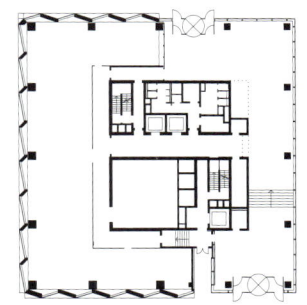
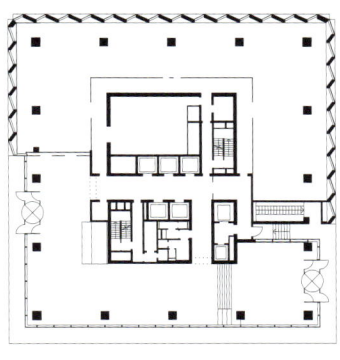

3Cubes Shanghai
Ansicht Nordost (links oben) · Höhenanalyse zur harmonischen Integration in die Skyline (links Mitte) · Studien zur Formfindung der Baukörper in Abhängigkeit von baulichem Umfeld, Erschließungswegen und Plätzen (links unten) · Grundrisse Erdgeschoss, Maßstab 1:1000 (rechts oben) · Zentraler Übergang zum unterirdischen Verbindungsbau (rechts unten)

Sonnenstände, die Verschattung durch Nachbargebäude, die jeweiligen Anforderungen an die Privatheit der Büroräume und die Attraktivität des Ausblicks wurden anhand eines 3D-Modells an allen Gebäudeseiten einzeln evaluiert und für jeden Fassadenabschnitt in einen bestimmten Öffnungsgrad umgesetzt. Auf diese Weise konnten Ausblicks-, Belichtungs- und Verschattungsoptionen für jeden einzelnen Raum optimiert und der solare Energieeintrag minimiert werden. Zudem entstand ein je nach Betrachterstandort changierendes Erscheinungsbild der Fassade, die aus maximal neun verschiedenen Elementen besteht. Verstärkt wird dieses abends noch durch eine in die geschlossenen Fassadenelemente integrierte Beleuchtung – mit dem Effekt, dass sich alle Fassadenflächen in Lichtinstallationswänden verwandeln, die sich im Raster bespielen lassen.

Dem zunehmenden Einsatz parametrischer Werkzeuge bereits in frühen Entwurfsphasen liegt eine neue Entwurfsmethodik zugrunde. Deren Grundlage ist – wie auch schon im »analogen Zeitalter«, vor dem Einsatz von Computern als entwurfsunterstützendem Werkzeug – eine klare Entwurfskonzeption, an der alle folgenden Entwurfsschritte ausgerichtet werden. Die Architekten behalten zu jedem Zeitpunkt

die Rolle der »Orchesterdirigenten« bei. In Zusammenarbeit mit ausgewählten Fachplanern können sie die für die spezifische Entwurfskonzeption notwendigen Entwurfsparameter definieren und im kontinuierlichen Schöpfungsprozess den Entwurf sukzessive optimieren und verschiedene Varianten am digitalen Modell visualisieren. Dabei werden die generierenden Parameter innerhalb des Modells als Variablen gespeichert. Die genauen Maße z. B. von Bauteilen können – im Rahmen von zuvor definierten Anforderungen und gegenseitigen Bezügen – jederzeit definiert bzw. angepasst werden,

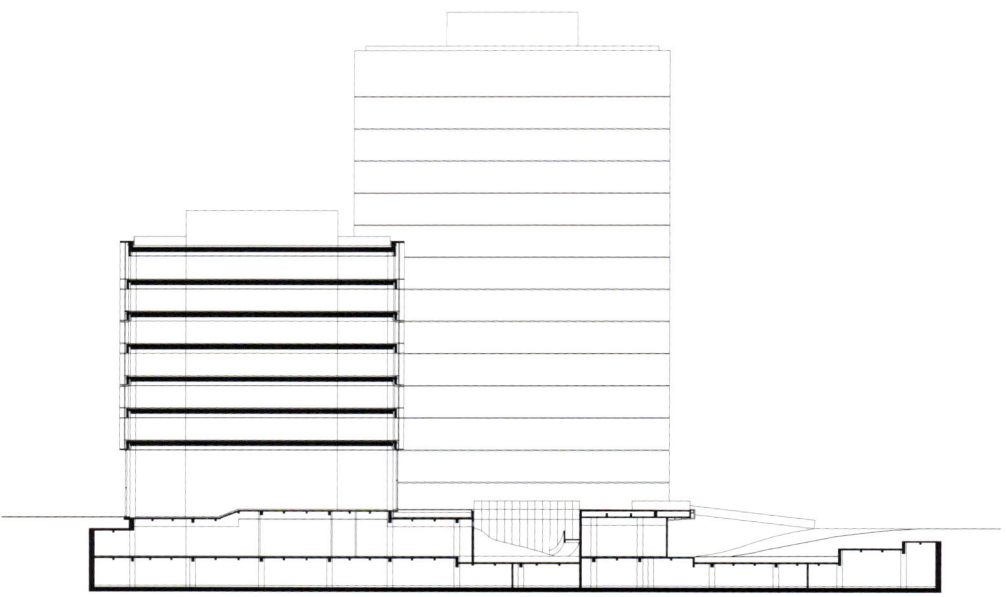

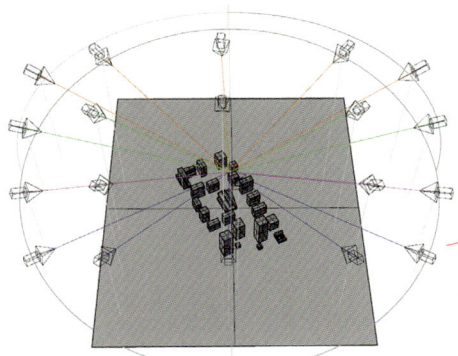
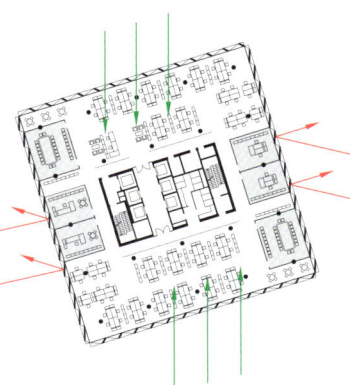

die übrigen Maße werden dann vom Rechner automatisch nachgeführt. Diese Arbeitsweise gewährleistet ein schnelles Anpassen an unterschiedliche Anforderungen und ein Optimieren des Entwurfs hinsichtlich des zu Beginn definierten Entwurfsziels.

Klare Hell-Dunkel-Kontraste

Beim Erscheinungsbild entschieden sich die Architekten bei den 3Cubes für klare Hell-Dunkel-Kontraste. Um eine starke grafische Wirkung der drei Kuben mit ihren weißen Fassadenelementen zu erzielen, wurden die Rahmen der feststehenden Verglasungen aus dunkelgrauen Aluminiumprofilen hergestellt. Die Eingangslobbys mit ihren dunkelgrauen Natursteinflächen an den Wänden und auf dem Fußboden werden durch weiße Tresen aus acrylgebundenem Mineralwerk-

stoff sowie die weißen Rahmungen der Öffnungen im Gebäudekern akzentuiert. Dort greifen schuppenartig gekippte, weiße Aluminiumdeckensegel mit Akustiklochung und indirekter Lichtführung das Fassadenmotiv auf. Auch beim Gebäudeensemble 3Cubes überließ der Bauherr den Käufern der Bauten bzw. den Mietern einzelner Büroetagen den Innenausbau nach individuellen Vorstellungen. Jedoch entwickelte gmp – neben dem Interiorkonzept für die Eingangslobbys der drei Gebäude – in diesem Fall auch ein System für die Gestaltung der Decken in den Bürobereichen – mit Lüftungsauslässen, Beleuchtung und flexiblen Trennwandanschlüssen –, um auch hinsichtlich der Deckenuntersichten ein einheitliches Erscheinungsbild der Gebäude zu gewährleisten.

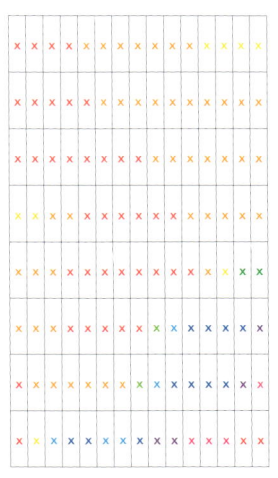

Das Stadion als Bühne für die Choreografie der Massen

Olympiastadion Kiew · Nationalstadion Warschau · Arena da Amazônia Manaus · Estádio Nacional Mané Garrincha Brasília · Estádio Santiago Bernabéu Madrid

Bauen für den Stolz der Nation und die Seele des Vereins

Sportbauten, Stadien für Mannschaftsspiele im Besonderen, sind zunächst funktionale Einrichtungen, die einer großen Zahl an Menschen dienen, ebenso wie ein Bahnhof, in dem täglich tausende von Menschen ankommen und abfahren. Doch während der Bahnhof die Menschen meist vereinzelt – ich springe aus dem Taxi, haste zum Fahrscheinautomaten und suche mein Zugabteil auf –, findet im Stadion vielfältigste Interaktion statt, individuelle, vor allem aber kollektive. Dieses Thema hat Volkwin Marg bei seiner Arbeit an zwei Dutzend Stadionentwürfen immer wieder beschäftigt. »Choreographie der Massen« lautete der Titel einer von ihm initiierten Ausstellung in Berlin (2012), die das kulturhistorische Phänomen des Sportpublikums beleuchtete. Der Mensch in der Masse verhält sich anders als in der individuellen Situation. Wie und mit welchen Konsequenzen, das ist naturgemäß für den Bau von Versammlungsstätten mit zehntausenden von Zuschauern relevant. Volkwin Marg ist nach der Lektüre von Elias Canettis »Masse und Macht« die Ambivalenz seines Tuns beim Entwerfen von Großsportanlagen bewusst geworden. Er erkannte, »dass es, wie in der Musik, architektonische Kompositionen gibt, nach denen man im übertra-genen Sinn marschieren oder aber Walzer tanzen kann«. Das lässt sich kaum über-zeugender demonstrieren als durch die Gegenüberstellung des »machtbewussten« Berliner Olympiastadions von 1936 und des »heiteren« Olympiastadions in München von 1972, wie in der Ausstellung geschehen. Die Reflexion der Massenphänomene in Stadien und ihrer Mechanismen führt zu Erkenntnissen, welche Vorkehrungen Veran-stalter und Ordnungskräfte zur Beeinflus-sung und Steuerung von Menschenmassen treffen können, aber durchaus auch, wie der architektonische Rahmen konzipiert sein sollte. In Warschau zum Beispiel ist es gelungen, dem mit dem Stadion verbunde-nen mächtigen Nationalgefühl auf sympathi-sche Weise Ausdruck zu verleihen, wie im

Olympiastadion Kiew, Kiew (UA) · Entwurf: Volkwin Marg mit Christian Hoffmann und Marek Nowak · Bauzeit: 2008–2011 · Sitzplätze: 68 000

Polnisches National-stadion, Warschau (PL) · Entwurf: Volkwin Marg und Hubert Nienhoff mit Markus Pfisterer · Bauzeit:

2008–2011 · Sitz-plätze: 55 000

Arena da Amazônia, Manaus (BR) · Entwurf: Volkwin Marg und Hubert Nienhoff mit Martin Glass · Bauzeit: 2010–2014 · Sitz-plätze: ca. 44 400

Estádio Nacional Mané Garrincha (National-stadion), Brasília (BR) ·

Entwurf: Volkwin Marg und Hubert Nienhoff mit Knut Göppert · Bauzeit: 2010–2013 · Sitzplätze: ca. 72 800

Umbau des Estádio Santiago Bernabéu, Madrid (ES) · Entwurf: Volkwin Marg und Hubert Nienhoff mit Markus Pfisterer · Bauzeit: in Bau · Sitz-plätze: ca. 90 000

Olympiastadion München Behnisch & Partner mit Frei Otto, 1972 (oben) · **Olympiastadion Berlin** Werner March (Bau)/gmp (Umbau), 1936/2004 (links)

Nachfolgenden gezeigt wird. Nicht wenige Architekten hätten in einem solchen Fall zu Pomp und Pathos gegriffen.

Im Übrigen suchen die Architekten von gmp bei allen Stadien, die Choreografie der Massen mit verschiedensten Maßnahmen zu beeinflussen. Es geht um Frustvermeidung durch gute, problemlose Orientierung und intuitive Führung der Besucher. Es geht um angenehm gestaltete Zugänge und Räume, die dem einzelnen Besucher Zuwendung signalisieren, um »aufgeräumte«, übersichtliche Situationen, um massentaugliche Sanitäranlagen und Kioske. Es geht um die

Größe der Zuschauerblöcke, den reibungslosen Abgang und die zügige Entfluchtung. Es geht darum, dem Chaos in manchen Köpfen mit der Ruhe und Ordnung des Ambientes entgegenzuwirken. Wenn Massen aus dem Ruder laufen, sind oft Lappalien der Auslöser. Dann kann der Frust über ein verlorenes Spiel sich in Aggressionen entladen, die sich gegen die »Gegner« mit dem andersfarbigen Schal, aber auch gegen die Umwelt richten. Frustvermeidung ist deshalb eine wichtige Strategie, bei den Veranstaltern, aber auch bei den Architekten, die den äußeren Rahmen schaffen.

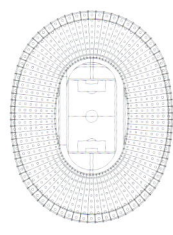

FIFA und UEFA haben das Sagen

Fußballwelt- und -europameisterschaften
sind in den Austragungsländern Anlass,
die Stadien auf das neueste internationale
Niveau zu bringen. Für die EM in Polen
und in der Ukraine 2012 sind fünf der acht
Stadien komplett neu gebaut, drei weitere
umfassend erneuert worden. Zwei Jahre
später in Brasilien zur WM gab es sieben
Neubauten und fünf Umbauten. Die Normen
dafür und die Ansprüche an Zustand und
Ausstattung der Bauten werden von der
FIFA bzw. der UEFA formuliert. Wie bei den
Olympischen Spielen erhoffen sich die Aus-

tragungsländer einen Entwicklungsschub,
nicht nur für die Sportanlagen, sondern
auch für die Infrastruktur in den Städten.

Dem Genius Loci huldigen

Zur Europameisterschaft 2012 konnte gmp
den Bau zweier Nationalstadien beitragen,
in der polnischen Hauptstadt Warschau, wo
das Eröffnungsspiel stattfand, und in der
ukrainischen Hauptstadt Kiew, dem Schau-
platz des Endspiels.
Den Neubau einer Großsportanlage, würde
man den nicht an die Peripherie legen, mit
Anschluss an Stadtautobahn und Bahnver-

kehr? Wie beim Stade de France in Paris? Wie bei der Allianz-Arena in München? Doch wie die Verantwortlichen in Warschau hatte sich auch das ukrainische Sportministerium entschieden, dem Genius Loci zu huldigen und den Ersatzbau an alter Stelle zu errichten. So ging es in beiden Fällen darum, Teile eines existierenden Vorgängerbaus zu integrieren.

Schwieriges Verfahren

Seit 1923 steht in Kiew am Hang des Cherepanova ein Stadion, das mehrfach vergrößert und 1968 schließlich auf eine Kapazität von 100 000 Besuchern gebracht wurde. Noch heute erscheint die Konstruktion des Oberrangs mit ihren 80 wohlproportionierten, nach außen geneigten Betonfertigteilstützen elegant und zeitgemäß – Grund genug, beim späteren Umbau des Stadions über eine Erhaltung nachzudenken. »Nationaler olympischer Sportkomplex«, dieser Name (der sechste in seiner Geschichte) wurde dem Bauwerk 1980 als einem von vier Austragungsorten des olympischen Fußballturniers zuteil.

In der Ukraine zu bauen bedeutet, sich von vielen planerischen Standards, insbesondere von politischen, organisatorischen und rechtlichen Sicherheiten verabschieden zu müssen. Geradlinige Verfahren in geordneten Bahnen gibt es nicht, schon gar nicht, wenn viel Geld im Spiel ist. Einen ersten Neubauentwurf hatte gmp für den direkt beauftragten Generalunternehmer Hochtief entwickelt. Unruhige politische Zeiten führten dazu, dass Hochtief zunächst von dem Projekt zurücktrat, woraufhin ein Wettbewerb ausgelobt wurde. Mit dem siegreichen taiwanesischen Büro im Tandem mit einem chinesischen Generalunternehmen kam jedoch kein Bauvertrag zustande. Unter den beiden nachrangig eingestuften Büros setzte sich das zweitplatzierte, gmp, schließlich gegen die Dritten, Foster and Partners, durch und wurde zu Nachverhandlungen eingeladen. Die Architekten von gmp konnten

überzeugende Pläne vorlegen, weil sie durch die erste Entwurfsphase einen Zeitvorsprung und mit dem Planungsbüro Serjogin einen verlässlichen Partner vor Ort gewonnen hatten. Einen deutschen Generalunternehmer konnte gmp nicht durchsetzen; den Auftrag erhielt ein ukrainisches Unternehmen, was die Arbeit nicht leichter machte angesichts des knappen Zeitplans mit 60 Tagen für den Vorentwurf, 90 Tagen für die Planung und 420 Tagen für die Ausführungsplanung.

Die Pläne mussten die Erhaltung des denkmalgeschützten Oberrangs von 1968 berücksichtigen. Das Dach sollte – wie in Warschau und an einigen anderen Stadien vorgeführt – um die Stadionschüssel herum errichtet werden, ohne diese zu berühren. Und die Fassade sollte gläsern sein, damit sich der Aufwand lohnt und man die elegante Oberrangkonstruktion auch zu sehen bekommt.

Olympiastadion Kiew
städtebauliches Umfeld des Stadions (links oben) • Piktogramm, Maßstab 1:10 000 (links) • denkmalgeschützter Oberrang mit gläserner Fassade (rechts)

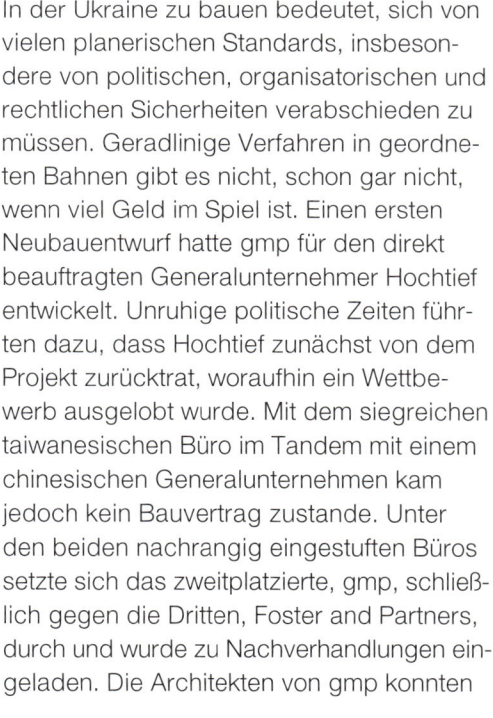

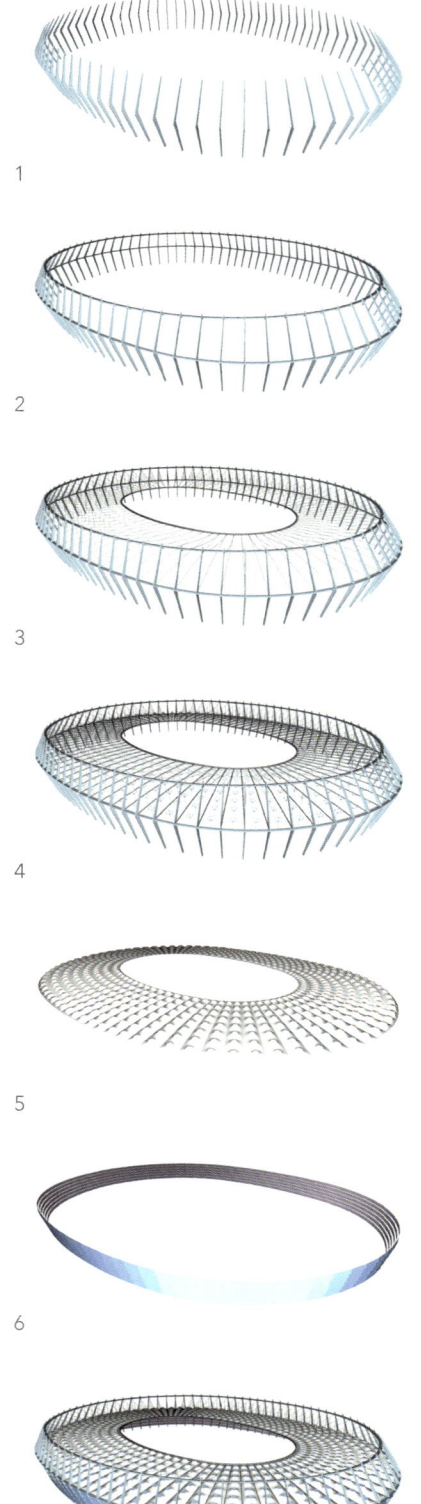

1

2

3

4

5

6

7

Der Bauplatz liegt am Hang. Terrassen an der Vorderseite überbrücken die Höhendifferenz und öffnen im Sockel Fronten für Läden und Restaurants. Der Umgang auf halber Höhe sollte öffentlich zugänglich werden, denn es bestand der Wunsch, das mitten in der Stadt liegende Stadion zu beleben und am urbanen Leben der Umgebung zu beteiligen.

Auch für den Entwurf der Hülle und des Dachtragwerks waren die Architekten von gmp und die Ingenieure von schlaich bergermann partner mit engen Vorgaben konfrontiert. Die Anzahl und die Taktung der 80 Stützen musste sich nach der Konstruktion des Bestandsbaus richten.

Als wirtschaftlichste, wenn auch fertigungstechnisch anspruchsvollste Bauweise kam ein Seiltragwerk mit Membranbespannung infrage, das materialsparende und leichte Speichenradprinzip, bei dem zwischen einem Zugring im Inneren und zwei übereinanderliegenden Druckringen außen die Tragseile gespannt sind wie die Speichen eines Fahrrads. Allerdings entspricht die von der Laufbahn bestimmte Grundrissform des Leichtathletikstadions – gerade Längsseiten, halbkreisförmige Schmalseiten – nicht der Idealform eines Druck- und Zugringsystems. Daher neigen sich in der Ausführung die auf halber Höhe abgeknickten Stützen an den Längsseiten nur wenig, an den Schmalseiten dagegen stark nach innen. Dadurch wird für das Dach und vor allem für die Druckringe eine elliptischere Grundrissform und damit mehr Krümmung erzeugt. Die Bewegung kommt dem gesamten Baukörper zugute, er gewinnt an Spannung und Charakter.

Trotzdem die für ein solch ausgeklügeltes Tragwerk notwendige Präzision bei der Produktion und Montage der Bauelemente bei den Stahlbaufirmen der Ukraine bis dahin nicht geläufig war, ist es gelungen, die Konstruktion – bis auf das Seilnetz und die Bespannung aus transluzentem PTFE-Glasfasergewebe – mit

1 Dachtragwerk mit 80 geneigten Stützen
2 oberer und unterer Druckring
3 Seilbinder mit innerem Zugring
4 640 Luftstützen zwischen Seilbindern als Hochpunkte der Membran
5 Membrandach mit 640 Lichtkuppeln
6 gläserne Außenfassade zwischen geneigten Stahlstützen
7 Dachtragwerk mit Speichenradprinzip

Olympiastadion Kiew Strukturfolge Dachtragwerk
(links) • Dachaufsicht, Membran mit Lichtkuppeln
(oben) • Untersicht Membrandach, strahlenförmi-
ges Muster durch die Überlagerung der aufgedop-
pelten Membran (rechts)

einheimischen Firmen zu erstellen. Eine Besonderheit des Kiewer Dachs sind die Hochpunkte der Bespannung in Form von transparenten, von kleinen Luftstützen getragenen Lichtkuppeln. Das Membrandach wirkt aus der Untersicht wie ein Himmel voller Sterne, denn die Lichtkuppeln sind umfangen von sternförmigen Verstärkungen des Gewebes – keine architektonisch-gestalterische Idee also, sondern gewissermaßen ein »konstruktivistisches Ornament«, das dem Stadion ein unverwechselbares Gepräge gibt.

Seit Fertigstellung des NSK Olimpsky trägt der Traditionsclub Dynamo Kiew seine Heimspiele nicht mehr im nahe gelegenen eigenen Stadion aus, sondern in der 70 000 Zuschauer fassenden neuen Nationalarena und profitiert damit auch von deren Image, was dem Selbstverständnis des Rekordmeisters als nationalem Aushängeschild durchaus entspricht.

Auf Geschichte gegründet

Noch stärker mit Nationalgefühl aufgeladen ist das EM-Stadion in Warschau. Früher ging der Blick von der Altstadt hinüber zum Ostufer der Weichsel ins Leere. Jetzt zieht der strahlende Bau in den Nationalfarben Weiß und Rot alle Blicke auf sich. Wie eine leuchtende Krone grüßt er herüber zum

wieder aufgebauten Königsschloss, dem Stolz der polnischen Nation. Mehr Symbolik ist kaum denkbar. Rasch ist auch das moderne Bauwerk zum Ort nationaler Identifikation geworden. Staatspräsident Donald Tusk spürte das und feierte seine Wiederwahl 2011 im Stadion Narodowy.

Die Architekten haben sich dieser Konnotation nicht verweigert, wenngleich sie nicht von einer Krone sprechen. Volkwin Marg hat eine andere Assoziation vor Augen: »Ähnlich einem landestypischen Weidenkorb von rot-weißen Streckmetallbändern umflochten, präsentiert er [der Stadionbau] sich als illuminierter Blickpunkt vis-à-vis der wieder aufgebauten Warschauer Altstadt, die zum Weltkulturerbe erklärt worden ist.« Nationalbewusstsein und -stolz kann für ein Bauwerk eine schwere Bürde sein, die sich üblicherweise in staatstragender Würde und Statuarik ausdrückt. »Leicht und offen« trete hingegen das Warschauer Stadion in Erscheinung, das ist Volkwin Marg wichtig, auch wenn es mit zum Teil traumatischen Erinnerungen und nationaler Symbolik belastet ist. Denn das Nationalstadion steht buchstäblich auf mit Historie durchtränktem Untergrund.

Schon seit 1954 duckte sich hier ein flaches Erdstadion in die Weichselauen. Manche Veranstaltungen, Kundgebungen

Olympiastadion Kiew die Sitze sind in den ukrainischen Nationalfarben gestaltet, das Dach erinnert an einen Sternenhimmel (links) • **Nationalstadion Warschau** städtebauliches Umfeld (rechts oben) • Piktogramm, Maßstab 1:10 000 (rechts unten)

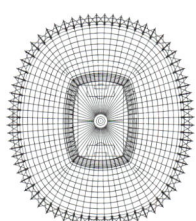

und Feierlichkeiten wurden von mehr als 100 000 Zuschauern besucht. 1986 wurde das marode Nationalstadion an Händler vermietet und entwickelte sich zu einem der weltgrößten Basare. Als zur EM ein neues Nationalstadion an seiner statt gebaut werden sollte, forderte die Geschichte ihr Recht, denn die 1953 aufgeworfenen Wälle bestehen aus Trümmerschutt des von der deutschen Wehrmacht zerstörten Warschauer Ghettos. Und der sollte nicht angetastet werden. Zudem hätten archäologische Funde die Fertigstellung zur EM verhindert. Der Erdwall wurde

also pietätvoll geschont und das Stadion »auf Zehenspitzen« darüber gebaut.
Wer heute als VIP vorfährt, kann noch Elemente des alten Stadions erleben: einen steinernen Portikus und den historischen Gang durch eine überkuppelte Rotunde. Per Aufzug gelangen die VIPs nach oben in die Jetztzeit, in ihre modernen Foyers und Lounges. Sie haben von dort aus die idealen Sichtverhältnisse in ein nun konzentriertes, steiles, reines Fußballstadion mit einer dichten Atmosphäre und einer ruhigen, ungestörten Geometrie, wie sie bei Stadien selten gelingt. 55 000 rote und hellgraue

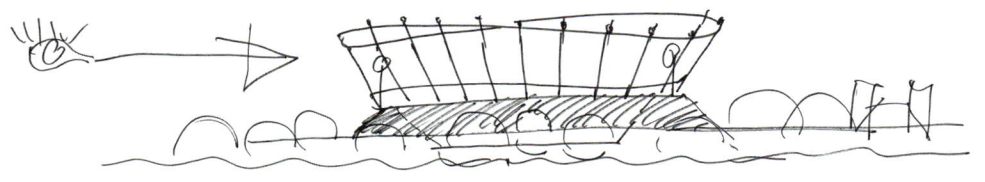
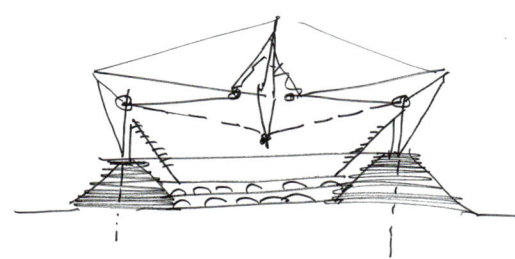

Sitzschalen sind zu einem Pixelbild
gemischt, das nach oben immer heller wird
und das auch bei leeren Rängen ein gefülltes Stadion suggeriert.

Den Himmel bildet eine der feinnervigen
High-End-Dachkonstruktionen aus Trag-
seilen und Membranbespannung, die Material und Masse durch Ingenieurskunst und
Designqualität ersetzen. Wieder brachten
schlaich bergermann partner ihr Speichenradprinzip zur Anwendung, bei dem zwischen einem inneren Zugring und dem
äußeren Druckring radiale Stahlseile wie
die Speichen eines Rads gespannt sind
und die transluzente Dachhaut tragen.
Zusätzlich lässt sich auch das Spielfeld
komplett überdachen. In 15 Minuten ist das
flexible Membrandach über dem Spielfeld
ausgefahren, das im mitten über dem Stadion schwebendenn dosenförmigen Körper
geparkt ist, durchstoßen und getragen
von einem 70 m hohen, senkrecht über
dem Anstoßpunkt abgespannten Speer.
Seine aus Flugsicherheitsgründen rot-weiß-
gestreifte Spitze hat keine Funktion, ist

architektonischer Akzent und weithin sichtbares Zeichen des Nationalstadions.

Als eine Komposition aus roten und silber-
grauen Flächen zeigt sich die vielfach gefaltete Außenhaut, ein Wind- und Wetterschutz
aus Streckmetall. Die Metallpaneele wirken
je nach Lichtverhältnissen und Tageszeit
mal geschlossen, mal transparent.

Zwischen der licht- und luftdurchlässigen
äußeren Fassade und dem Massivbau
verbinden großzügig angelegte, skulptural
beeindruckende Kaskadentreppen drei
Geschosse und ermöglichen eine vom
Spielbetrieb unabhängige Erschließung
für sämtliche Nutzungsbereiche. Da im
Nationalstadion keine Ligaspiele, sondern
nur ein Dutzend internationale Begegnun-
gen pro Jahr ausgetragen werden, ist das
Stadion mit einem ungewöhnlich großen
Anteil an Sekundärnutzungen ausgestattet,
mit einem Fußballmuseum, Büronutzungen
– die exklusivsten mit direktem Blick auf
das Spielgeschehen –, Platz für Veranstaltungen aller Art, für Kongresse und deren
Versorgung.

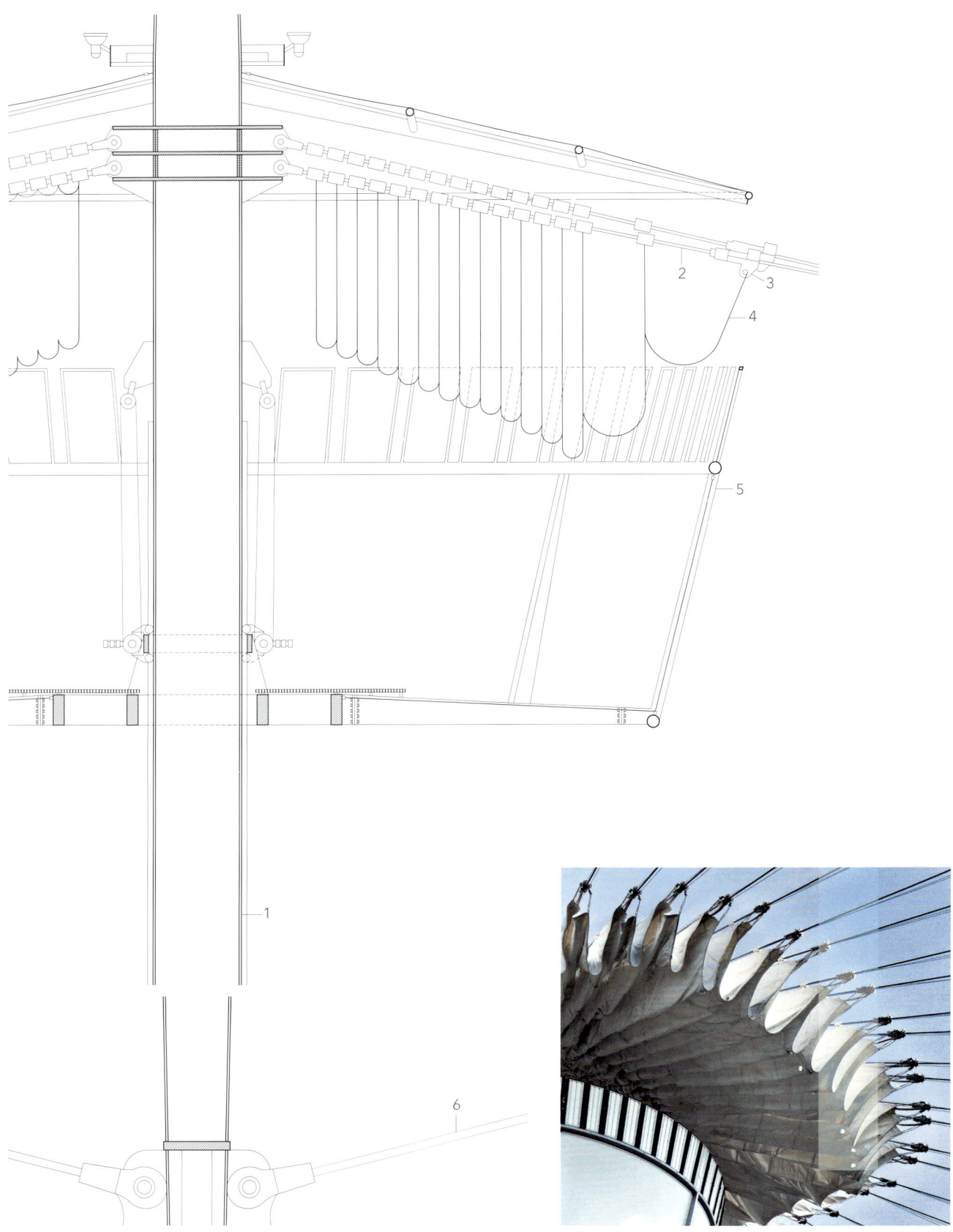

Schnitt, Maßstab 1:100

1 Mittelstütze (Nadel) 70 m Ø 1060–1600 mm
2 oberes Radialseil Ø 70 mm
3 Gleitwagen durch Elektroseilwinden angetrieben mit Membrangurten an 4 befestigt
4 Textildach beweglich, PVC-beschichtetes Polyestergewebe
5 Membrangarage hydraulisch absenkbar
6 unteres Radialseil Ø 145 mm

7 Spannvorrichtung hydraulisch
8 Textildach feststehend PTFE-beschichtetes Glasfasergewebe
9 unteres Radialseil Ø 70 mm
10 Abspannseil Ø 70 mm
11 Wartungssteg
12 »Fliegender Mast«, je nach Achse verschieden geneigt
13 VSG 18 mm auf Unterkonstruktion Stahl
14 Entwässerung Glasdach

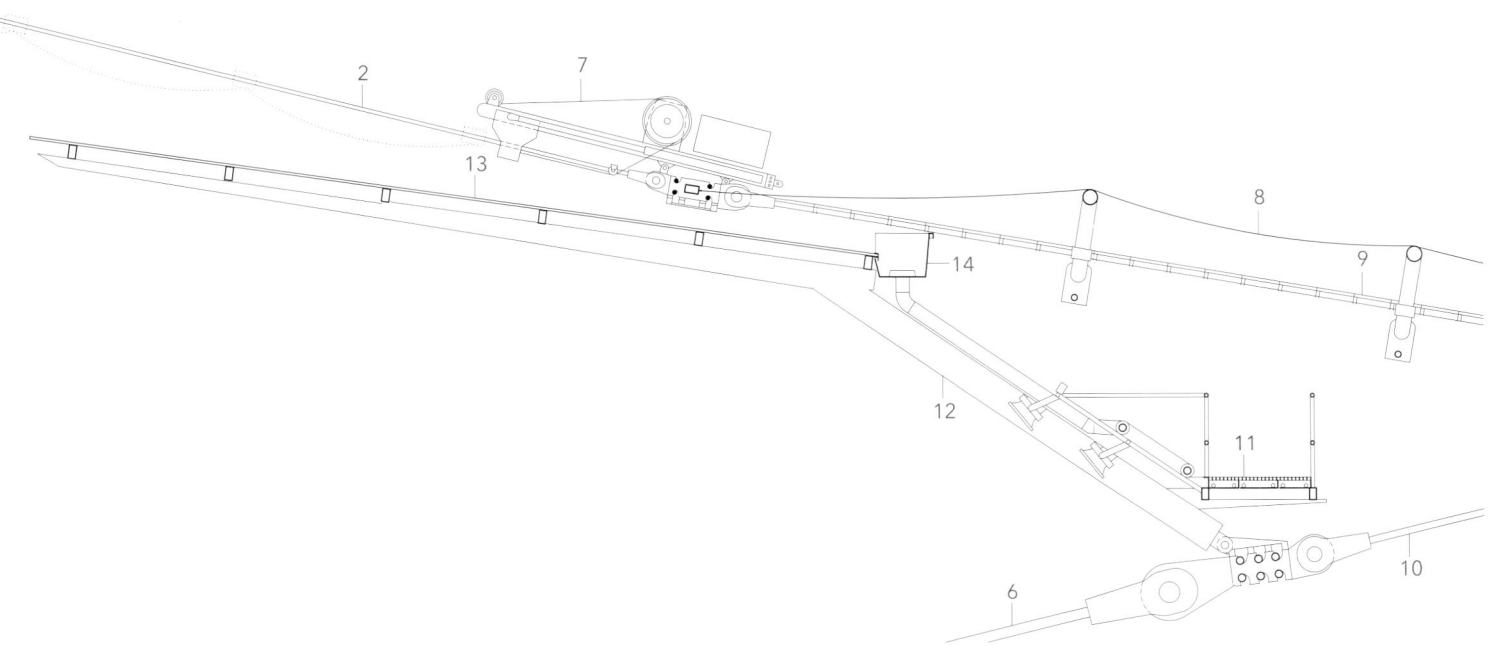

Nationalstadion Warschau bewegliches Membrandach (links)

Keine geringe Herausforderung an die Architekten, die das komplexe Erschließungssystem so organisieren mussten, dass allen Nutzern und Versorgern die jeweils notwendigen, zum Teil parallel möglichen Zugangswege und Rettungswege offen stehen. Vielleicht weil die Warschauer den Standort schon als Basar auf ihrer mentalen Stadtkarte hatten, vielleicht weil er von Staats wegen für Veranstaltungen genutzt wird, vielleicht aber auch, weil die Architekten von der zweigeschossigen Tiefgarage unter dem Spielfeld bis zum Fußballmuseum, den Büros, Restaurant- und Kongressnutzungen einen vielfältigen

Nutzungsmix untergebracht haben, ist das Nationalstadion eine Erfolgsgeschichte geworden. Reine Fußballarenen sind heutzutage nicht mehr wirtschaftlich zu betreiben. Das Stadion Narodowy kann deshalb prototypisches Vorbild sein für viele zukünftige Stadionneubauten in aller Welt.

Weißer Elefant am Amazonas
Die Erfahrungen von Warschau im Gepäck, waren gmp und schlaich bergermann partner gemeinsam auch in Brasilien angetreten, um drei Stadien für die Fußballweltmeisterschaft 2014 zu errichten – den Umbau und die Ertüchtigung des Maneirão in Belo Hori-

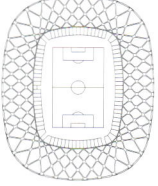

zonte, einen kompletten Neubau in Manaus und den Außenbau des Nationalstadions in Brasília. Die Verhältnisse und Arbeitsbedingungen, unter denen die Architekten ihre Aufgabe zu verrichten hatten, waren mehr mit jenen vier Jahre zuvor in Südafrika, als mit jenen in Polen zu vergleichen. Das Credo der gmp-Architektur, neben Funktion, Konstruktion und Gestaltung auch auf städtebauliche Konzeption und auf nachhaltige Nutzungsmöglichkeit zu setzen, fand keinen Widerhall.

Zur Weltmeisterschaft waren die Arenen natürlich im Toppzustand, dafür hatte die

FIFA gesorgt. Denn in Ländern, die sich für die Austragung bewerben, haben nationale Regierungen und Behörden weitgehende Befugnisse an die Verbände abzutreten, wollen sie die Chancen für den Zuschlag nicht gefährden. Dass die FIFA diese Macht rigoros ausspielt, war oft genug Anlass für Kritik. Gerade beim Bau von Stadien werden für die wenigen Spiele einer Weltmeisterschaft Ansprüche formuliert, die in keinem Verhältnis zu den Notwendigkeiten für die anschließende Nutzung und zu den Bedürfnissen des jeweiligen Landes stehen. Für derlei ambitionierte, nach dem Event aber nutzlose Großbauten hat man den Begriff der »weißen Elefanten« geprägt. Ein typisches Beispiel dafür ist die Arena da Amazônia in Manaus. Es war eine politische, keine sportliche Entscheidung, in die tropische Amazonasmetropole, die wie Brasília oder Cuiabá gerade mal Drittligafußball kennt, für vier WM-Spiele ein Stadion für 44 000 Zuschauer zu setzen. Hin und wieder gibt es in der Arena ein Konzert zu hören und im Schnitt ein Fußballmatch pro Monat zu sehen – gut besucht immer dann, wenn der Traditionsklub CR Flamengo aus Rio hier zu Gast ist.

Das heute scheinbare Desinteresse seitens der Betreiber erinnert an die Anfänge der Bauzeit, denn der Gouverneur hatte das Projekt von der Vorgängerregierung übernehmen müssen. Einen wirklichen Bauherrn gab es nicht, auch keine Projektsteuerung, was es für die Architekten als Auftragneh-

mer des Generalunternehmers nicht einfacher machte. Im Verlauf der Planung wurde aus Kostengründen die Spannweite des Dachs reduziert, sodass nicht alle Sitzplätze überdacht sind. Das Konzept von gmp sah für die Nachnutzung mehr Stellplätze und Läden im Sockelgeschoss vor, die ebenfalls gestrichen wurden. Trotz aller Widrigkeiten ist in Manaus jedoch ein Stadion realisiert worden, das zu den schönsten der Fußballweltmeisterschaft in Brasilien gehörte.

Tempel des Fußballs

Während das Stadion in Manaus an der Hauptverkehrsachse Richtung Flughafen liegt, ist das Nationalstadion in Brasília ein stolzer Solitär mit freiem Umfeld, erreichbar faktisch nur per Pkw oder Bus. Aktivitäten über den Fußball hinaus etablieren zu wollen, scheint aussichtslos. Es wurden auch keinerlei Einrichtungen vorgesehen, die über

Arena da Amazônia Manaus städtebauliches Umfeld (links oben) • Piktogramm, Maßstab 1:10 000 (links unten) • Dachkonstruktion aus sich gegenseitig aussteifenden Kragarmen, deren Stahlhohlkasten gleichzeitig als große Regenrinne dient (rechts)

die reine Fußballnutzung hinausgehen. Und
da Brasília nicht über eine Erstligamann-
schaft der Série A verfügt, bleibt es bei gelegentlichen Gastspielen der Traditionsclubs
aus Rio de Janeiro und São Paulo oder hin
und wieder einem Länderspiel. Immerhin
sind die 72 000 Plätze oft durch Großveran-
staltungen und Konzerte ausgebucht.

Ein Nationalstadion hatte es in Brasília,
Lúcio Costas Hauptstadt aus der Retorte,
durchaus schon gegeben. Es war das von
1972 bis 1974 von Icaro de Castro Mello
erbaute Estádio Mané Garrincha, benannt

nach dem zweifachen Weltmeister und
zweitberühmtesten Fußballnationalspieler
Brasiliens. 2010 begannen die Arbeiten
mit dem Abriss des Bestandsbaus. Die
Haupttribüne sollte stehen bleiben und in
den Neubau integriert werden. Doch wie
so oft in solchen Fällen gewann das architektonisch, bautechnisch und politisch hoch-
komplexe Bauvorhaben eine Eigendynamik,
die unter anderem dazu führte, dass vom
Bestandsbau am Ende nichts mehr erhalten
blieb. Stattdessen entstand eine neue Tribünenschüssel mit veränderter Geometrie
und mit einem nach aktuellen Bedürfnissen

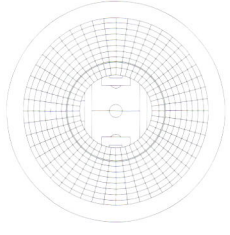

geplanten Innenleben. So erwies es sich als günstiger Umstand, dass die Architekten von gmp und die Ingenieure von schlaich bergermann partner mit ihrem Part von Anbeginn auf räumlichen Abstand gegangen waren und unabhängig vom inneren Stadion planen konnten. Sie sollten die Tribünenschüssel mit einem Dach überfangen und die Ränge erschließen, also die Zugänge rings um die Tribünenschüssel organisieren. Es gab faktisch zwei Baustellen, eine innere des Kernstadions unter der alleinigen Verantwortung von Castro Mello Arquitetos und eine äußere der »Esplanade« mit Treppenanlagen, Rampen und dem alles überdeckenden Dach.

Das Nationalstadion ist wie ein griechischer Rundtempel von allen Seiten und aus größerer Entfernung in seiner Gänze wahrzunehmen. Es muss sich in der Gesellschaft der strahlenden Solitäre Oscar Niemeyers behaupten, weshalb es mehr noch als bei den anderen Stadien galt, eine schlüssige und angemessene Form zu finden und ein kraftvolles Zeichen zu setzen, das mit Niemeyers signifikanten Bauten mithalten kann. Wie ein Saturnring umkreist der flache Betonring der Dachkonstruktion das Stadion. Eindrucksvolle 309 m Durchmesser hat dieser gewaltige Tholos der Neuzeit mit seinen 288 in drei konzentrischen Ringen

angeordneten Rundstützen. Ein ganzer Säulenwald trägt den breiten Dachring, so scheint es aus der Nähe, denn das Auge sieht die Stützen wie Bäume locker gruppiert, nicht in ihrer geometrisch tadellosen, konzentrischen und radialen Ordnung. Je weiter sich der Betrachter allerdings entfernt, desto klarer wird die Ordnung, desto überschaubarer wird der Bau, desto statuarischer, monumentaler wirkt er.

Die Stadionschüssel rückt an allen vier Seiten unmittelbar an das Spielfeld heran und bildet ein dem Rechteck angenähertes Oval. Das Himmelsauge über dem grünen Rasen hingegen ist kreisrund wie die gesamte Dachkonstruktion, die wegen des Abstands zum oberen Tribünenrand über dem Stadion zu schweben scheint. Getragen wird das ungemein leicht wirkende Tragseildach von einem Betondruckring. Die den flachen Betonreifen spielerisch in die Höhe hebenden Betonstützen – über der Esplanade 36 m hoch und mit einem Durchmesser von 1,20 m sehr schlank wirkend – sind oben in den Druckring und unten in die Rampen eingespannt. Auf diese Weise können sie auch die Horizontallasten übertragen, denn die Ingenieure und Architekten wollten bei der Säulenhalle diagonale Streben und Wandscheiben

Estádio Nacional Mané Garrincha Brasília städtebauliches Umfeld (links oben) • Piktogramm, Maßstab 1:10 000 (links unten) • das 1974 erbaute ehemalige Stadion Estádio Mané Garrincha sollte ursprünglich erhalten bleiben (rechts)

Estádio Nacional
Mané Garrincha
Brasília die 36 m
hohen Stützen sind
oben in den Druck-
ring und unten in die
Rampen eingespannt
(links) • 288 Stützen
tragen den Betonring
(rechts)

zur Aussteifung unbedingt vermeiden.
Vorn an den Druckring angehängt kragen
zusätzliche leichte Fachwerkträger 17,5 m
weit aus und tragen den innersten Ring der
Dachhaut, der aus glasklaren, massiven
Polykarbonatplatten besteht und für eine
ausreichende Belichtung des Rasens sorgt.
Die Kombination von Speichenradprinzip
und Seilhängedach ermöglichte es, die
Auskragung von mehr als 81 m sowie die
47 000 m² große Dachfläche mit einem
eleganten, ressourcenschonenden Leicht-
bauprinzip und einem Stahleinsatz von
lediglich 2200 t zu bewältigen. Dachfläche
und Untersicht sind mit transluzenten
Membranen bespannt, um Tageslicht
ins Innere passieren zu lassen. Dadurch
erhält der Dachkörper eine räumlich Wirkung, die filigrane Dachkonstruktion ist
schemenhaft durch die Membran zu erkennen. Alle Installationen für Dachentwässe-
rung, Licht und Beschallung sowie der

Catwalk für die Wartung sind innerhalb
des Dachkörpers verborgen.
Der Innenraum des Stadions gewinnt
durch die regelhafte, erlebbare konstruktive Ordnung und die fast demonstrative
Leichtigkeit an Ruhe und Erhabenheit,
ohne monumental zu wirken.
Die das äußere Erscheinungsbild prägende
Betonkonstruktion mit dem flachen »Saturnring« auf seinem dreifachen Stützenkranz
verleiht dem repräsentativen Bauwerk die
notwendige Kraft und Erhabenheit, um im
faszinierenden Ensemble der Monumental-
bauten Brasílias bestehen zu können. Seine
enorme Präsenz erwächst dem Stadion
aus seiner Dimension und seiner herausge-
hobenen städtebaulichen Position, aber
auch aus der einfachen, doch signifikanten,
unverwechselbaren Form und Typologie,
die zudem weltweit ohne Beispiel ist. Neben
Präsidentenpalast und Parlament, Kathed-
rale und Museum repräsentiert nun auch

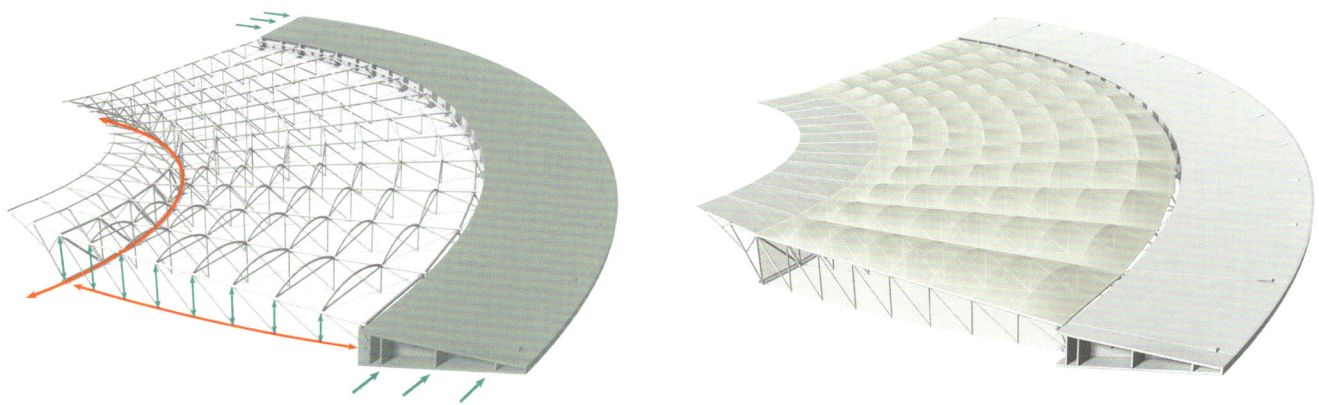

Estádio Nacional Mané Garrincha Brasília
Dachtragwerk mit dem 25 m breiten Betondruckring (grün), dem inneren Zugring (rot) und der Seilkonstruktion dazwischen mit auf Radialseilen (rot) stehenden Pfosten (grün) (links oben, links) • Dachtragwerk mit oberer Membran und innerer Polykarbonat-Eindeckung (links oben, rechts) • die radiale Tragstruktur wird zwischen unterer und oberer Membran schemenhaft sichtbar (links) • Dachaufsicht (oben)

das Nationalstadion, das noch immer den berühmten Namen des Fußballidols Mané Garrincha trägt, als Monument und Wahrzeichen die Hauptstadt Brasiliens.

Wechsel auf die Zukunft
Die vielen neuen Stadien in Brasilien sind Ausdruck einer gesamtstaatlichen, großen Kraftanstrengung anlässlich der Weltmeisterschaft. Wirklich getragen und gebraucht werden sie von der in einer fatalen Abwärtsbewegung befindlichen Fußballwelt in Brasilien nicht. Die Macht der Fernsehanstalten mit ihren Fußballprogrammen rund um die Uhr, die teuren Eintrittspreise, der Ausverkauf der Stars ins Ausland und die Sicherheitsrisiken rund um die Spiele halten die Menschen vom Stadionbesuch ab, weshalb selbst Lokalderbys in Rio de Janeiro vor halbleeren Rängen stattfinden. So bedarf es großer Anstrengungen wiederum der öffentlichen Hand, die auf Dauer defizitären Bauten zu betreiben und zu erhalten, als Wechsel auf eine hoffentlich bessere Zukunft.

Im Herzen der Stadt
Derlei Sorgen hat man bei Real Madrid nicht. Der Fußball boomt und mit ihm die Geschäfte. Das legendäre Estadio Santiago Bernabéu gehört dem Verein und soll laut Präsident zum »besten Stadion der Welt« modernisiert werden.
Eine Konstellation und eine Herausforderung, die auch für die routinierten Stadionarchitekten von gmp kein Alltagsgeschäft darstellen. Aber eine Aufgabe, die exakt auf der Linie der Architekten liegt, die die Entwicklung des Multifunktionsbaus als neuen Typus des Stadions vorangetrieben haben. Ein Stadion müsse heute »Teil des bürgerlichen Lebens« sein, speziell wenn es im Herzen der Stadt liege, ein »vielfältiger Bestandteil des urbanen Gewebes, wahrhaft eingebunden in das Leben der Stadt«, charakterisiert Volkwin Marg die Aufgabe. Aber man wolle auch »ein Wahrzeichen für die Stadt« schaffen, das die Legende des Clubs Real Madrid weitererzähle. Das berühmte Gebäude, das seine der-

zeitige unvorteilhafte Form durch mehrere Umbauten und Aufstockungen auf fünf Ränge erhalten hat, soll modernisiert und mit einem neuen Erscheinungsbild ausgestattet werden. Der Auftrag nach der zweiten Wettbewerbsphase, die gmp zusammen mit den spanischen Partnern L35 und Ribas & Ribas gewinnen konnte, lautete zudem, möglichst viele kommerzielle Flächen unterzubringen.

Die derzeitigen Pläne sehen vor, das Dach anzuheben, durch ein Seiltragwerkdach die Auskragung zu erhöhen, um alle Plätze zu überdachen, sowie ein verfahrbares Dach einzubauen, mit dem sich das Auge des Stadions innerhalb von 15 Minuten schließen lässt.

Das Vereinsmuseum, das seinen Besucherzahlen nach in Spanien gleich hinter dem Prado auf Rang zwei liegt, soll hier seinen Platz finden.

Fast noch wichtiger als die Nutzungen ist den Bauherren die äußere Hülle des Bauwerks, die das Image des Vereins prägen wird. Die asymmetrische, rundliche Großform ergab sich durch die engen Randbedingungen und Abstandsregeln fast von selbst. Eine silbern schimmernde, zum Teil durchsichtig wirkende und hinterleuchtete Hightech-Haut aus Edelstahl überzieht das gesamte Bauwerk einschließlich der Dachfläche und ist zur Paseo de la Castellana hin als Videowand bespielbar. High-

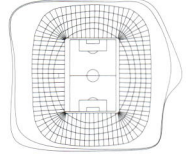

Estadio Santiago Bernabéu Madrid
Entwurfsrendering für den Umbau des Stadions im städtischen Umfeld (oben) • Piktogramm, Maßstab 1:10 000 (Mitte) • Rendering der Hightech-Fassade aus Edelstahl bei Nacht, die teilweise als Videowand bespielbar ist (links unten) • drei verschiedene Bauphasen (rechts oben) • Entwurfsidee für die Westseite, die ursprünglich für kommerzielle Nutzung vorgesehen war (rechts unten)

End-Medien wird es auch im Inneren geben, eine umlaufende 360°-Videowand am Dachrand ersetzt die herkömmlichen Anzeigetafeln.

Damit das Stadion im Quartier außerhalb der Fußballtermine nicht autistische Enklave bleibt, sondern eine aktive urbane Rolle spielt, schlagen die Architekten rings um das Stadion und auf der öffentlichen Plaza de los Sagrados Corazones neue Frei- und Grünflächen vor, eine Verbesserung der Fußwegebeziehungen und einen gedeckten Fußgängerumgang mit Ausstellungsmöglichkeiten. Eine öffentliche Terrasse ist auf dem Dach des Gebäudes geplant.

Doch es gibt noch juristische Hürden aus dem Weg zu räumen. Ob ökologische Ersatzvornahmen mit Grünflächenausgleich auf einem entfernteren Grundstück rechtens sind, ist strittig, ebenso ein Grundstückstausch und eine Enteignung an der Westseite, die für die ursprünglich geplante kommerzielle Nutzung notwendig wären. Während die Beteiligten auf grünes Licht warten, laufen die Planungen weiter, werden die komplexen konstruktiven Zusammenhänge der Neubauteile mit mehreren Generationen von älteren Strukturen geklärt, sind Brandschutz und Entfluchtung zu regeln. Äußerst flexibles Planen ist notwendig, weshalb man die Pläne parametrisiert hat und das gesamte Verfahren über Gebäudedatenmodellierung (Building Information Modeling – BIM) ablaufen lässt. Ein Stadion planen für einen selbstbewussten, privaten Bauherrn, dessen Fußballclub zu den besten der Welt gehört, ist auch für die Architekten von gmp ein Novum und eine interessante Aufgabe. Und eine sportliche Herausforderung, denn die Durchsetzung der formalen, technischen und ethischen Standards der eigenen Architektur ist in einem solchen Kontext nicht unbedingt einfach.

Von hier nach dort

Flughafen Berlin Brandenburg Willy Brandt BER · Westbahnhof Tianjin

Stellt man den Flughafen Berlin Brandenburg »Willy Brandt« (auf Englisch Berlin Brandenburg International, luftfahrttechnische Abkürzung BER) dem Westbahnhof in Tianjin gegenüber, wirft das die Frage der Vergleichbarkeit beider Bauten auf. Was verbindet einen Flughafen in Deutschland und einen Bahnhof in China miteinander? Schließlich scheinen auf den ersten Blick die Unterschiede zu dominieren. Während über den neuen Flughafen in Schönefeld bei Berlin künftig der nationale und internationale Luftverkehr der deutschen Hauptstadt abgewickelt werden soll, dient der Bahnhof der Anbindung der chinesischen Hafenstadt an den nationalen und regionalen Zugverkehr. Auch in ihrer Lage unterscheiden sich die beiden großen Infrastrukturbauten voneinander: liegt BER an der Peripherie Berlins im Land Brandenburg, wächst dem Westbahnhof die Rolle eines städtebaulichen Verbindungsglieds zwischen dem eigentlichen Zentrum Tianjins im Süden und dem in der Entwicklung befindlichen Geschäftsviertel im Norden zu. Doch jenseits dieser offensichtlichen Unterschiede gibt es sowohl strukturelle, funktionale als auch gestalterische Elemente, die beide Bauten erkennbar miteinander verknüpfen. Aus dem Vergleich der beiden Verkehrsbauten ergeben sich Einblicke in

die Entwurfshaltung von gmp sowie in die Anforderungen, die aus der Arbeit in unterschiedlichen (Bau-)Kulturen erwachsen.

Die Gestaltung bedeutender Verkehrsbauten zieht sich wie eine roter Faden durch das umfangreiche Werk, das gmp in den vergangenen 50 Jahren verwirklichen konnte. Gleich mit dem ersten Großauftrag für die Errichtung des Flughafens Berlin Tegel haben die beiden Gründungspartner Meinhard von Gerkan und Volkwin Marg bewiesen, dass sie weder Angst vor der Größe noch vor der Komplexität eines solchen Infrastrukturprojekts haben. Bei der Planung und Verwirklichung des zwar nicht denkmalgeschützten, gleichwohl mittlerweile denkmalwürdigen Flughafen-Sechsecks kamen ihnen gleich mehrere Aspekte zugute: So hatte Meinhard von

Flughafen Berlin Brandenburg Willy Brandt BER, Berlin (D). Entwurf: Meinhard von Gerkan und Hubert Nienhoff mit Hajo Paap · Bauzeit: seit 2008 · BGF: 600 000 m² · geschätztes Passagieraufkommen pro Jahr: 27 Mio · Fluggastbrücken: 25

Westbahnhof Tianjin, Tianjin (CN). Entwurf: Meinhard von Gerkan und Stephan Schütz mit Stephan Rewolle · Bauzeit: 2009–2011 · BGF: 229 239 m² · geschätztes Passagieraufkommen pro Jahr: 15,61 Mio (2020)/24,96 Mio (2030) · Gleise: 24

Flughafen BER Blick in die Landschaft (rechts) ·
Westbahnhof Tianjin Blick auf die Stadt (unten)

Gerkan durch seine Diplomarbeit bei Friedrich Wilhelm Kraemer an der Technischen Hochschule Braunschweig – den Entwurf eines Flughafens für Hannover – schon erste Erfahrung in der Auseinandersetzung mit dieser Bauaufgabe sammeln können. In diesem Zusammenhang hatte er den Austausch mit einem führenden Vertreter des deutschen Luftfahrtkonzerns Lufthansa gesucht und sich so in die aktuellen Anforderungen eingearbeitet. Neben dieser systematischen Aneignung des Themas kam von Gerkan und Marg ihre Fähigkeit zugute, gleich zu Beginn eines Planungsprozesses Wichtiges von Unwichtigem zu unterscheiden. Dies gelang ihnen dadurch, dass sie die Bauaufgabe in ihren funktionalen Anforderungen erfassten und in eine anschauli-

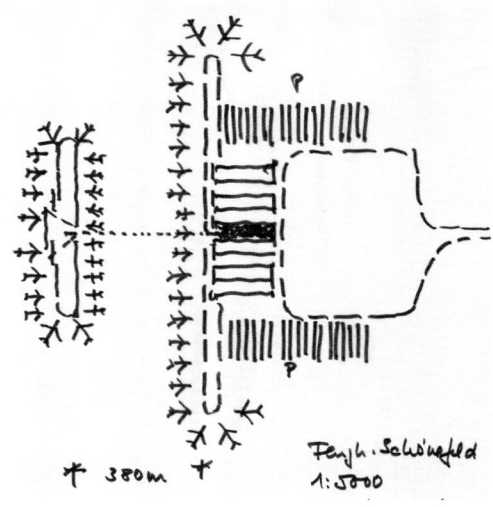

Flughafen Berlin Tegel
(oben) · **Flughafen BER**
Skizze (rechts)

che, stereometrische Struktur übertrugen. Natürlich gehörten auch eine ordentliche Portion Chuzpe und Selbstvertrauen dazu, sich als junge Architekten ohne Berufspraxis gegenüber dem Bauherrn zu behaupten. Kompetenzen wie die Bauleitung, die in dem jungen Büro noch nicht vorhanden waren, wurde in Form von neuen Mitarbeitern von außen hinzugezogen, um den großen Auftrag erfolgreich bewältigen zu können.

Die Verwirklichung dieses ersten Projekts im Maßstab XXL im Kosten- und Zeitbudget legte den Grundstein für zahlreiche weitere Infrastrukturbauten, die gmp in den folgenden Jahrzehnten realisierte. Dazu gehören die Flughäfen bzw. Flughafenterminals in Stuttgart, Hamburg und Frankfurt sowie Flughafenentwürfe für Moskau und Algier bis hin zum neuen Berliner Großflughafen »Willy Brandt«.

Parallel dazu erwies sich die Bauaufgabe Bahnhof seit den 1990er-Jahren als ein zen-

trales Thema in der Arbeit von gmp. Durch den Bau der Bahnhöfe in Berlin-Spandau und besonders des Berliner Hauptbahnhofs stellte das Büro seine Fähigkeit unter Beweis, auch große Bahnhöfe erfolgreich planen und verwirklichen zu können.

Funktionale Klarheit

Die lange und keineswegs unproblematische Planungs- und Baugeschichte des Flughafens Berlin Brandenburg ist durch die mehrfach verschobene Eröffnung und die nachfolgende öffentliche Schlammschlacht gekennzeichnet, bis hin zur Kündigung von gmp durch den Auftraggeber. Doch diese Querelen dürfen nicht darüber hinwegtäuschen, dass gmp mit dem Projekt die Bauaufgabe Flughafen beispielhaft für das 21. Jahrhundert aufgefasst hat.

Wie bei sämtlichen internationalen Großflughäfen handelt es sich auch bei BER um ein komplexes System von unterschiedlichen Nutzungen und Funktionen, die es architek-

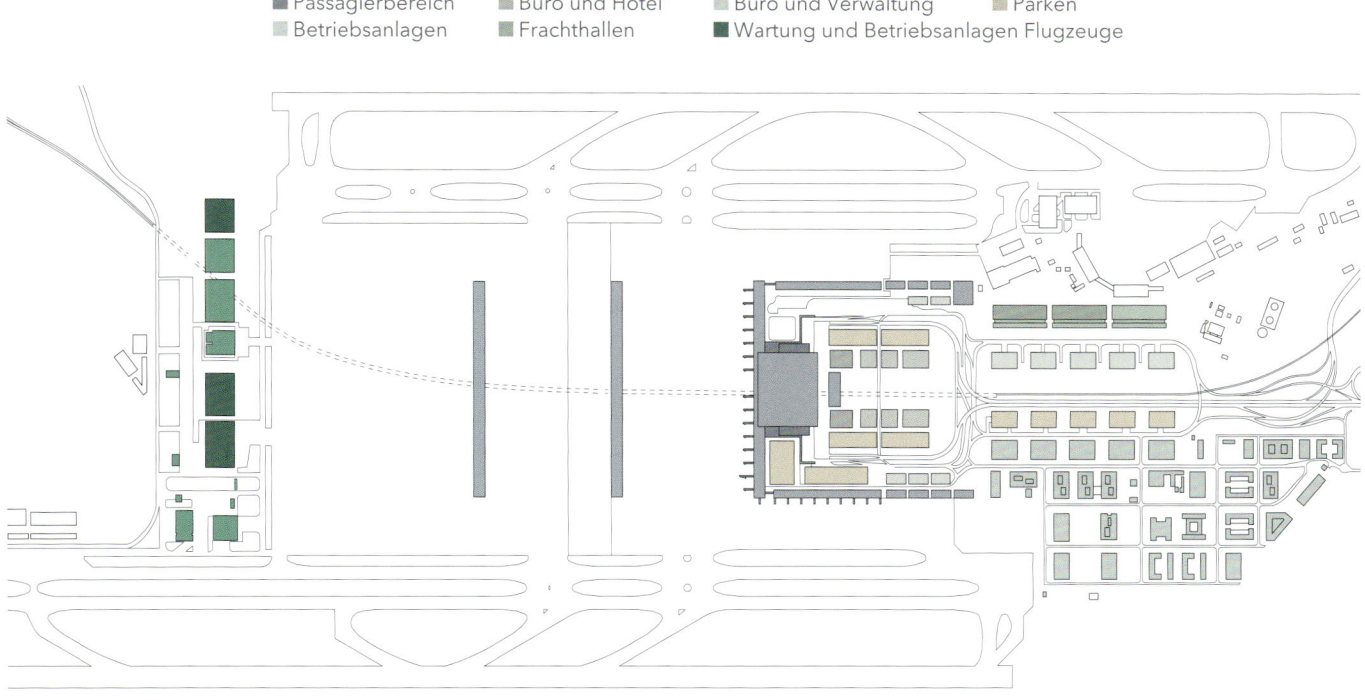

Flughafen BER, Funktionsbereiche, Maßstab 1:20 000

tonisch und städtebaulich zu koordinieren galt. Die bauliche Megastruktur musste dabei nicht nur den (im speziellen Fall recht wechselhaften) Anforderungen des Bauherrn entsprechen, sondern vor allem die gültigen Flug-, Technik- und Sicherheitsstandards der internationalen Luftfahrt erfüllen. Über die Kernfunktion hinaus, Fluggäste von der Landseite bis in die Lüfte zu befördern, haben sich Airports im Lauf der Jahre weltweit als bedeutende Wirtschaftsfaktoren und Jobmaschinen erwiesen, an deren Umfeld sich eine Vielzahl von Zusatzanforderungen stellt. Selbstverständlich gilt es, den Fluggästen durch einen Zug- und Autobahnanschluss eine bequeme An- und Abreise zum und vom Airport zu ermöglichen. Das umfasst den Bau eines – im Fall von BER unterirdischen – Bahnhofs sowie das Vorhalten einer hinreichenden Zahl von Parkflächen in Parkhäusern. Darüber hinaus gehören Hotels und Konferenzzentren heute ebenso selbstverständlich zu einer Airport-

city wie die notwendigen Büros, Werkstätten, Wartungshallen oder Lager sowie die für den Flugbetrieb unabdingbaren großen Hangars, die Vorfeldkontrolle und die Feuerwachen, von denen aus innerhalb von drei Minuten jede Stelle des Flugfelds erreichbar sein muss.

Aufgrund dieser Vielzahl von Anforderungen hat gmp den neuen Großflughafen als ein System aus einzelnen Bausteinen definiert, die additiv zu einer städtebaulichen Gesamtstruktur zusammengefasst sind. Das Ergebnis dieses Konzepts ist eine Anlage, die mit 14,7 km² Gesamtfläche – was etwa der Größe von 2000 Fußballfeldern entspricht – die Dimension einer eigenen Stadt besitzt.

Das Herzstück bildet das 220 m lange Abfertigungsterminal. Als sogenanntes Midfield Terminal liegt es zwischen einer nördlichen und einer südlichen Start- und Landebahn, die parallel betrieben werden können. In der aktuellen Ausbaustufe ist

der Flughafen für rund 27 Millionen Passagiere pro Jahr vorgesehen.

Da es sich bei dem Bau eines Flughafens – ebenso wie bei einem Bahnhof – um eine vielschichtige Herausforderung handelt, bedarf es verbindlicher Vorgaben, sowohl was die Funktionsabläufe betrifft als auch die architektonische Gestaltung, um einem ansonsten schnell drohenden Wildwuchs künftiger Entwicklungen Einhalt zu gebieten. Daher hat gmp die Gestaltungsrichtlinien für den Flughafen Berlin Brandenburg in einem eigenen Gestaltungshandbuch zusammengefasst, das als eine Art »Manual« für den Bau eines Flughafens dient. Vom Großen zum Kleinen werden darin die Grundsätze der Gestaltung verbindlich erläutert. Das reicht vom städtebaulichen Konzept der Gesamtanlage über das Materialkonzept bis hin zu einzelnen Gebäuden, der Landschaftsgestaltung und den Verkehrsflächen sowie dem Informations- und Leitsystem. Im Fall des Westbahnhofs in Tianjin liegt zwar kein eigenes Gestaltungshandbuch von gmp vor, jedoch gibt es dort von staatlicher Seite ein verbindliches Handbuch zum »Detail Design of Passenger Railwaystations«.

Hinter einem Gestaltungshandbuch steht die Idee, ein Projekt möglichst klar, einfach und strukturiert zu ordnen, damit es sich für Beteiligte und Nutzer gleichsam von selbst erschließt. Das ist ein Ansatz, der die Architektur von gmp leitmotivisch auszeichnet. Materialauswahl, Farbregie und Landschaftskomposition tragen darüber hinaus dazu bei, einen Ort mit eigener Qualität und Identität zu formulieren, der gleichwohl über lokale Rückbezüge verfügt. Sie zeigen sich beim neuen Flughafen BER unter anderem im Motiv der Kolonnaden, die die einzelnen Bausteine räumlich zusammenbinden. Dieses von gmp häufig aufgegriffene Motiv soll hier die Erinnerung an Bauten von Karl Friedrich Schinkel wachrufen, etwa an das Casino in Glienicke, das von Pergolen eingefasst ist. Die hohe Glashalle des Terminals spielt demgegenüber mit Assoziationen an Ludwig Mies van der Rohes Neue Nationalgalerie in Berlin. Das rund 50 m weit auskragende Terminaldach, das den Reisenden einen Witterungsschutz bietet, wird dabei von sechs annähernd 30 m hohen Stahlsäulen mit dynamischer Gestaltung getragen.

Der deutlichste funktionale Unterschied zwischen dem frühen Flughafen Tegel, der 1974 eröffnet wurde, und dem neuen Flughafen in Schönefeld liegt in der Erschließung des Gebäudes durch die Passagiere. In den

Flughafen BER auskragendes Dach (links) · **Westbahnhof Tianjin** südlicher Platz (rechts)

Neue Nationalgalerie Ludwig Mies van der Rohe, Berlin (D) 1968 (Mitte) · **Casino Glienicke** Karl Friedrich Schinkel, Berlin (D) 1824 (unten)

1960er-Jahren, in denen der heute allgegenwärtige Terrorismus und die damit einhergehenden Gefahren für den Luftverkehr noch kaum eine Bedrohung darstellten, standen möglichst kurze Wege für die Passagiere im Vordergrund der Planung. »Drive to your gate« lautete die Zauberformel: Der geschlossene Ring des sechseckigen Flughafens Tegel ermöglichte es, den eigenen Wagen unterhalb des jeweiligen Abfertigungsgates abzustellen und in wenigen Minuten über eine Treppe zum Check-in und weiter in das Flugzeug zu gelangen. Die Einführung personalaufwendiger und damit kostenintensiver Sicherheitskontrollen beendete dieses an der Benutzerfreundlichkeit ausgerichtete Konzept der kurzen Wege und führte zu einem Paradigmenwechsel im Flughafenbau. Heutige Flughäfen sind nach dem Prinzip eines Flaschenhalses konzipiert: An eine große Halle mit den Check-in-Schaltern schließt sich die Zone für die Sicherheitskontrollen an, die alle Fluggäste passieren müssen, ehe sie zu ihren jeweiligen Gates ausschwärmen können. Durch diese Bündelung der Passagierströme gelingt es, die Fluggäste als potenzielle Kunden durch die Shoppingwelten und Gastronomieangebote im Anschluss an die Sicherheitskontrollen der

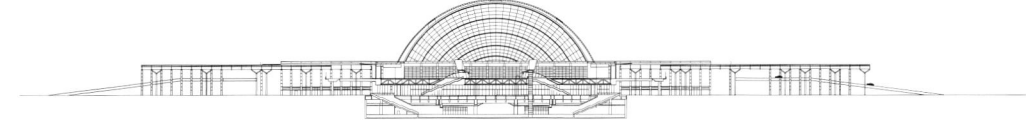

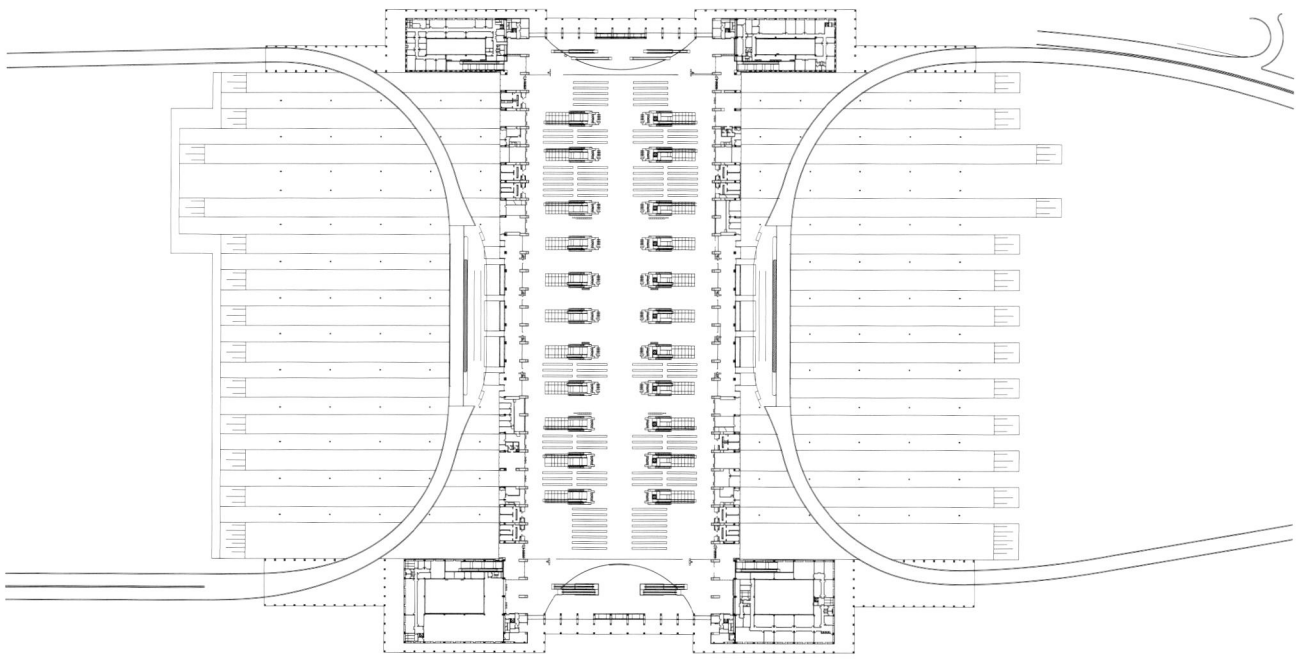

Westbahnhof Tianjin
Schnitt, Maßstab
1:2000 (links oben) ·
Grundriss, Maßstab
1:2000 (links unten) ·
Blick von den Gleisen
(oben) · **Bahnhof
Berlin-Spandau** (rechts
unten)

Flughäfen zu schleusen. In diesem Punkt
weist BER eher Parallelen zu dem von
Meinhard von Gerkan mit Jürgen Hilmer
entworfenen Hauptbahnhof in Berlin auf,
der 2006 eröffnete. Er steht beispielhaft
für eine Entwicklung der letzten 20 Jahre,
Bahnhöfe über den gewohnten Reisebe-
darf hinaus auch als Einkaufszentren zu
gestalten. So sind in dem Berliner Kreu-
zungsbahnhof auf drei Ebenen Einkaufs-
möglichkeiten verteilt, während sich auf der
obersten und untersten Ebene jeweils die
Bahngleise mit den Bahnsteigen befinden.

Mit Pfeilern und Bogen
Rund 130 km südwestlich von Peking gelegen, dient der Westbahnhof in Tianjin als
Haltestelle auf der Hochgeschwindigkeits-
strecke, die die chinesische Hauptstadt mit
der Hafenmetropole Schanghai verbindet.
Zugleich spielt der Bahnhof eine wichtige
Rolle für den Regionalverkehr und verbindet
diesen mit dem U-Bahn-Netz der Stadt.
Zwar unterscheiden sich der Westbahnhof
und der Flughafen Berlin Brandenburg

schon aufgrund der spezifischen Nutzungs-
anforderungen der beiden unterschiedlichen Verkehrsmittel voneinander. Was sie
neben ihrer strukturellen Klarheit jedoch
miteinander verbindet, ist die Formulierung
eines grundsätzlichen Entwurfsgedankens,
der sich in ihrem weitgespannten Tragwerk
ausdrückt.
Wie der neue Flughafen für die deutsche
Hauptstadt, so empfängt auch der Westbahnhof seine Passagiere mit der gleichermaßen repräsentativen wie einladenden
Geste eines offenen Kolonnadengangs. In

Tianjin wie in Berlin Brandenburg markieren die Pfeilerstellungen der Kolonnade eine Zwischenzone, die sich schützend zwischen innen und außen legt, indem sie architektonisch einen Übergang formuliert. Das repetitive Motiv der aus vorfabrizierten Betonelementen errichteten Kolonnaden verdeutlicht den Grundgedanken eines modularen Entwurfsprinzips. Während der Struktur des Flughafens BER ein Raster von 6,25 m (und seiner Vielfachen) zugrunde liegt, baut der Bahnhof in Tianjin auf einem Maß von 5,50 m auf. Die Wahl dieses Rasters trägt ebenso wie die Elementierung der Bauteile zur Vereinfachung von Planung und Ausführung bei. Selbst wenn man das Raster vor Ort vielleicht nicht auf den ersten Blick erkennt, so spürt man doch intuitiv seine ordnende Funktion an der Klarheit der Strukturen.

Die Verwendung eines solchen Rasters führt architekturhistorisch bis an die Quellen des Städtebaus bei Hippodamos von Milet in der griechischen Klassik im 5. Jahrhundert v. Chr. zurück. So spiegelt sich im Raster ein architektonisches Gestaltungsprinzip, das gerade deshalb über einen Ewigkeitswert verfügt, weil es von jeder Generation neu zu interpretieren und mit frischem Leben zu füllen ist.

Wurden die Bahnsteige des zwischen 1996 und 1998 von gmp errichteten Bahnhofs in Berlin-Spandau noch von vier parallel verlaufenden gläsernen Tonnendächern überwölbt, so stellt sich der Westbahnhof als eine imposante Steigerung dieses Motivs dar: Dort überfängt ein einziges, 57 m hohes und beinahe 400 m langes Tonnendach die gesamte Bahnhofshalle und verleiht ihr die Qualität einer architektonischen Landmarke. Dabei überrascht der Westbahnhof trotz seiner gewaltigen Dimensionen durch seinen menschlichen Maßstab. Die innere Monumentalität, die ihm auf manchen Fotografien zuzuwachsen scheint, verliert sich bei einem Besuch vor Ort rasch. Wie auch bei anderen großen Verkehrsbau-

ten hat sich gmp in Tianjin für eine möglichst transparente, gläserne Architektur entschieden. Sie ermöglicht tagsüber eine natürliche Belichtung der Halle und unterstützt die Passagiere bei der Orientierung. Durch die elegante, rautenförmige Struktur der Stahl-Glas-Konstruktion des Tonnendachs, das im oberen Bereich auch über einen Sonnenschutz verfügt, erhält der Westbahnhof eine besondere Qualität. Funktional kommt der lichten Halle, die quer zu den 24 Bahnsteigen verläuft, eine zentrale Rolle für die Lenkung der Passagierströme zu. Anders als in Deutschland erfolgt der Zugang zu den Bahnsteigen in

Bahnhof Berlin-Spandau Blick entlang der Gleise (oben) · **Hauptbahnhof Berlin** Knotenpunkt (unten) · **Westbahnhof Tianjin** Schalterhalle und Wartebereich (rechts)

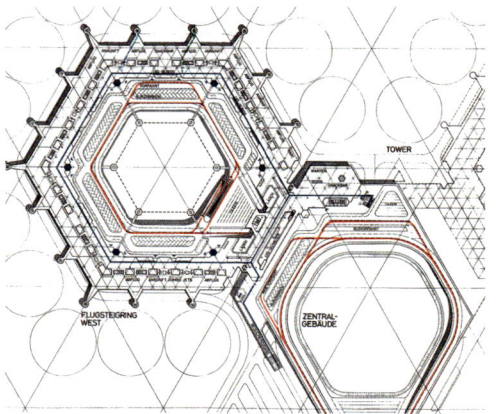

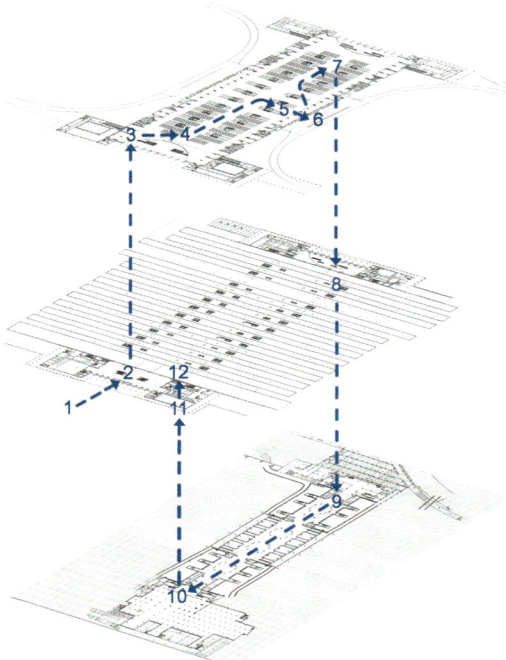

**Passagierwege Flug-
hafen Tegel** (oben)
— Fußwege
— abfliegende Passagiere
— ankommende Passagiere
— Fahrverkehr

**Passagierwege
Westbahnhof Tianjin**
(rechts)
1 Platz
2 Eingangshalle
3 Bereich über dem
　Eingangsatrium
4 Wartehalle
5 Säulengang

6 Haltezone Drop-off
7 Zugang zu den
　Bahnsteigen
8 Bahnsteige
9 Ankunftshalle
10 Transferhalle
11 Fahrscheinkauf
12 VIP-Eingang

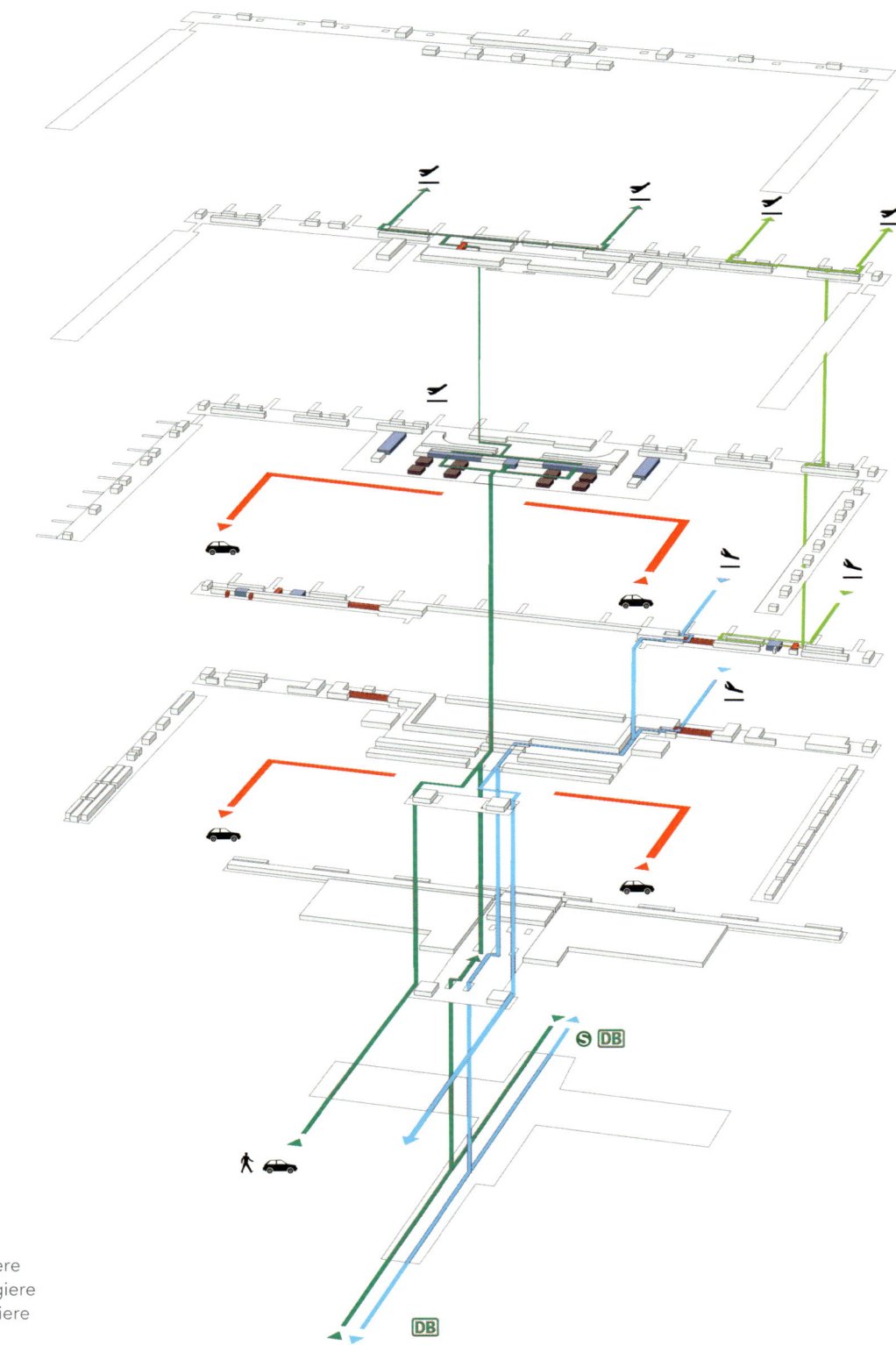

Flughafen BER 3D-Schnitt (links) • Wege für Passagiere aus Nicht-Schengen-Staaten (rechts)

— abfliegende Passagiere
— ankommende Passagiere
— umsteigende Passagiere
— Fahrverkehr

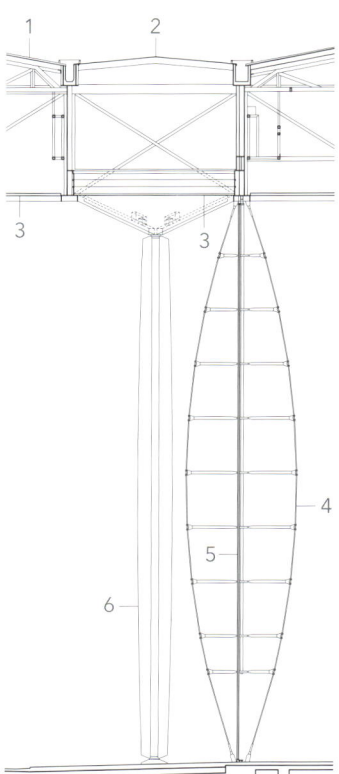

1 Dachsystemde-
  ckung Aluminium-
  blech wärme-
  gedämmt
2 Oberlicht
3 Membran PTFE
  offenmaschig
  vorgebleicht
4 Seilbinder:
  2 offene Spiralseile
  Edelstahl ∅ 30 mm
  mit Gabelfittings,
  horizontal Druck-
  stäbe mit Spangen-
  konstruktion und
  Seilklemme
5 Glasfassade abge-
  hängt, vertikal
  ⊔ 100/100 mit inte-
  grierter Heizleitung,
  horizontale Klemm-
  profile
6 Pendelstütze mit
  Kapitell, Kalotten
  gelagert, konisch
  geformt, kreuzför-
  mig verschweißte
  Stahlbleche mit
  vertikalen Schatten-
  fugen

Flughafen BER Fas-
sade von außen (oben
links) · Detail Fassade,
Maßstab 1:125 (oben
rechts) · Blick in die
Schalterhalle (rechts)

Tianjin aus Sicherheitsgründen erst kurz vor Abfahrt der Züge. Daher ist die Abfertigung der Passagiere eher mit jenem Verfahren vergleichbar, wie es am Flughafen Tegel praktiziert wird, wo die Sicherheitskontrolle erst am Gate stattfindet. Auf beiden Seiten eines breiten, zentralen Mittelgangs durch den Westbahnhof befinden sich die Gates, von denen Rolltreppen bzw. Fahrstühle zu den 24 Bahnsteigen hinabführen. Bis zum Aufruf ihres Zugs warten die Fahrgäste in der großen Halle, weshalb um die Zugangsgates jeweils großzügige Wartezonen mit Sitzgelegenheiten liegen. Wenngleich die Abfertigung der Passagiere im Westbahnhof eher dem von Flughäfen bekannten Prinzip nahekommt, fällt der Verzicht auf eine überbordende kommerzielle Nutzung im Bahnhof auf. Im Unterschied zu aktuellen Flughafenbauten muss sich der vom Tianjin Ministry of Railway beauftragte Bahnhof – noch – nicht durch Mieteinahmen refinanzieren. Um eine Durchmischung der an- und abreisenden Passagierströme zu verhindern, werden die ankommenden Passagiere nicht nach oben in die Wartehalle geleitet. Stattdessen verlassen sie den Bahnhof auf der Ebene der Bahnsteige durch eine Passage, die sie zu dem vorgelagerten, großzügigen Vorplatz führt.

Die Entflechtung der Passagierströme spielt auch im Flughafen BER eine zentrale Rolle. Dort ist der strukturelle Aufwand allerdings deutlich höher. Es geht nicht nur darum, die an- und abreisenden Fluggäste auf zwei Ebenen auf möglichst kurzen und bequemen Wegen durch das Gebäude zu leiten und ihr Gepäck entgegenzunehmen oder es zurückzugeben. Zusätzlich sind die Fluggäste entsprechend ihrer Destination, Herkunft oder weiterer Anschlussflüge gegebenenfalls durch Passkontrollen oder in Transitzonen zu leiten. Entsprechend müssen die verschiedenen Ebenen der Fluggastbrücken und der Piers, die sich an die Abfertigungshalle bzw. den Ankunfts-

bereich anschließen, so ausgelegt sein, dass sie die Fluggäste je nach Status mittels möglichst selbsterklärender Wegeführung zu ihrem Ziel zu bringen.
Unter dem gewaltigen Flachdach des Terminals mit der 220 m langen Abflughalle sind die unterschiedlichen Funktionen auf sechs Ebenen zusammengefasst: An- und Abreise für Autos und Busse, der Bahnhof, die Check-in-Schalter und Sicherheitskontrollen, die Gepäcksortierung und -ausgabe. Um eine bestmögliche Orientierung für die Nutzer zu gewährleisten, ist auch beim Flughafen Berlin Brandenburg die Fassade des Terminals zur Vorfahrt hin in großzügige Glasflächen aufgelöst. Das ermöglicht Sichtbeziehungen und lässt wie in Tianjin viel natürliches Licht in den weiten Raum strömen. Zugleich bietet sich den Reisenden ein reizvoller Ausblick auf die angrenzende Airportcity, während filigrane, vom Boden zur Decke gespannte Bogenkonstruktionen aus silberglänzendem Edelstahl die Glasfassade halten und die technische Note des Bauwerks unterstreichen.

Die Piers des Flughafens entsprechen funktional den Bahnsteigen eines Bahnhofs. Doch auch hier ist die Gestaltung beim Berliner Großflughafen komplexer: Insgesamt verfügt dieser über drei Piers, einen 715 m langen Hauptpier mit 16 Fluggastbrücken sowie zwei seitliche Piers, die jeweils 350 m messen. Davon besitzt der südliche Pier ebenfalls neun Fluggastbrücken, am nördlichen Pier hingegen erfolgt das Boarding fußläufig oder per Bus. Vor den Gates befinden sich jeweils Wartezonen, in denen die Fluggäste die Zeit bis zum Boarding verbringen können.

Planungskulturen
Im Gegensatz zum neuen Flughafen Berlin Brandenburg, der bei seiner Eröffnung bereits für das dann erwartete Passagieraufkommen zu klein sein dürfte, wurde der Bahnhof in Tianjin bewusst auf einen

Zuwachs an Fahrgästen hin ausgelegt. Bisher verkehren dort noch nicht einmal alle der geplanten Bahnlinien, daher werden auch nicht alle Bahnsteige benötigt. Doch in einem Land wie China, das weiterhin durch eine kontinuierliche Landflucht geprägt sein dürfte, die mit einem rasanten Wachstum der Städte einhergeht, ist das lediglich eine Frage der Zeit. Anders als in China mangelt es in Deutschland auf Seiten der Bauherrn bei Großprojekten entweder am nötigen Weitblick oder aber an der Bereitschaft, die Dimensionen von Projekten entsprechend der wirklichen Anforderung zu planen, da dies von Beginn an zu zwar realistischen, aber eben deutlich höheren Kostenschätzungen führen würde, die dem deutschen Stimmbürger politisch kommuniziert werden müssten.

Kaum weniger bemerkenswert ist der Unterschied beim Zeitrahmen, innerhalb dessen Großprojekte in China und Deutschland verwirklicht werden. Nachdem gmp den Wettbewerb in Tianjin 2007 gewonnen hatte, folgte eine zügige Ausführung des Bahnhofs zwischen 2009 und 2011. Demgegenüber reicht die Planungs- und Baugeschichte des Flughafens Berlin Brandenburg bis zum Wettbewerbsgewinn von gmp im Jahr 1998 zurück.

Es wäre höchst fragwürdig, diese Diskrepanz in der Umsetzungsdauer mit den anderen, vermeintlich demokratischeren, Planungs- und Beteiligungsverfahren in Deutschland rechtfertigen zu wollen. Die in der Regel weitaus zügigere Umsetzung einer Planung in China trägt daher ebenso wie die schiere Größe der Projekte zu der Begeisterung deutscher Architekten bei, in China bauen zu können.

Folgt man den Ausführungen von gmp-Partner Stephan Schütz, der seinerzeit das Pekinger Büro von gmp mit aufgebaut hat, unterscheidet sich die Planungskultur zwischen Deutschland und China auch auf anderen Ebenen. In Deutschland sind die

Fachplaner von der Tragwerksplanung bis zur Technischen Gebäudeausrüstung (TGA) bereits frühzeitig in einen intensiven Diskussionsprozess mit den Architekten einbezogen, der von einem steten Hinterfragen möglicher Lösung geprägt ist. Gemeinsames Ziel ist es, zum besten und innovativsten Ergebnis entsprechend dem jeweiligen Stand der Technik zu gelangen. Demgegenüber stehen die Fachplaner in China eher an der Seite, während Architekt und Bauherr die Lösungen miteinander diskutieren. Darin drückt sich die starke Rolle aus, die dem Bauherrn in China zuwächst. Er behält sich die letzte Entscheidung vor – und übernimmt damit die Verantwortung. Erst nach dieser Klärung zwischen Architekt und Bauherr beginnen die Fachplaner in der Regel, die formulierten Ergebnisse umzusetzen und in einzelnen Schritten abzuarbeiten.

So wünschenswert die Rückkehr eines starken und verantwortungsbewussten Bauherrn auch in Deutschland wäre, so zeigen sich in China auch die Nachteile der dienenden Rolle der Fachplaner. Da diese meist nicht in das Ringen um die beste Lösung eingebunden sind, entstehen dort selten optimierte oder gar innovative Ausführungen, denn die zentralen Entscheidungen sind zu dem Zeitpunkt, an dem die Fachplaner in den Planungsprozess einsteigen, längst getroffen. Insofern plädiert Schütz nachdrücklich für eine Symbiose

Westbahnhof Tianjin
Baustellenarbeiter
(links unten) · Baustelle
(oben)

zwischen dem deutschen und dem chinesischen Vorgehen und damit dafür, bei jedem Projekt und jeden Tag aufs Neue eine interdisziplinäre Zusammenarbeit umzusetzen. Klar bevorzugen würde Schütz allerdings die chinesische Kommunikationskultur: Ist dort erst einmal ein Vertrag geschlossen, dann wandert er in die Schublade und wird im Regelfall nicht nochmal hervorgeholt – egal, wie zäh und hart zuvor verhandelt worden ist. Ganz anders hingegen im rechtsstreitverliebten Deutschland, wo die Intensität der Briefwechsel zwischen Rechtsanwälten und Architekten mittlerweile absurde Formen angenommen hat. Auch in diesem Bereich wäre ein Kulturtransfer von China nach Deutschland für die Bau- und Unternehmenskultur wünschenswert.

Der deutsch-chinesische bzw. europäisch-asiatische Transfer von Bau- und Unternehmenskultur ist keineswegs eine Einbahnstraße. Chinesische Städte profitieren in hohem Maße von der Kompetenz ihrer deutschen Architekten, nicht zuletzt in Fragen des Städtebaus. Das Bewusstsein für derartige Soft Skills, also für eine lebenswerte Stadt und das Ausbilden der dazu passenden städtischen und landschaftsplanerischen Räume, spielt in der Praxis deutscher Architekten eine zentrale Rolle und wird von ihnen intuitiv mit in ihre Arbeit in China eingeflochten. Ähnliches gilt auf der anderen Seite bezüglich der Öffnung in Europa für das in asiatischen Ländern allgegenwärtige Feng Shui – selbst wenn dieses sehr intime Thema der asiatischen Kultur nach den Erfahrungen von Schütz selten explizit vonseiten des Bauherrn angesprochen oder gar eingefordert wird. Auch sind regionale Unterschiede bei den Feng-Shui-Regeln zu beobachten, die im Süden Chinas eine größere Rolle spielen als im Norden des Landes. Geprägt durch seine langjährigen Erfahrungen beim Bauen in China, hat gmp ein inhärentes Bewusstsein für bestimmte Feng-Shui-Regeln entwickelt. Einzelne Kriterien, etwa die für die Besonnung und die Wärmentwicklung wichtige Nord-Süd-Ausrichtung bei Wohnbauten oder der Umgang mit Wasserläufen, die stets um ein Objekt herumgeführt werden, besitzen eine nahezu selbstverständlich anmutende Sinnhaftigkeit – auch wenn sie den europäischen Konventionen – etwa bei der traditionellen Ost-West-Ausrichtung von Wohnbauten – zuwiderlaufen.

Insofern zeigt der Vergleich zwischen den großen Infrastrukturprojekten Flughafen Berlin Brandenburg und dem Westbahnhof in Tianjin, dass neben der Übertragbarkeit von Planungsprozessen zwischen Deutschland und China auch die baukulturellen Unterschiede zu berücksichtigen sind. Ein exakter Transfer des Vorgehens in Europa nach Asien wäre daher ebenso zum Scheitern verurteilt wie eine bloße Übertragung der Prozesse von China nach Deutschland. Werden die jeweiligen nationalen Eigenheiten hingegen berücksichtigt, ergibt sich aus der Baupraxis von gmp an beiden Standorten eine gegenseitige Befruchtung – bis hin zu Synergieeffekten. Gerade darin spiegelt sich die internationale Kompetenz von gmp. Das Büro ist in der Lage, mit der notwendigen Sensibilität eine Synthese zu formulieren, die auf die unterschiedlichen nationalen Ansprüche reagiert und zugleich den Transfer eines grundsätzlichen technologischen und strukturellen Wissens ermöglicht.

Neue Dialoge mit der Öffentlichkeit

Hanoi Museum · Kunsthalle Mannheim

Mit dem gesteigerten kulturellen Engagement konnten Museen weltweit einen Anstieg der Besucherzahlen verzeichnen. Begonnen hat dies in den Zeiten von Blockbuster-Ausstellungen wie »Picasso – A Retrospective« im Museum of Modern Art in New York im Jahr 1980, als Kunstliebhaber einmal um den Block vor dem Eingang Schlange standen, und es reicht bis zur Prägung des Begriffs »Bilbao-Effekt« dafür, dass ein Stararchitekt wie Frank Gehry 1997 engagiert wurde, um in Bilbao einen Ableger des Guggenheim Museums als eine Touristenattraktion abseits der ausgetretenen Pfade zu entwerfen. Museen sind Magneten, die die Kultur dezentralisieren und an Orte außerhalb der urbanen Zentren ziehen können. Beispiele dafür sind der 2012 eröffnete Louvre Lens von SANAA oder die Entwicklung eines Kulturbezirks aus dem Nichts in Abu Dhabi. Auf der anderen Seite stehen Projekte wie der Umzug der Barnes Foundation 2014 aus einem Vorort von Philadelphia in das Stadtzentrum in ein von Tod Williams und Billie Tsien entworfenes neues Gebäude, um mehr Besucher anzuziehen. Museen sind in vielerlei Hinsicht zum Aushängeschild einer Stadt geworden und stellen einen eigenen Wirtschaftszweig dar.

Die erweiterten Finanzierungsmöglichkeiten machen Museen international, ebenso wie die Kuratoren, die in einem globalen Austausch Ideen importieren und exportieren. Firmen wie Volkswagen unterstützen das MoMa, BMW sponserte das Guggenheim, dazu kommen Privatleute, die schon seit Langem ihre Namen als Spender an einem Eingang, einer Galerie oder einem Pavillon anbringen. Kunst ist eine Ware[1]. Der Raum, in dem sie ausgestellt wird, ist ihr Schrein, und oft ist dieser Schrein genauso ein skulpturales Kunstwerk wie die Arbeiten in ihm.

Aber Museen haben auch ihr Verhältnis zur Gesellschaft verändert, zu ihrem Publikum und zum Kunstbegriff an sich, der eine andauernde Ausdehnung und Neubewertung erfährt. Das führte notwendigerweise zu einer höheren Aufmerksamkeit für die Umgestaltung von bestehenden Museen durch Anbauten und/oder Renovierungen oder den Bau neuer Museen, um sie an

Hanoi Museum, Hanoi (VN). Entwurf: Meinhard von Gerkan und Nikolaus Goetze mit Klaus Lenz · Bauzeit: 2007–2010 · BGF: 30 000 m^2 · Ausstellungsfläche: 11 130 m^2 · Veranstaltungsfläche: 818 m^2

Kunsthalle Mannheim, Mannheim (D). Entwurf: Meinhard von Gerkan und Nikolaus Goetze mit Volkmar Sievers · Bauzeit: 2013–2017 (Eröffnung Mai 2018) · BGF: 15 600 m^2 · Ausstellungsfläche: 3600 m^2 · Veranstaltungsfläche: 190 m^2

Kunsthalle Mannheim
Wettbewerbsperspektive mit Blick vom
Friedrichsplatz in Richtung Haupteingang

[1] Diese Diskussion über
Unternehmen und
Museen ist ein umstrittener Punkt zwischen
vielen Kulturtheoretikern, einschließlich
Stephen Zacks, »Cultural Outlets« in: The
Architects Newspaper,
8. November 2011,
http://archpaper.com/
2011/11/cultural-outlets

diese veränderten Bedingungen anzupassen. Im 20. Jahrhundert haben sich
Museen von privaten Salons wie dem von
Mrs. Whitney in New York (The Whitney
Museum of American Art) sowie großen introvertierten und einschüchternden Orten
wie dem Louvre in Paris oder dem Alten
Museum in Berlin zum modernen Gegenteil
gewandelt – zu Orten, wo sich die Öffentlichkeit versammeln, austauschen und mit
Kunst beschäftigen kann wie z. B. im von
den Rockefellers gegründeten Museum
of Modern Art in New York. Vielleicht eines
der besten Beispiele für diese Öffnung ist
das 1977 vollendete Centre Pompidou in
Paris von Richard Rogers und Renzo Piano
mit seiner großen Plaza, der riesigen öffentlichen Eingangshalle und den beweglichen
Galeriewänden. Dieses neuartige Konzept
für halböffentliche Kunsträume, die ein neues
Publikum anziehen, schafft extrovertiertere
Museen, die Bildung und Programme für
alle anbieten und nicht nur ein Raum für die
Elite sind, die Salonbesucher oder Gäste in
den extravaganten Palästen (obwohl ein
Großteil der ausgestellten Kunst Leihgaben
von diesen Palastbesitzern war und immer
noch ist).
Die früheren, nun scheinbar altmodischen
Museen wurden in den letzten Jahren –
oder werden momentan – sowohl in ihrer

grandiosen äußeren Erscheinung als auch
in ihrem mangelnden Engagement Erneuerungen unterzogen. Darunter fallen beispielsweise das von David Chipperfield
umgebaute Neue Museum in Berlin oder die
Ergänzung der Tate Britain in London um
den neuen Standort Tate Modern, für den
Herzog & de Meuron ein altes Kraftwerk
umbauten. Eine der wesentlichen Änderung
bei diesen Gebäuden ist der Eingang, aus
dem nun anstatt einer verheißungsvollen
Treppe ein einladender multifunktionaler
Versammlungsraum wird. Wie Nikolaus
Goetze von gmp betont, »müssen Museen
extrovertierter sein, um mehr Menschen
anzuziehen, denn die Leute interessieren
sich tatsächlich für Kunst«. Ein weiterer
Punkt ist, dass Museen nun zu neuen Hybridbauten werden, denn sie können sich
nicht mehr nur auf den Verkauf von Eintrittskarten verlassen, sondern müssen umfassende Vermittlungsprogramme, Veranstaltungen, Partys und vermietbare Räume aufweisen, um ihre Einnahmen zu erhöhen.

Zwei Projekte von gmp beziehen diese
kulturellen und räumlichen Beziehungen
in neue Museumsbauten mit ein, eines in
Vietnam, wo der Staat neue Bauvorhaben
kontrolliert und steuert, und das andere in
Deutschland, wo eine öffentlich-private Part-

Hanoi Museum im städtebaulichen Umfeld (oben
und rechts oben) · eingebettet in eine Parkland-
schaft liegt im zentralen Bereich das Nationale
Kongresszentrum, links davon das Hanoi Museum
und rechts das National Exhibition Construction
Center (rechts unten)

nerschaft ein etabliertes Kunstmuseum fit für das 21. Jahrhundert macht. Während sich diese Museen in völlig unterschiedlichen Kontexten befinden und völlig unterschiedliche Sammlungen und Arbeitsmethoden aufweisen, verbinden sie gleichzeitig nicht nur die ausführenden Architekten, sondern sie repräsentieren auch die beschriebene Wandlung von Museen im Allgemeinen – vom privaten zum öffentlichen Raum. Dieser Beitrag diskutiert die Entwürfe für das Hanoi Museum (Bảo tàng Hà Nội) und die Kunsthalle Mannheim, indem er die Fäden der Architekturbetrachtung verwebt wie z. B. den Dialog zwischen dem städtebaulichen Umfeld und dem Baugrundstück, die Inspiration der Architekten, die Verbindung des Gebäudes mit der Kunst, die Ebenen, die den tieferen Inhalt freilegen, die Integration von Struktur und Form sowie kulturellen Austausch und Transformation.

Kontext und Projektentwicklung

Sowohl beim Hanoi Museum als auch bei der Kunsthalle Mannheim besteht ein Zusammenhang zwischen der städtischen Lage und der Entwicklung der Projekte bezüglich der Wettbewerbsausschreibung und der Interaktion mit dem Publikum. Während das eine in einer Randlage von Hanoi in einem offenen Parkensemble liegt, befindet sich das andere in einem dichten historischen Kontext in Mannheim. Doch beide interagieren mit ihrer Umgebung, um eine direkte Erfahrung des Gebäudes und der Kunst zu schaffen.

Wenn man das Zentrum von Hanoi verlässt, ragen neue Wohn- und Bürotürme aus den ehemaligen Reisfeldern und formen eine neue Skyline, die in scharfem Kontrast zu der Lebendigkeit der historischen urbanen Strukturen mit ihren niedrigen Gebäuden steht. Dort, wo die neue Umgehungsautobahn CT2D den Hauptboulevard Nguyễn Chí Thanh kreuzt, liegen in einem 64 ha umfassenden Landschaftspark vier große

Gebäude – neben dem Hanoi Museum das Nationale Kongresszentrum, 2010 von gmp entworfen, das National Exhibition Construction Center, entworfen von den örtlichen Partnern VNCC/CDC, mit einer Halle, in der sich ein gigantisches Modell von Vietnam mit dessen zukünftiger Entwicklung brüstet, und das über einem Teich auskragende JW Marriott Hotel, dessen Entwurfskonzept von Carlos Zapata Architects stammt. Diese Bauten schaffen ein Ensemble aus großmaßstäblichen, öffentlichen und halböffentlichen Gebäuden in einem typischen monumentalen Rahmen, wie ihn sich so viele Regierungsbehörden in Vietnam wünschen.

Von der Phạm-Hùng-Straße führt ein großer Landschaftsplatz zum Hanoi Museum von gmp, das 2010 rechtzeitig zu den großen Feierlichkeiten anlässlich des 1000-jährigen Bestehens der Stadt eröffnet wurde. Die geradlinige Form des Museums lässt einen

Dualismus mit dem angrenzenden bogenförmigen Kongresszentrum entstehen. Das
30 000 m² umfassende Museum beherbergt
antike Artefakte aus Stein, Textil, Keramik sowie Gemälde und Skulpturen aus 1000 Jahren Stadtgeschichte. Eine der ausgestellten
Sammlungen umfasst so unterschiedliche
Objekte wie historische Gefäße, Schreib-
maschinen aus den 1950er-Jahren und
Fahrräder, die Mitgliedern der politischen
Partei gehörten, sowie Briefe von Gefan-
genen aus dem Vietnamkrieg. Manchmal
organisiert das Museum Wechselausstellungen wie beispielsweise von Artefakten, die
vor Kurzem während der Bauarbeiten zu
der Kongresshalle von gmp an der Xã-Tắc-
Esplanade ausgegraben wurden, darunter
Dachverzierungen aus Terrakotta.

Doch das erste Gebäude, das in diesem
neuen Park entstand, war das Nationale
Kongresszentrum von gmp. Mit seinen
65 000 m², die sich in der Gestaltung so-

wohl an Feng-Shui-Regeln als auch an
den Sicherheitsbestimmungen orientieren,
bietet es bei internationalen Treffen oder
bei Hochzeiten bis zu 6000 Menschen Platz.
Da gmp das Interesse der Vietnamesen
für Symbole mit Bezug zur Natur kennt,
entwarfen sie eine gewellte Dachform, die
wie eine riesige Welle aufsteigt und an
einen sich erhebenden Drachen erinnert,
ein Wahrzeichen der Stadt, oder alternativ
auch das Ostasiatische Meer symbolisiert.
Die Referenzen verweisen auf abstrakte
Weise auf die Natur, anstatt sich – wie so
viele der neuen Türme mit Pagoden an der
Spitze – direkt und offensichtlich darauf zu
beziehen. Das Büro gmp erhielt den Auftrag
durch einen Wettbewerb und konnte es
rechtzeitig zum Treffen der Asiatisch-Pazifi-
schen Wirtschaftsgemeinschaft (Asia-Pacific
Economic Cooperation – APEC) im Jahr
2008 fertigstellen. Zu diesem Treffen ver-
sammelten sich die Diplomaten im Kongresszentrum, wo 4000 Menschen in dem

Kunsthalle Mannheim
wurde konzeptionell
als »Stadt in der Stadt«
entwickelt, die städte-
baulichen Bezüge zei-
gen sich im Plan des
Gebäudes (oben) ·
Weiterentwicklung als
räumliches Konzept:
frei angeordnete
Kuben für die verschie-
denen Funktionen
stehen in unterschied-
lichen Beziehungen
zueinander (rechts)

beeindruckenden roten Auditorium Platz finden. Von einem geometrisch angelegten Platz führt ein Portikus zum Eingang und leitet die Besucher in die Eingangshalle mit 22 m hohen Decken und einer monumentalen Steintreppe mit in die Brüstungen eingelassenen Wasserkaskaden, in denen zumindest bei der Eröffnung des Gebäudes wirklich Wasser floss.

In Mannheim konnte gmp sein erstes Museum in Deutschland entwerfen. Hier waren die Struktur des Wettbewerbs und der Entwurfskontext anders als bei dem Museum in Hanoi, da das Projekt auf angemessene Weise an das bestehende historische Museumsgebäude in einer dicht bebauten städtischen Umgebung anknüpfen musste. Zudem unterscheidet es sich in der Tatsache, dass das Museum in Mannheim über ein gut etabliertes Kulturerbe verfügt. Die Straßen Mannheims sind in einem Quadratraster angelegt, das im 16. Jahrhundert von Befestigungsmauern umschlossen war. Über die Jahrhunderte hat die Stadt sich über das ursprüngliche Raster hinaus entwickelt. Mannheim war sowohl ein Kunstzentrum mit seiner Universität und den Musikschulen als auch ein Zentrum für Erfindungen und Unternehmergeist, Karl Benz hat dort im späten 19. Jahrhundert das erste Automobil entwickelt. Diese beiden Aktivitäten gaben der Stadt den Beinamen »Stadt der Arbeit und der Kunst«.

Die Kunsthalle Mannheim trägt zu dieser Identität mit ihrer umfassenden Gemälde- und Skulpturensammlung aus dem späten 19. und dem 20 Jahrhundert bei, die u. a. Edouard Manets »Erschießung Kaiser Maximilians von Mexiko« (1868/69) sowie Werke von Francis Bacon und Umberto Boccioni einschließt. Fritz Wichert, ein junger Kunsthistoriker, gründete das Museum 1909 unter dem Motto »Kunst ist für alle«. Er konnte neun Stadtbewohner davon überzeugen, das Manet-Gemälde zu erwerben. Das

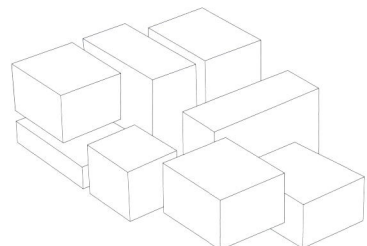

Innerhalb der einfachen Gesamtkubatur sind einzelne Baukörper für Ausstellungs- und Funktionsräume zu einer Komposition zusammengefasst.

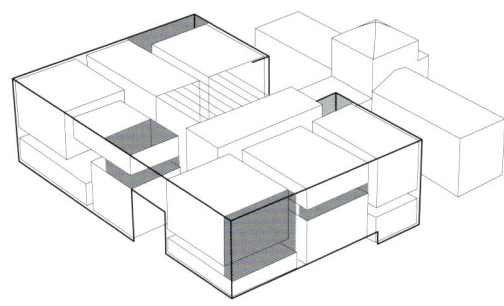

Die unterschiedlich großen Kuben sind so angeordnet, dass Freiräume entstehen.

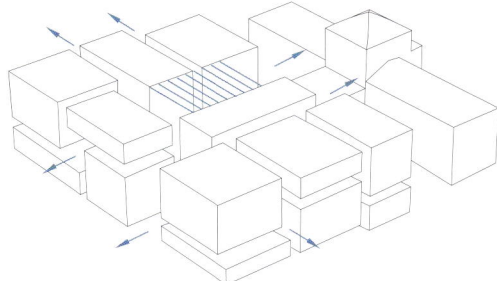

Zwischen den Kuben bestehen Sichtbezüge nach außen und innen.

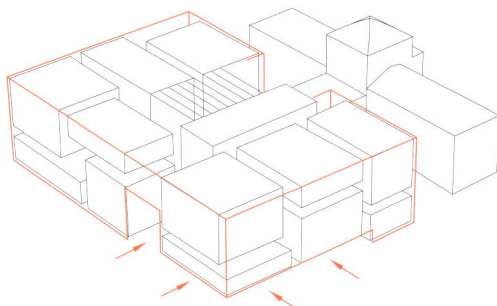

Eine transluzente Gebäudehülle, die farblich an die Umgebungsbauten angelehnt ist, umhüllt die Gesamtkubatur.

Museum unternahm zahlreiche bedeutende Streifzüge durch das zeitgenössische Kunstgeschehen, da Wichert eine der frühesten Sammlungen moderner Kunst in Deutschland zusammentrug und damit zur Wahrnehmung der Moderne in der Kunst beitrug. 1925 erfasste Gustav F. Hartlaub, der zweite Museumsdirektor, mit einer bahnbrechenden Ausstellung das Konzept der Neuen Sachlichkeit, und 1962 veranstaltete das Museum die erste Ausstellung von Francis Bacon auf dem europäischen Kontinent. Die Sammlung wuchs immer weiter – sie umfasst heute 2000 Gemälde und fast 1000 Skulpturen –, was eine Herausforderung für die Lagerung der Werke und den Ankauf neuer Arbeiten darstellte, aber auch eine neue kuratorische Annäherung erforderte.

Der Karlsruher Architekt Hermann Billing entwarf 1907 das aus rotem Sandstein errichtete Jugendstilgebäude. Ursprünglich sollte es für eine internationale Kunstausstellung dienen, wurde aber stattdessen zur dauerhaften Kunstgalerie der Stadt und zum Sitz des Kunstvereins. Das Gebäude liegt in einem Park westlich des Friedrichsplatzes, der mit seiner gekurvten Form mit

Ladenarkaden das städtische Raster durchbricht. Es steht auf einer Achse mit dem Wasserturm und dem Congress Centrum Rosengarten, die ebenfalls aus Sandstein errichtet sind.

Im Laufe der Jahre verschlechterte sich der Zustand des denkmalgeschützten Baus und die Stadt nahm eine umfassende Renovierung in Angriff, die im November 2013 abgeschlossen wurde. Die weitreichenden Eingriffe verbesserten die Klimaregulierung und sorgten für bessere Einhaltung der Feuer- und Sicherheitsanforderungen. Sie schlossen auch die Restaurierung der Steinfassaden, inklusive der Löwenskulpturen und anderer Details, die durch Einwirkung von Wasser beschädigt waren, mit ein. Im Inneren wurde die ursprüngliche Raumfolge der Galerien von 1909 wieder hergestellt, Wände wurden entfernt, um zusätzliche Ausstellungsflächen zu schaffen, und die Tageslichtdecken, die verbaut waren, wurden wieder geöffnet, um natürliches diffuses Licht in die Räume zu lassen. Bereits 1983 – zu einem Zeitpunkt, als das Jugendstilgebäude schon zu voll war, um die Sammlungen unterzubringen – hatte das Museum einen Anbau errichtet, den

Kunsthalle Mannheim im städtebaulichen Kontext (links) • Lageplan, Maßstab 1:5000 (rechts)

der Mannheimer Architekt Hans Mitzlaff gegenüber der Grünfläche des Friedrichsplatzes entwarf. Aber dieser Bau konnte nicht gänzlich genutzt werden, da es im Untergeschoss zu Feuchtigkeitsschäden und Schimmelbildung kam.

Um diesen Anbau zu ersetzen, stellte sich die Museumsdirektorin Ulrike Lorenz ein Erweiterungsvorhaben vor, das beispielhaft für ein »Museum in Bewegung« steht, das sich sowohl vorwärts bewegt als auch emotional ist, während es sich für die Kunst des 21. Jahrhunderts neu definiert. Hans-Werner Hector, einer der Gründer des Technologieunternehmens SAP, der schon mit seiner H.W. & J. Hector Stiftung das Museum unterstützte, rief daher gemeinsam mit der Stadt Mannheim die Stiftung Kunsthalle ins Leben, die 50 Millionen Euro zur Errichtung eines neuen Museumsgebäudes zuschoss. Auch die Stadt leistet einen Beitrag von 10 Millionen Euro.
Da es sich um ein öffentlich-privates Projekt handelt, musste das Museum auch die Öffentlichkeit in den Entwurfsprozess mit einbeziehen. In zahlreichen Anhörungen mit mehr als 500 Besuchern, die lautstark ihre

Meinung äußerten, wurde der Entwurf präsentiert. Einige der Punkte, die beanstandet wurden, waren die Farbe der Fassade, die Kubatur des Gebäudes und dass der nur 30 Jahre alte Anbau ersetzt werden sollte. Vor dem Abriss des Anbaus diente dieser den Kuratoren als Raum für Experimente zur Präsentation von Skulpturen, wie diese sich erfahren lassen und sich unter verschiedenen Lichtbedingungen verändern. Das Museum unterstützte einen offenen Wettbewerb für den Entwurf eines neuen Museumsgebäudes an dieser Stelle, das nach seiner Fertigstellung 2017 wieder an die Stadt zur Verwaltung übergeben wird.

Umgedrehte Pyramide und gestapelte Kuben

Die zwei von gmp entworfenen geradlinigen Strukturen haben beide einen gewissen Forschungscharakter, sie spiegeln die Kunst, die Künstler und das Publikum wider und passen sich an diese an. Beide Aufträge erhielt das Büro durch Wettbewerbe, in denen es seine Entwürfe als Teil des Prozesses präsentierte – in Hanoi wurde eine umgedrehte Pyramide mit einer spiralförmigen Rampe zum Gesamtkonzept des Entwurfs, in Mannheim schaffen gestapelte Kuben Räume zum Betrachten von Kunst.

Das Hanoi Museum wurde durch einen offenen internationalen Wettbewerb an gmp vergeben, ein Komitee aus ausgewählten Regierungsoffiziellen und außenstehenden Architekten nominierte den Entwurf aus etwa 40 Beiträgen. Da westliche Architekten weniger Erfahrung mit dem Manövrieren durch die vietnamesischen Regierungsämter haben, gibt es im Vergleich zu China nicht viele internationale Büros, die an Wettbewerben in Vietnam teilnehmen. Man kann sich deshalb fragen, warum das Kulturbüro in Hanoi sich überhaupt beim Bau eines öffentlichen Gebäudes für einen westlichen Architekten entscheiden sollte. Attraktiv daran ist das westliche Design, die

Demonstration von Zahlungskraft und die Expertise für großmaßstäbliche Gebäude, aber auch die Verwendung des neuesten Stands der Technik für die Klimaregulierung. Doch wie kann sich andererseits ein westlicher Architekt einem bedeutenden Entwurf in Vietnam nähern und eine fremde Kultur interpretieren, ohne in Klischees oder zu offensichtliche Symbolik zu verfallen? Bei der Frage nach diesen sensiblen Punkten erklärt gmp-Partner Nikolaus Goetze, dass er und der deutsch-vietnamesische Architekt Tran Con Duc die vietnamesische Beziehung zu Natur und Symbolik untersucht haben sowie besonders die Geschichte von Hanoi, um sie in dem subtilen Entwurfskonzept für das Museum durchscheinen zu lassen.

Im Zentrum von Hanoi steht die Einsäulenpagode, ein Tempel aus dem 11. Jahrhundert, errichtet auf einer einzelnen Steinsäule, die aus einem Teich ragt. In Auftrag gegeben hat sie Kaiser Lý Thái Tông, der von 1028 bis 1054 regierte, zu Ehren von Quan Âm, der Göttin der Barmherzigkeit, die dem Herrscher daraufhin einen Sohn

schenkte. Die Pagode selbst symbolisiert eine im Teich schwimmende, geöffnete Lotusblüte. Die französischen Kolonialisten zerstörten sie 1953 und die Säule wurde aus Beton statt aus Stein wieder aufgebaut. Anders als bei dem Großteil der Tempel in Hanoi, die auf dem Boden stehen und von Wänden umschlossen sind, ist schon allein das Erklimmen der steilen Treppen, um in dem krönenden Tempel aus Holz zu beten, eine spirituelle Erfahrung. Die Architekten entschieden sich dafür, mit dem Profil des Hanoi Museums an diese Form und diese Erfahrung zu erinnern und sich somit sowohl auf die Vergangenheit als auch auf die Zukunft der Stadt zu beziehen. Das sechsgeschossige, abgetreppte Gebäude, das in ein perforiertes, gemustertes Gitter gehüllt ist, orientiert sich auf einer zentralen Achse zur Hauptstraße. Seine überbetont horizontale Treppenform dehnt sich nach oben in eine umgedrehte Pyramide aus. Als ob sie vom Dach abgehängt wären, verkleinern sich die Geschosse von oben nach unten und das Gebäude scheint gleichzeitig auf den Kopf gestellt zu sein und von seiner kleinen Grundfläche aufzusteigen und über dem öffentlichen Platz zu schweben.

In Mannheim fand ebenso ein Wettbewerb statt, sowohl um zu gewährleisten, dass für das neue Projekt die bestmöglichen Ideen gesammelt werden, als auch um die Öffentlichkeit in den Prozess einzubeziehen. Die Museumsdirektorin Ulrike Lorenz nahm mit dem Museumsberater Dieter Bogner aus Wien Kontakt auf, der zusammen mit ihr und den Kuratoren das Raumprogramm des Museums analysierte und half, das Budget sowie die Anforderungen für die erste Phase eines internationalen Wettbewerbs zu formulieren. Eine Jury unter dem Vorsitz des Architekten Jörg Friedrich wurde ausgewählt und nachdem diese 29 anonyme Einreichungen aus aller Welt begutachtet hatte, wählte sie daraus drei Teams aus, die ihre Entwürfe detaillierter

Einsäulenpagode im
Zentrum von Hanoi
(links) · **Hanoi Museum**
Ansicht des südwest-
lichen Eingangs (oben)

ausarbeiten sollten – gmp, Peter Pütz
Architekten und Volker Staab Architekten
erhielten im Dezember 2012 den ersten
Preis. Die Jury wählte das Projekt von gmp
schließlich aufgrund seines Fokus auf den
Dialog mit dem Kontext sowie der funktio-
nalen und wirtschaftlichen Überlegungen
aus. Besondere Anerkennung wurde den
Büros Karl Hufnagel Architekten, schneider
+ schumacher, Ortner & Ortner Baukunst,
Annette Gigon / Mike Guyer Architekten und
Rafael Moneo Arquitecto ausgesprochen.

Die gmp-Partner Meinhard von Gerkan und
Nikolaus Goetze konzipierten den Wettbewerbsbeitrag mit der Vorstellung von dem
Museum als »Stadt in der Stadt«. Als Ant-
wort auf Mannheims historisches Raster und

seine introvertierte städtische Blockrand-
struktur versetzten und projizierten die Architekten das formale städtische Raster in
den Maßstab des neuen Museums als einen
dichten Block. Das 15 600 m² umfassende
Gebäude setzt sich aus neun kubischen
Volumen zusammen, ähnlich der Organisation einer palladischen Villa mit neun Quad-
raten, die hier jedoch versetzt und nicht
regelmäßig angeordnet sind. Sie beinhalten
die Ausstellungsräume und sind mit einer
filigranen Lamellenfassade umhüllt. Diese
Räume werden als schwebende Ausstel-
lungskuben verstanden. Sie sind von einem
zentralen Atrium in einer Art Windmühle
abgesetzt und variieren in ihrer Größe, je
nach kuratorischen und sammlungstechni-
schen Anforderungen.

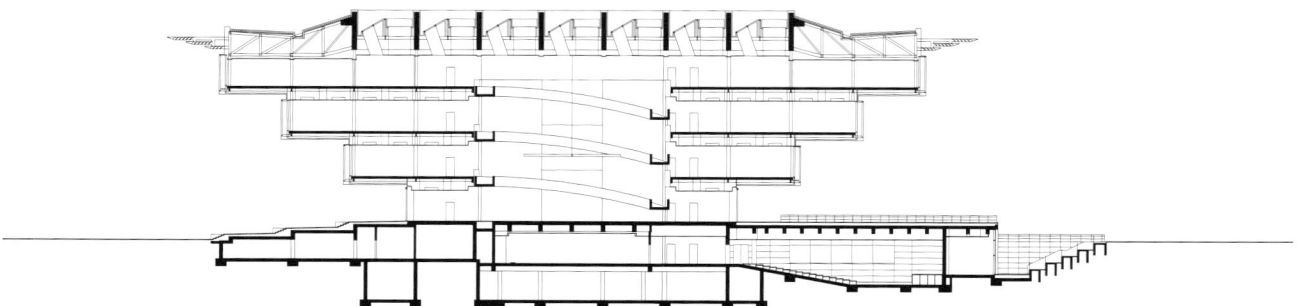

Schritt für Schritt

Um das Hanoi Museum zu erreichen, gehen die Besucher über den Landschaftsplatz und steigen eine Folge von drei breiten Stufen hinauf, die das Gebäude auf allen Seiten umgeben und mit Pflanzbeeten gegliedert sind. Um in die zentrale Eingangshalle im Inneren zu gelangen, passiert man einen großen, dreischiffigen Portikus mit einem verglasten Eingang – alles symmetrisch. Das zentrale innere Volumen wird von einer spiralförmigen Rampe beherrscht, die an das Guggenheim Museum in New York erinnert. Hier ist sie jedoch in ein rechteckiges Gebäude eingebettet und erhebt sich mit ihren hohen begrenzenden Wänden und hölzernen Handläufen von der Erde in den Himmel. Die dreigeschossige Spirale führt die Besucher zum vierten, dem obersten Geschoss und erlaubt dabei Blicke nach unten in den zentralen Raum, in dem auch Aufführungen stattfinden können. Das Konzept für die kuratorische Organisation sieht vor, um die Rampe herum von einem Stockwerk zum nächsten, von Jahrhundert zu Jahrhundert zu reisen. Insgesamt stehen 12000–14000 m² Ausstellungsfläche zur Verfügung. Dort, wo die Rampe in einem Geschoss ankommt, öffnen sich die Ausstellungsräume. Mittels der Ein- und Durchblicke durch das Gebäude, die den

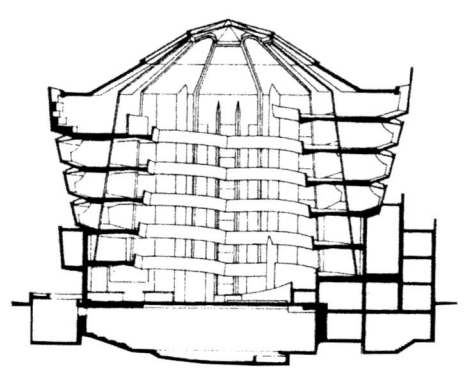

Hanoi Museum Schnitt durch Ausstellungsbereiche, zentrale Rotunde und Konferenzbereiche, Maßstab 1:750 (oben) · **Solomon Guggenheim Museum** Frank Lloyd Wright, New York (USA) 1959, Schnitt, Maßstab 1:750 (unten)

Besucher bei der Orientierung im Gebäude unterstützen, kommunizieren die verschiedenen Ausstellungsflächen miteinander. Als Zeitspirale kann die Erschließungsrampe so die Epochen von Hanois umfangreicher und reicher Geschichte verbinden.

Vier Kerne, jeweils an den Ecken des Erdgeschosses, nehmen die Haupttragelemente und die Treppenhäuser auf, in zwei der Kerne liegen die Toiletten und Aufzüge. Das Erdgeschoss mit seinen ausgedehnten Fensterflächen und einem Café öffnet sich

Hanoi Museum Museumsbesucher gelangen über eine spiralförmige Rampe in die oberen Ebenen, Blick in das dritte (rechts) und vierte Geschoss (oben)

auf eine Terrasse, von der sich Wasserkaskaden in den tieferliegenden See ergießen. Das Café bietet Blicke auf das Kongresszentrum. Mit jedem Stockwerk, das sich das Gebäude nach oben erhebt, wächst die Stockwerksfläche, indem sich das Stützenraster des Gebäudes erweitert. Auf jedem Geschoss vergrößert sich so die Fläche auf allen Seiten um je eine Rasterbreite. Im vierten Stock wird der zusätzliche Raum für Büros und Verwaltung genutzt. Im Untergeschoss finden zwei große, holzvertäfelte Konferenzräume Platz. Einer ist mit geneigtem Boden und einer klassischen Theaterbestuhlung ausgestattet, der andere

multifunktional nutzbare Raum liegt unter der spiralförmigen Rampe und behält deren runde Grundform bei. Die umliegenden Flächen erweitern das Raumangebot.

Die Belichtung und ihre Intensität, ob direkt oder indirekt, natürlich oder künstlich, ist eine eigene Kunst, besonders in Museen, wo die Kunstwerke einerseits geschützt, andererseits sichtbar gemacht werden müssen. In Hanoi bildet eine Reihe von rechteckigen Oberlichtern ein gestaffeltes Muster in der Decke, indem die Öffnungen in den Aluminiummodulen abwechselnd an verschiedene Kanten versetzt werden. Die Sky-

Hanoi Museum spiral-
förmige Rampe (links) ·
im ersten Unterge-
schoss des Gebäudes
liegen zwei unter-
schiedliche Konferenz-
säle (oben)

lights sind so orientiert, dass sie Nordlicht
in das Gebäude holen und es dem Regen-
wasser erlauben, vom Dach abzufließen. In
den 100 Deckenmodulen, eine Spezialan-
fertigung aus Deutschland, ist gleichzeitig
auch die künstliche Beleuchtung verborgen, sodass die Decke nachts zu leuchten
scheint. Zusätzlich wird das Licht von einer
Oberfläche zur nächsten reflektiert, um
das Licht zu streuen. Auf den Ausstellungs-
geschossen schirmen perforierte Metallpaneele, die vor der verglasten Fassade
sitzen, das natürliche Licht ab. Doch auch
das über die Fassade hinaus auskragende
Dach sorgt für Verschattung, um die Kunstwerke vor direktem Sonnenlicht zu schützen.

Den öffentlichen Raum erweitern

Ein übergreifender Wandel in der Institution Museum betrifft ihre Transformation zu
neuen öffentlichen Räumen in der Stadt, um
die Menschen mit Kunst in Berührung zu
bringen und die Allgemeinheit anzuziehen.
Bei der Kunsthalle Mannheim wird das pro-
grammatisch und baulich mit der Eingangshalle erreicht, in die Besucher durch den
Haupteingang in dem vom Friedrichsplatz
zurückgesetzten Fassadenabschnitt auf
Straßenniveau eintreten können, als ob die
Straße ins Gebäude gezogen wird. Sie kön-

nen durch das drei Stockwerke hohe Eingangsatrium wie durch eine Art Markthalle flanieren, um Veranstaltungen in den Räumen im Erdgeschoss zu besuchen, im Restaurant zu essen, ihre Garderobe abzugeben oder im Museumsshop zu stöbern. Die Ticketkontrolle beginnt beim Betreten des zentralen Atriums, das von oben durch ein Skylight Licht erhält.

Die räumliche Organisation des dreistöckigen Gebäudes sorgt für Momente der Aktivität wie auch der Ruhe – sowohl von den anderen Museumsgängern als auch vom Betrachten der Kunstwerke – in einer Vielzahl von offenen und umschlossenen Räumen. Vom Eingang aus können die Besucher zwischen zwei Rundgängen wählen: einer nutzt den Aufzug, der in einer Achse mit dem Eingang liegt, der andere, erlebnisreichere, führt entlang der Westseite des Atriums über die Haupttreppe, die dem Hanoi Museum in der Art ähnelt, wie sie offen zu den Ausstellungsräumen in den oberen Geschossen fließt. Die Wegeführung eröffnet den Besuchern Blickbeziehungen zurück und quer durch die anderen Räume, um die Orientierung zu erleichtern. Auf jedem der drei Geschosse verbinden offene Korridore, die als Brücken gestaltet sind und das Atrium überblicken, die kubischen Volumen mit dem historischen Gebäude, was ein Wechselspiel zwischen den beiden Bauten erlaubt.

Im zweiten Stock finden die Besucher einen speziellen Ausstellungsraum, in dem das Manet-Gemälde allein ausgestellt wird, eine Raumfolge für die Dauerausstellung zum frühen 20. Jahrhundert sowie einen Projektraum für junge Künstler. Der dritte Stock wird zeitgenössische Kunst ebenso wie Langzeitleihgaben von Anselm Kiefers Arbeiten, Multimediaräume und einen ruhigen, zum Himmel offenen Skulpturengarten umfassen. Dort liegen auch Räume für die Konservierung der Kunstwerke und die Büros der Verwaltung. Die Materialien im Innenraum

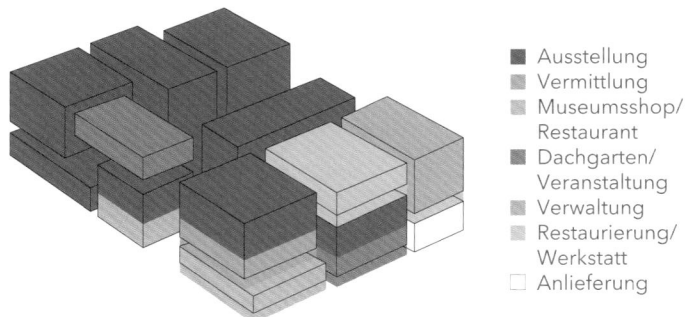

■ Ausstellung
■ Vermittlung
■ Museumsshop/ Restaurant
■ Dachgarten/ Veranstaltung
■ Verwaltung
■ Restaurierung/ Werkstatt
□ Anlieferung

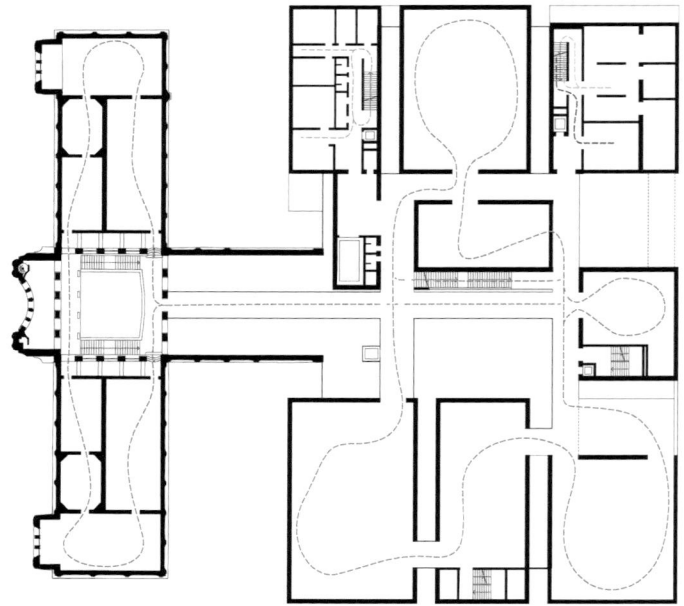

--- Besucher Sammlungen --- Besucher Veranstaltung
--- Besucher Vermittlung --- Mitarbeiter

Kunsthalle Mannheim
Belegungsplan der unterschiedlichen Bereiche im Museum (links oben) · Wegeführung im Museum am Beispiel des 1. Obergeschosses, Maßstab 1:1000 (links unten) · zentrales Atrium mit Brücken, die dem Besucher Überblick verschaffen und gleichzeitig die unterschiedlichen Kuben verbinden, im Rohbau (rechts oben) und Entwurfsrendering (rechts unten)

sind auf ein Minimum reduziert, Betonböden in den Korridoren, Holzböden in den Ausstellungsbereichen und weiße Wände in den öffentlichen Bereichen. Die geradlinigen Ausstellungsvolumen drücken sich nach außen durch eine variierende Intensität der Lamellenfassade aus.

Dialog zwischen Tragwerk und Form

Wenn das Tragwerk gut mit dem Design eines Gebäudes zusammenspielt und die Architekten und Tragwerksplaner von Beginn des Projekts an zusammenarbeiten, können sich Entwurfskonzepte in Synergie von Form und Tragstruktur zusammenhängend entwickeln. Beim Entwurf von Museen betonen Kuratoren die Wichtigkeit von stützenfreien Räumen, sodass es möglich ist, große zeitgenössische Arbeiten auszustellen und die Flexibilität besteht, die Wände an die zu präsentierenden Kunstwerke anzupassen. Zwei unterschiedliche Lösungen in Hanoi und Mannheim führten zu Tragsystemen, die sowohl die Sammlungen unterstützen als auch das Gebäude tragen.

Mit einem innovativen Tragsystem hat das in Deutschland ansässige Büro Inros Lackner

für das Museum in Vietnam eine komplexe Ingenieurleistung vollbracht. Aufgrund des Wunsches des Museums, offene Geschossebenen zu haben, bestand die Aufgabe darin, die Anzahl der Stützen zu reduzieren und ihre Abstände anzupassen – nicht einfach, denn in Vietnam sind die geforderte Stützenmaße 80 × 80 cm, um einiges mehr als in Europa. Ausgehend von der Kernstruktur arbeiteten die Ingenieure gemeinsam mit den Architekten daran, die Geschossflächen zu maximieren und entwarfen dazu vier Kerne an den Gebäudeecken des Erdgeschosses. Diese gründen auf Bohrpfählen mit 1,2 m Durchmesser, die aufgrund des weichen und nassen Untergrunds der frühe-

ren Reisfelder mindestens 45 m tief reichen mussten. Die Kerne sind als Betonröhren ausgeführt, mit 15 cm hohen und 6 m langen Betonträgern, die in beide Richtungen eine Rahmenkonstruktion bilden. Dies bietet mit der geschossweisen horizontalen Aussteifung beste Voraussetzungen, um den Kräften eines Erdbebens widerstehen zu können. Zwischen den Betonkernen spannt eine einfache Fachwerkstruktur aus Stahl, von der die unteren Geschossebenen abgehängt sind. So entsteht eine zug- anstatt einer druckbeanspruchten Konstruktion, alle Stützen leiten die Kräfte nach oben.
Ein übergeordnetes Haupttragwerk ermöglicht die Stabilität und die Lastabtragung in die Fundamente. Der im Dach gespannte Trägerrost besteht zwischen den vier Treppenhauskernen aus 5 m hohen, 60 cm breiten Betonträgern, die weiter außen liegenden Achsen sind auskragende Stahlträger. Jedes Stockwerk besteht aus einer Betondecke auf Verbundträgern, die über Zugstäben vom Trägerrost im Dach abgehängt sind. Die Befestigung der Zugstäbe am Dach hängt von dessen Beschaffenheit an

der jeweiligen Stelle ab. Die Komplexität des Tragwerks und dass es eines der ersten dieser Art in Vietnam war, machte eine umfassende Bauüberwachung erforderlich.

Die Tragstruktur der Kunsthalle wurde von schlaich bergermann partner entwickelt und ist im Vergleich zum Hanoi Museum »normaler«. Die kubischen Ausstellungsräume bestehen aus Stahlbetonwänden mit Stahlbetondecke, die je nach Spannweite variieren. Fußgängerbrücken aus Stahlbeton verbinden die Kuben, sie sind mit ihren Brüstungen an das Tragsystem der Decken angebunden. Die vertikale Lastabtragung erfolgt durch die Stahlbetonwände der Kuben zur Bodenplatte. Eines der innovativsten tektonischen Details sind die horizontal in die Kuben eingeschnittenen Schlitze. In diesen ist das Tragwerk aufgelöst und wird von schlanken Stahlbetonstützen gebildet. Der horizontale Lastabtrag geschieht durch die Decken und die Dachscheibe, die die Kräfte direkt in die Wände der Kuben einleiten. Ein Glasdach über dem Atrium überspannt den offenen Raum zwischen den Kuben.

Auf den zweiten Blick – Dialog von fern und nah

Beide Museumsprojekte spielen mit der Idee der unterschiedlichen Wahrnehmung der Gebäude beim Betrachten aus der Ferne und der Nähe – ein Ein- und Auszoomen. Das erlaubt nicht nur eine vertiefte Lesart der Gebäude, sondern fördert auch beim Besucher, der das Wechselspiel zwischen Oberfläche und Volumen oder offenen und geschlossenen Räumen wahrnimmt, ein Gefühl des Entdeckens. Obwohl sie sehr unterschiedlich sind, nutzen beide Gebäude eine Metallstruktur, die sich im Laufe des Tages und der Nacht mit den Lichtverhältnissen verändert, um die Kubatur der Bauten gleichzeitig zu ver- und zu enthüllen. Diese Schichtung ermöglicht das, was der Architekt Nikolaus Goetze einen »zweiten Blick« nennt.

Die starke Solitärerscheinung des Hanoi Museum, das leicht auf den ersten Blick erfassbar scheint, betont die Horizontalität der gestapelten Ebenen. Nähert man sich aber dem Gebäude und betrachtet es eingehender, enthüllen sich besondere Details wie beispielsweise die Fassadenpaneele aus perforiertem Metall mit ihrem abstrakten Muster, das Nikolaus Goetze mit einer Kalligrafie vergleicht, die ein genaueres Lesen erfordert, um den Sinn zu verstehen. Die dekorative Hülle schützt zudem durch Verschattung die Ausstellungsräume vor direkten Lichteinfall und indem sie das Sonnenlicht einfängt und dynamische Schatten erzeugt, hebt sie das Design des Gebäudes hervor. Sie erlaubt außerdem halboffene Blicke nach draußen und verbindet so das Gebäude und den Besucher mit der Umgebung, nicht unähnlich der Tiefe und den Schichten historischer Häuser in Hanoi, von der Fassade über die langen Korridore bis schließlich zum eigentlichen Haus.

Das Gebäude in Mannheim ist in eine Lamellenfassade gehüllt, was ihm eine handwerkliche Zartheit verleiht. Die filigranen, bronzefarbenen Aluminiumröhren in horizontalen Schichten variieren in ihrer Dichte je nach gewünschter Transparenz und erlauben mehr Durchlässigkeit dort, wo mehr Licht oder Aufmerksamkeit erforderlich sind, z. B. an den Fenstern in den Gängen und vor den halböffentlichen Räumen, oder weniger Lichteinfall in den Ausstellungsräumen für Gemälde. Daher hat die Fassade auf den zweiten Blick, wenn die Räume mehr hervortreten, eine Tiefe. Die Kunst wird wie von einem geheimnisvollen Schleier sowohl verborgen als auch sichtbar gemacht. Die rötliche Bronzefarbe, die sich mit dem Verlauf der Sonne ändert, antwortet mit ihrer satten Farbigkeit direkt auf das historische Sandsteingebäude. Die durchlässige, aber gleichzeitig schützende Hülle ergibt insgesamt einen skulpturalen Effekt, ein eigenes Kunstwerk.

Kunsthalle Mannheim
Haupteingang des Museums (links) · verlässt der Besucher den Ausstellungsbereich, sieht er durch die transluzente Lamellenfassade beispielsweise den Wasserturm am Friedrichsplatz (links unten) · Blick auf den Eingangshof und den Friedrichsplatz (rechts unten)

Die Lamellen ermöglichen nicht nur unterschiedliche Einblicke in die Räume, ihre Durchlässigkeit macht das gesamte Museum extrovertierter und stellt den Kontakt zur umliegenden Stadt her. Im Unterschied zu so vielen der anfangs erwähnten abweisenderen historischen Museen, öffnet sich die Kunsthalle zur Stadt und ähnelt damit dem Entwurf von Renzo Piano für das Whitney Museum in New York, bei dem die Ausstellungsräume zu Terrassen und Treppen führen, die sich außen um das Gebäude winden. Ein-, Aus- und Durchblicke werden den Passanten außen und den Besucher im Inneren visuell verbinden. Wie Ulrike Lorenz betont, ist die Hülle auch eine »soziale Projektionsfläche, die die Bewegungen im Inneren auf das Äußere des Gebäudes spiegelt und das Leben draußen in das Museum hinein reflektiert« und so eine »unverzichtbare enge Interaktion« ermöglicht. Das Museum kann, wie das Kuratorenteam glaubt, als eine Erweiterung

der städtischen Umgebung interpretiert werden, die dynamischen Kuben wiederholen die Form der Stadt.

Dialog mit dem Kontext

Ein Hauptaugenmerk bei den Entwürfen von gmp lag auf der Beziehung zum Ort, sei es der Landschaftspark in Hanoi oder die urbane Dichte in Mannheim, um so einen Dialog zwischen innen und außen zu verstärken und ein Gefühl für den Ort entstehen zu lassen.

In Hanoi schafft das Museum gewissermaßen seinen eigenen Kontext, da dieser in der Beziehung des Gebäudes zu seiner unmittelbaren Umgebung, dem neu geschaffenen Park, besteht. Die Offenheit und Sichtbarkeit des frei stehenden Gebäudes stehen im Kontrast zu dem dichten städtischen Grundstück in Mannheim. Auf den ersten Blick scheint das aufragende Hanoi Museum ohne Verbindung, aber die wachsende Bepflanzung um das Gebäude

Hanoi Museum Blick auf einen der vier Haupteingänge des Museums (oben) · verglaste Fassadenbereiche bieten den Besuchern Ausblicke durch die ornamentale Hülle in die Umgebung (rechts)

herum bindet es immer mehr ein. Ähnlich der Organisation von historischen Tempelanlagen in Hanoi mit ihren horizontal geschichteten Höfen innerhalb einer schützenden Mauer und der prozessionsartigen Folge von Eingängen, die sich nach und nach öffnen, machen sich sowohl das Hanoi Museum als auch das Kongresszentrum ihre Standorte auf ähnlich fließende Weise zu eigen, von außen nach innen und wieder zurück.

Der Landschaftspark wurde von Breimann & Bruun aus Hamburg so gestaltet, dass er auch die bestehenden Pagoden einbezieht, eine davon liegt auf einer Insel, die über sich durch die Landschaft schlängelnde Pfade erreichbar ist. Der Park zieht sich von der Straße durch die Gebäudekomplexe. Vor dem Museum sind auf sechs Plattformen Typologien von lokalen Dorfhäusern aus verschiedenen Materialien ausgestellt. Zusätzlich füllen Bonsai-Bäume – ein Geschenk der vietnamesischen Provinzen – den Eingangsbereich und den Platz. Sogar ein künstlicher Hügel wurde nach Feng-Shui-Prinzipien aufgeschüttet, zahlreiche Bäume bilden auf ihm einen tropischen Wald nach. Der offene Raum ist in seiner Leere monumental, wird aber von einer anderen Atmosphäre belebt, wenn er sich mit Schulklassen, Kongressbesuchern, Hochzeitsgästen oder Touristen füllt.

Die räumliche Organisation der Kunsthalle Mannheim schafft öffentliche Zonen, die im Gegensatz zu den als »white cubes« gestalteten Ausstellungsräumen stehen, in denen die Architektur nicht mit der Kunst konkurriert. Wenn die Besucher einen der Kuben verlassen, um zu einem anderen Ausstellungsraum zu gehen, kommen sie anhand der Ausblicke durch die Fenster aufs Neue mit der Stadt in Kontakt. Diese wechselseitige Beziehung zwischen den äußeren Volumen und der Idee des kreativen Erlebens der Stadt prägt das Projekt. Wie Goetze sagt: »Wenn man sich überfordert fühlt und sich nicht mehr konzentrieren kann, bieten die Lücken zwischen den Kuben Erholung und sorgen für einen Energieschub, um in die nächste Ausstellung einzutauchen.«

Die Frage, wie man Anbauten an historische Gebäude entwirft, die auf den Bestand eingehen und sich auch äußerlich mit diesem verbinden, wird zu einer Frage der Angemessenheit im Hinblick auf die Beziehung mit dem Bestehenden. Einige dieser Bedenken werden von Denkmalschutzbehörden zum Ausdruck gebracht, andere löst der Architekt in der praktischen Umsetzung mit mit einem sensiblen Entwurf. Daher tritt das neue Museum in Mannheim in einen Dialog mit seiner eigenen Vergangenheit, nicht nur durch die ausgestellten Werke, sondern auch direkt mit dem originalen Jugendstilgebäude. Zwischen dem neuen und dem alten Gebäude wurde ein geschlossener Übergang, der Athene-Flügel, neu gestaltet, um eine Installation von James Turrell aufzunehmen und eine einfühlsame Brücke zur historischen Substanz des Gebäudes zu schaffen. Dadurch entsteht eine dynamische Spannung zwischen dem soliden, undurchsichtigen Gebäude und dem lichten, durchlässigen neuen Bau, die einen urbanen Dialog fördert.

Verflechtung mit der Kunst

Die meisten Museumssammlungen werden entweder von einem Sammler oder einer Institution zusammengetragen, oder sie verfügen über wechselnde Kunstwerke. Manche Gebäude werden speziell als Museen entworfen, andere entstehen, um eine bestimmte Sammlung unterzubringen, wieder andere werden für ein bestimmtes Kunstwerk gebaut, sodass Gebäude und Kunst integriert sind. Das ist zu vergleichen mit einem Gebäude, das eine besondere Funktion hat oder einem, das flexibler nutzbar ist.

Die Kunsthalle Mannheim lässt sich in einigen Ausstellungsbereichen als eine Art Maßanzug betrachten, der genau zu den Kunstwerken passt, die das Museum für sein neues Gebäude vorgesehen hat – Dan Graham, William Kentridge und James Turrell hatten in der Planungsphase jeweils ein Mitspracherecht beim Entwurf ihrer Räume. Der Pavillon »A Machine for Perception« des US-amerikanischen Künstlers Dan Graham aus einseitig durchsichtigem Spiegelglas wird im Außenraum auf der Terrasse nahe des Museumseingangs installiert werden. Die Stiftung Kunsthalle hat eine Installation des südafrikanischen Künstlers William Kentridge mit dem Titel »The Refusal of Time« erworben, eine Fünf-Kanal-Videoprojektion mit Ton, der aus Megafonen und riesigen Metronomen kommt. Architekt Goetze arbeitete in einer frühen Entwurfsphase mit Kentridge zusammen, um dessen Wünsche zu berücksichtigen und den Ausstellungsraum an die Arbeit anzupassen, da

der Künstler die Wahrnehmung von Boden und Decke zurücknehmen wollte und sich rauere Wände wünschte. Die Idee des vom US-amerikanischen Künstler James Turrell angedachten Lichttunnels für den Athene-Flügel skizzierten die Architekten mit dem Künstler zusammen in dessen Atelier in New York, um eine klare Verbindung zwischen den Räumen herauszuarbeiten. Im ersten Stock wird nun eine Brücke über den doppelgeschossigen Raum vom Neubau in den Altbau spannen und mit gekrümmten farbigen Wänden für die Besucher eine sensorische Erfahrung kreieren, ein Zusammenspiel von Kunst und Architektur.

Im Gegensatz dazu hat des Hanoi Museum eine fast gegenteilige Verbindung zur Kunst. Leider hat die Stadt das Museum nie komplett vervollständigt, da das Ausstellungsdesign nie abgeschlossen wurde. Die Ausstellungen bestehen aus einigen Sammlungen zur Stadtgeschichte sowie Wechselausstellungen. Wie bei so vielen Bauvorhaben in Entwicklungs- und Schwellenländern wurde der Ehrgeiz, Teil der neuen Kultur-

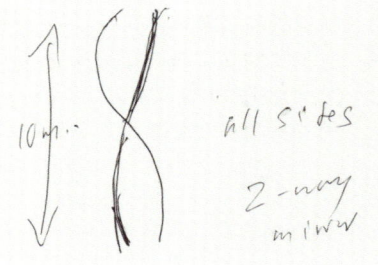

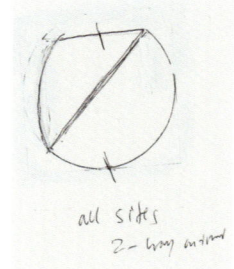

industrie zu sein, nie ganz in die Tat umgesetzt. Mit dem Aufkommen neuer Wirt-
schaftszweige in Vietnam wächst das
Potenzial für ein Ausstellungsprogramm
und eine Sammlung, die dem öffentlichen
Gebäude gerecht wird. Durch den Entwurfsprozess von gmp, der architektonische
Konzepte auf neue Orte überträgt, enga-
gieren sich die beschriebenen Projekte
in einem professionell, städtebaulich und
gesellschaftlich relevanten Kulturaustausch.
Die Bauten dehnen die westlichen Traditio-
nen in den Osten aus und reflektieren dann
in den Westen zurück. In ihrem Bestreben,
einen lokalen Charakter auszustrahlen,
erweitern die Museen den weltweiten Kultur-
dialog über die Standardisierung hinaus.

Kunsthalle Mannheim William Kentridge, »The
Refusal of Time« (Drawing), 2016 (links oben) ·
Dan Graham, »Mannheim Pavillons. A Machine
for Perception« (Drawing 1 and 2), 2016 (links
unten) · James Turrell, »Light Tunnel Athene-Wing«,
2015–2017, Skizze von Nikolaus Goetze und
James Turrell (oben) · Blick in den Athene-Flügel
während des Rohbaus (unten)

Projektdaten

Kulturbauten

Tianjin Grand Theatre · Tianjin (CN)
Wettbewerb 2009 (1. Preis)
Bauzeit 2010–2012
Entwurf Meinhard von Gerkan und
Stephan Schütz mit Nicolas Pomränke
Projektleitung Wettbewerb Tobias Keyl
Projektleitung David Schenke, Xu Shan
Mitarbeiter Entwurf Jan Demel,
Verena Fischbach, Martin Gänsicke,
Matthias Grünewald, Duc Nguyen,
Susan Schwarz, Wu Di, Xie Fang, Thilo
Zehme, Zhou Bin
Mitarbeiter Ausführung Sebastian
Brecht, Jan Demel, Johannes Erdmann,
Martin Gänsicke, Annette Löber, Han Lu,
Carina Slowak, Plamen Stamatov, Michael
Tümmers, Wang Zheng, Wu Di, Xie Fang,
Thilo Zehme, Zhang Ting, Zhou Bin,
Zhu Huan · Bauleitung: Thomas Kraemer,
Xing Jiuzhou
Chinesisches Partnerbüro ECADI East
China Architectural Design & Research
Institute
Tragwerksplanung schlaich bergermann
partner
Lichtplanung Conceptlicht Helmut
Angerer
Bühnentechnik Kunkel Consulting
Bauherr Tianjin Culture Centre Project
and Construction Head Office
BGF 85 000 m²
Sitzplätze 1600 (Opernsaal), 1200
(Konzertsaal), 400 (Multifunktionshalle)

**Modernisierung und Sanierung
Kulturpalast · Dresden (D)**
Wettbewerb 2009 (1. Preis)
Bauzeit 2013–2017
Entwurf Meinhard von Gerkan und
Stephan Schütz mit Nicolas Pomränke
Projektleitung Wettbewerb
Clemens Kampermann
Mitarbeiterin Entwurf Verena Coburger
Projektleitung Christian Hellmund
Mitarbeiter Ausführung Clemens
Ahlgrimm, Roman Bender, Stephanie
Brendel, Verena Coburger, Julius
Hüpeden, Annette Löber, Anna Lieseke,
Patrick Machnacki, Giuseppina Orto,
Michael Scholz, René Wiegand, Dörte
Groß, Ivanka Perkovic, Jessika Kreps,
Florian Illenberger, Laura Warskulat,
Laia Caparo (Studentin), Ralitsa Bikova
(Studentin), Robin Lauritzen (Student),
Jessika Krebs (Studentin) · Bauleitung:
Bernd Adolf
Tragwerksplanung Prof. Pfeifer & Partner

Lichtplanung Conceptlicht Helmut
Angerer
Raumakustik Peutz Consult; Akustik
Beratung: Acoustic Design Ahnert
Bauherr KID Kommunales Immobilien-
management Dresden GmbH & Co KG
BGF 37 062 m²
Sitzplätze 1818 inkl. 18 Rollstuhlplätze
(Konzertsaal der Dresdner Philharmonie)
und 260 inkl. 4 Rollstuhlplätze (Kabarett-
saal »Herkuleskeule«)
Zentralbibliothek 5463 m²

Sportkomplexe

**Universiade Sports Center ·
Shenzhen (CN)**
Wettbewerb 2006 (1. Preis)
Bauzeit 2007–2011
Entwurf Meinhard von Gerkan und
Stephan Schütz mit Nicolas Pomränke
Projektleitung Ralf Sieber
Mitarbeiter Stephanie Brendel, Chen
Zhicong, Kralyu Chobanov, Christian
Dorndorf, Martin Gänsicke, Kuno von
Haefen, Huang Cheng, Tobias Keyl,
Thomas Krämer, Helge Lezius, Li Ling,
Lian Kian, Lin Wei, Meng Xin, Andrea
Moritz, Alexander Niederhaus, Martin
Schulte-Frohlinden, Plamen Stamatov,
Marlene Törper, Niklas Veelken, Xu Ji,
Zheng Xin, Zhou Bin
Chinesische Partnerbüros SADI (Sta-
dion), CNADRI (Multifunktionshalle),
CCDI (Schwimmhalle), BLY (Freiraum-
planung)
**Tragwerksentwurf und -planung
Dach** schlaich bergermann partner
(Sven Plieninger mit Wei Chen)
Haustechnik IG Tech
Lichtplanung Conceptlicht Helmut
Angerer
Akustikplanung Acoustic Design Ahnert
Fassadenplanung Shen und Partner
Bauherr Bureau of Public Works of
Shenzhen Municipality
Planungsgebiet 870 000 m²
Sitzplätze 60 000 (Stadion), 18 000 (Mul-
tifunktionshalle), 3000 (Schwimmhalle)

**Bao'an Stadion, Universiade 2011 ·
Shenzhen-Bao'an (CN)**
Wettbewerb 2007 (1. Preis)
Bauzeit 2009–2011
Entwurf Meinhard von Gerkan mit
Stephan Schütz und David Schenke
Projektleitung Li Ran, David Schenke
Mitarbeiter Entwurf Anna Bulanda-

Jansen, Cai Qing, Daniela Franz,
Jennifer Heckenlaible, Xu Ji, Yin Chao
Jie, Zhang Xi, Zhou Bin
Mitarbeiter Ausführung Cai Yu, Lucas
Gallardo, Matthias Grünewald, Li Zheng,
Sebastian Linack, Pan Xin, Martin
Schulte-Frohlinde, Wang Le, Wang Li,
Zhang Xi, Zhang Xiao Guang
Chinesisches Partnerbüro SCUT South
China University of Technology
Tragwerksentwurf und -planung
schlaich bergermann partner
(Sven Plieninger mit Wei Chen)
Lichtplanung Schlotfeld Licht, Berlin
Bauherr The Sports Bureau of Bao'an
District
BGF 88 500 m²
Sitzplätze 40 050 und 360 Business-
plätze, 70 Plätze für Rollstuhlfahrer,
216 Presseplätze
VIP-Logen 20
PKW-Tiefgaragenstellplätze 750
Länge des Stadions 245,80 m
Breite des Stadions 245,80 m
Höhe des Stadions 39,65 m

**Shanghai Oriental Sports Center ·
Schanghai (CN)**
Wettbewerb 2008 (1. Preis)
Bauzeit 2009–2011
Entwurf Meinhard von Gerkan und
Nikolaus Goetze mit Magdalene Weiss
Projektleitung Chen Ying
Mitarbeiter Jan Blasko, Fang Hua, Martin
Friedrich, Fu Chen, Ilse Gull, Jin Zhan,
Kong Rui, Lin Yi, Katrin Löser, Lü Cha,
Lü Miao, Jörn Ortmann, Ren Yunping,
Alexander Schober, Sun Gaoyang,
Nina Svensson, Tian Jinghai, Yan Lüji,
Zhang Yan, Zhou Yunkai, Zhu Honghao
Tragwerksentwurf und -planung
schlaich bergermann partner
(Sven Plieninger)
Haustechnikplanung ARUP
Landschaftsplanung WES & Partner
Chinesisches Partnerbüro SIADR,
Tongji Design Institute
Bauherr Shanghai Administration
of Sports
Sitzplätze 18 000 (Hallenstadion),
5000 (Natatorium), 5000 (Außen-
schwimmbecken)

Kleine Bauten

**Christus-Pavillon, Expo 2000/Hannover
(D), Kloster Volkenroda/Volkenroda (D)**
Wettbewerb 1997 (1. Preis)

Bauzeit 1999–2000 (Expo 2000)/August 2001 (Fertigstellung Wiederaufbau im Kloster Volkenroda)
Entwurf Meinhard von Gerkan und Joachim Zais
Projektleitung Jörn Ortmann
Mitarbeiter Thomas Dreusicke, Ulf Düsterhöft, Andreas Hahn, Matias Otto, Peter Radomski, Helge Reimer, Olaf Schlüter, Monika van Vught, Magdalene Weiss, Gabriele Wysocki
Tragwerksplanung Ingenieurbüro Dr. Binnewies
Gebäudetechnik NEK
Lichtplanung Conceptlicht Helmut Angerer
Landschaftsplanung WES & Partner
Bauphysikalische Beratung Prof. Tepper
Gutachten für ungeregelte Glasbauteile RWTH Aachen, Lehrstuhl für Stahlbau, Prof. Sedlacek, W. Laufs
Stahl- und Fassadenbau Rüter
Stahlbetonbau, Technischer Ausbau und Außenanlagen Strabag Hannover
Brandschutz Hosser, Hass + Partner
Projektsteuerung Assmann Beraten + Planen
Generalunternehmer Arge Rüter, Strabag
Auftraggeber Evangelisches Büro für die Weltausstellung Expo 2000
BGF 2004 m²
BRI 18 548 m³
Bauherr Wiederaufbau Kloster Volkenroda Evangelisch-Lutherische Landeskirche Hannover · Deutsche Bischofskonferenz · EXPO 2000 · Der Christus-Pavillon in Volkenroda wurde errichtet im Auftrag der Jesus-Bruderschaft e. V. Gnadenthal und der Evangelisch-Lutherischen Kirche in Thüringen sowie in Zusammenarbeit mit der Evangelischen Kirche in Deutschland (EKD) · Evangelisch-Lutherische Landeskirche Hannover mit Unterstützung von Allgemeiner Hannoverscher Klosterfonds · Deutsche Bischofskonferenz (Katholische Kirche) · Freistaat Thüringen · Friedhelm Loh-Gruppe · Wirtschaftsvereinigung Stahl · und weitere Sponsoren
Bauherrenvertreter und Bauleitung Kloster Volkenroda Bauhütte Volkenroda, Bernward Paulick
BGF 2004 m²

Zwei Ferienhäuser »Apfelhof« am Fleesensee · Nossentin (D)
Bauzeit 2010–2012
Entwurf Volkwin Marg und Joachim Zais (2009)
Projektleitung Joachim Zais
Mitarbeiter Peter Radomski
Tragwerksplanung Ingenieurbüro Dr. Binnewies
BGF Haus 1: 221 m²/Haus 2: 159 m²/ Schuppen: 65 m²

Bürobauten

Bürogebäude Wanxiang Plaza · Schanghai-Pudong (CN)
Wettbewerb 2005 (1. Preis)
Bauzeit 2007–2010
Entwurf Meinhard von Gerkan und Nikolaus Goetze mit Volkmar Sievers
Mitarbeiter Entwurf Barbara Henke Alexandra Kühne, Evelyn Pasdzierny
Mitarbeiter Ausführung Cai Lei (Projektmanagement China), Nils Dethlefs, Christian Krüger, Julian Lahme, Knut Maass, Andrea Moritz, Diana Spanier, Marlene Törper, Zhu Huan
Chinesisches Partnerbüro HAS Huasen Architecture & Engineering Design Consultants Ltd. Shenzhen, Hangzhou
Lichtplanung a·g Licht
Bauherr Wanxiang Holding Corp.
BGF 42 000 m²
Höhe 79 m
Geschosse 19

SOHO China Group · Peking (CN)
Wettbewerb 2007 (1. Preis)
Bauzeit 2009–2015
Entwurf Meinhard von Gerkan und Stephan Schütz mit Stephan Rewolle
Projektleitung Eileen Dong, Daniela Franz, Su Jun (Projektmanagement China), Wang Nian
Mitarbeiter Wettbewerb Sören Grünert, Matthias Grünewald, Li Shanke, Sun Ziqiang, Zhao Xu, Zhou Bin
Mitarbeiter Ausführung Anna Bulanda-Jansen, Eileen Dong, Margret Domko, Gerardo Garcia, Matthias Grünewald, Li Shanke, Li Zheng, Xiao Liu, Xing Jiuzhou, Zhou Bin
Chinesisches Partnerbüro China Institute of Building Standard Design & Research
Tragwerksplanung schlaich bergermann partner
Bauherr SOHO China
BGF 103 000 m²

3Cubes Bürogebäudekomplex im Büropark Caohejing · Schanghai (CN)
Bauzeit 2011–2015
Entwurf Meinhard von Gerkan und Nikolaus Goetze mit Magdalene Weiss (2010)
Projektleitung Sun Yajin
Mitarbeiter Cai Lei (Projektmanagement China), Chen Jingcheng, Saeed Granfar, Lin Yi, Katharina Schneider, Sun Yajin, Zhang Yan, Zhang Yang, Zhong Ming
Chinesisches Partnerbüro SNPTC Shanghai Nuclear Engineering Research & Design Institute
Bauherr Shanghai Caohejing Hi-Tech Park Development Corporation
BGF gesamt 90 650 m² (oberirdisch 58 200 m², unterirdisch 32 450 m²)

Stadien

Olympiastadion Kiew · Kiew (UA)
Gutachten 2008
Bauzeit 2008–2011
Entwurf Volkwin Marg mit Christian Hoffmann und Marek Nowak
Projektleitung Martin Bleckmann, Roman Hepp
Mitarbeiter Entwurf Heiko Faber, Michael König, Sebastian Möller, Olaf Peters, Christoph Salentin
Mitarbeiter Ausführung Anke Appel, Irina Bohlender, Clemens Dost, Natalia Gerasimenko, Jonathan-Demian Gerlach, Jörg Greuel, Dominik Heizmann, Sebastian Hilke, Stephanie Krämer-Hilke, Franz Lensing, Irina Stoyanova, Philipp Weber, Christiane Wermers, Andreas Wietheger
Arbeitsgemeinschaft mit Personal Creative Architectural Bureau Y. Serjogin LLC, Kiew
Tragwerksentwurf und -planung Dach schlaich bergermann partner (Knut Göppert mit Markus Balz und Thomas Moschner)
Statik Kempen Krause Ingenieurgesellschaft
Haustechnik b.i.g. Bechtold Ingenieurgesellschaft mbH
Lichtplanung Conceptlicht Helmut Angerer
Freiraumplanung St raum a.-Gesellschaft von Landschaftsarchitekten mbH
Bauherr National Sport Complex »Olympiysky«
Dachfläche 43 000 m²
Sitzplätze 68 000 und 2300 VIP-Plätze
VIP-Logen 40

Polnisches Nationalstadion · Warschau (PL)
Wettbewerb 2007 (1. Preis)
Bauzeit 2008–2011
Entwurf Volkwin Marg und Hubert Nienhoff mit Markus Pfisterer
Projektleitung Markus Pfisterer, Martin Hakiel
Projektleitung Dach Martin Glass
Projektkoordination Birgit Ricke Arbeitsgemeinschaft mit J.S.K Architekci Sp. z o.o.
Mitarbeiter Entwurf Stephanie Eichelmann, Claudia Aceituno Husch, Lars Laubenthal, Fariborz Rahimi-Nedjat, Christian Wentzel
Mitarbeiter Ausführung gmp Carsten Borucki, Lena Brögger, Katarzyna Ciruk, Stefanie Eichelmann, Silke Flaßnöcker, Alberto Franco Flores, Ruthie Gould, Claudio Aceituno Husch, Patrick Klügel, Monika Kwiatkowski, Lars Laubenthal, Ausias José Lobatón Ortega, Fariborz Rahimi-Nedjat, Nikolai Reich, Stefan Saß,

Florian Schwarthoff, Sonia Taborda, Semra Ugur, Katya Vangelova, Christian Wentzel • Team Dach: Lena Brögger, Alberto Franco Flores, Patrick Klügel, Ausias Lobatón Ortega, Semra Ugur, Christian Wentzel, Lisa Pfisterer (Studentin)
Tragwerksplanung Dach und Fassade schlaich bergermann partner (Knut Göppert mit Knut Stockhusen und Lorenz Haspel)
Generalunternehmer Konsorcjum Alpine Bau Deutschland AG, Alpine Bau GmbH, Alpine Construction Polska Sp. z o.o., Hydrobudowa Polska S.A. i PBG S.A.
Haustechnik HTW, Hetzel, Tor-Westen + Partner, Biuro Projektów »DOMAR«
Lichtplanung Lichtvision Berlin, Dr. Karsten Ehling, Dr. Thomas Müller
Wegeleitsystem Wangler & Abele, München
Bauherr Narodowe Centrum Sportu Sp. z o.o.
Dachfläche 69 000 m² gesamt (10 000 m² davon wandelbar)
Sitzplätze 55 000 und 2600 VIP-Plätze

Arena da Amazônia · Manaus (BR)
Bauzeit 2010–2014
Konzept und Entwurfsplanung gmp und schlaich bergermann partner mit stadia, São Paulo
Ausführungsplanung gmp und schlaich bergermann partner
Entwurf Volkwin Marg und Hubert Nienhoff mit Martin Glass, 2008
Projektleitung Martin Glass, Maike Carlsen
Projektleitung Brasilien Burkhard Pick, Sander-Christiaan Troost
Direktor gmp do Brasil Ralf Amann
Mitarbeiter Sophie-Charlotte Baumann, Felipe Bellani, Lena Brögger, Claudia Chiappini, Lieselotte Decker, Barbara Düring, Rodrigo Mathias Duro Teixeira, Stefanie Eichelmann, Konstanze Erbe, Silke Flaßnöcker, Elke Glass, Ruthie Gould, Jacqueline Gregorius, Claudio Aceituno Husch, Fabian Kirchner, Juliana Kleba Rizental, Jochen Köhn, Martin Krebes, Angélica Larocca Troost, Helge Lezius, Veit Lieneweg, Priscila Lima da Silva Giersdorf, Ausias Lobatón Ortega, Guilherme Maia, Lucía Martínez Rodríguez, Adel Motamedi, Dirk Müller, Dirk Peissl, Ivanka Perkovic, Camila Prevé, Fariborz Rahimi, Nicolai Reich, Stefan Saß, Florian Schwarthoff, Sara Taberner Bonastre, Sónia Taborda, Katerine Witte
Arbeitsgemeinschaft mit schlaich bergermann partner, Stuttgart; stadia, São Paulo

Tragwerksentwurf und -planung schlaich bergermann partner (Knut Göppert mit Knut Stockhusen und Miriam Sayeg)
Mitarbeiter Tragwerk Tiago Carvalho, Uli Dillmann, Andreas Eisele, Florian Geiger, Alberto Goosen, Sebastian Grotz, Jochen Gugeler, Achim Holl, Roman Kemmler, Hubert Kunz, Sandra Küstner, Walter Paganucci, Jana Pavlovic, Bernd Ruhnke, Guilherme Sayeg, Tilman Schober, Alexander Stäblein, Alfred Strasdeit, Kai Zweigart
Tragwerksplanung Massivbau in Zusammenarbeit mit EGT, São Paulo; Larenge, São Paulo; Ruy Bentes, São Paulo
Haustechnik b.i.g. Bechtold Ingenieurgesellschaft mbH und MHA, São Paulo (Entwurfsphase); Teknika Projetos e Consultoria Ltda, São Paulo; Soeng Construção hidroelétrica Ltda, São Paulo; Bosco & Associados Ltda, São Paulo; Loudness Sonorização Ltda, São Paulo
Freiraumplanung ST raum a. (Entwurfsphase), Interact, São Paulo
Bauherr Companhia de Desenvolvimento do Estado do Amazonas
Sitzplätze ca. 44 400
Länge des Stadions ca. 240 m
Breite des Stadions ca. 200 m
Zertifizierung LEED Certified

Estádio Nacional Mané Garrincha (Nationalstadion) · Brasília (BR)
Bauzeit 2010–2013
Konzept und Entwurfsplanung Dach und Esplanade, Ausführungsplanung Esplanade Castro Mello arquitetos mit Consulting durch gmp und schlaich bergermann partner
Ausführungsplanung Dach gmp und schlaich bergermann partner
Planung Bowl Castro Mello arquitetos, São Paulo
Entwurf Volkwin Marg und Hubert Nienhoff mit Knut Göppert (2008)
Projektleitung Martin Glass
Projektleitung Brasilien Robert Hormes
Direktor gmp do Brasil Ralf Amann
Mitarbeiter Ante Bagaric, Holger Betz, Rebecca Bornhauser, Carsten Borucki, Lena Brögger, Kacarzyna Ciruk, Laura Cruz Lima da Silva, Stefanie Eichelmann, Ruth Gould, Florian Illenberger, Jochen Köhn, Martin Krebes, Helge Lezius, Lucia Martinez Rodriguez, Tobias Mäscher, Martina Maurer-Brusius, Adel Motamedi, Burkhard Pick, Jutta Rentsch Serpa, Maryna Samolyuk, Florian Schwarthoff, Sara Taberner Bonastre

Arbeitsgemeinschaft mit schlaich bergermann partner, Castro Mello arquitetos, São Paulo
Tragwerksentwurf und -planung Dach und Esplanade schlaich bergermann partner (Knut Göppert mit Knut Stockhusen und Miriam Sayeg)
Mitarbeiter Andreas Bader, Tiago Carvalho, Arnaud Deillon, Uli Dillmann, Stefan Dziewas, Hansmartin Fritz, Alberto Goosen, Hartmut Grauer, Jochen Gugeler, Andreas Hahn, Achim Holl, Hubert Kunz, Christoph Paech, Jana Pavlovic, Bernd Ruhnke, Tilman Schober, Klaus Straub, Cornelia Striegan, Peter Szerzo, Hiroki Tamai, Augusto Tiezzi, Feridun Tomalak, Chih-Bin Tseng, Gerhard Weinrebe, Rüdiger Weitzmann, Andrzej Winkler, Markus Wöhrbach, Kai Zweigart
Tragwerksplanung Stadionschüssel Etalp, São Paulo
Haustechnik Dach (Konzept-, Entwurfsplanung) b.i.g. Bechtold Ingenieurgesellschaft mbH; mha, São Paulo
Lichtkonzept Dach (Konzept-, Entwurfsplanung) Conceptlicht, Peter Gaspar, São Paulo; mha, São Paulo
Sitzplätze ca. 72 800

Umbau des Estádio Santiago Bernabéu · Madrid (E)
Wettbewerb 2014 (1. Preis)
In Bau
Architekten gmp · von Gerkan, Marg und Partner gemeinsam mit L35 Arquitectos, RIBAS & RIBAS Arquitectos
gmp Projektleitung Martin Glass, Markus Pfisterer
gmp Entwurfsteam Volkwin Marg und Hubert Nienhoff mit Markus Pfisterer
L35 Entwurfsteam Alejandro Barca, Ernesto Klingenberg, Tristán López-Chicheri, Alejandro Lorca
RIBAS & RIBAS Entwurfsteam Adriana Ribas, Inma Ribas, José Ribas
gmp Mitarbeiter Wettbewerb Peter Axelsen, Holger Betz, Ruthie Gould, Martin Hakiel, Monika Kwiatkowski, Christian Möchl, Benjamin Moore, Nikolai Reich, Katya Vangelova, Ignacio Zarrabeitia
gmp Mitarbeiter Entwurfsplanung Florian Alles, Robert Essen, Alessio Fossati, Tommaso Miti, Victor Pageo, Nikolai Reich, Sebastian Seyfarth, Sara Taberner Bonastre, Ana Tendeiro, Benedikt Wannenmacher, Marius Wiese, Ignacio Zarrabeitia
Tragwerksplanung RFR Group, schlaich bergermann partner
Lichtplanung Lichtvision
Bauherr Real Madrid C.F.
Sitzplätze ca. 90 000

Verkehrsbauten

Flughafen Berlin Brandenburg Willy Brandt BER · Berlin (D)
Wettbewerb 1998 (1. Platz)
Aufhebung des Vergabeverfahrens 2003, Neuauslobung als weltweit offenes Verhandlungsverfahren (VOF), Beauftragung 2005
Bauzeit seit 2008
Entwurf Meinhard von Gerkan und Hubert Nienhoff mit Hajo Paap
Gesamtprojektleitung Hajo Paap
Projektleitung Terminalhalle Martin Glass
Projektleitung Ausbau Petra Charlotte Kauschus
Projektleitung Betriebsspezifische Gebäude Rüdiger von Helmolt
Projektleitung Premium Parkhäuser/Landschaftsplanung/Eingangs-Empfangsgebäude Bahn Bettina Kreutzheck
Gesamtprojektleitung Baumanagement Peter Autzen, Knut Nell
Vertragsmanagement Jochen Köhn
Projektkoordination Birgit Ricke
Mitarbeiter Entwurf Tomomi Arai, Ante Bagaric, Sophie Baumann, Carsten Borucki, Constanze Elges, Robert Essen, Alberto Franco-Flores, Ilja Gendelmann, Elke Glass, Kristian Hansen, Patrick Hoffmann, Martin Krebes, Petra Charlotte Kauschus, Bettina Kreuzheck, Helge Lezius, Birgit Ricke, Melany Schaer, Susan Türke, Wido Weise, Christian Wentzel · Gestaltungshandbuch Projektleitung: Hajo Paap, Birgit Ricke/Planungsteam: Sophie Baumann, Constanze Elges, Bettina Kreuzheck, Ausias Lobaton Ortega, Anna Nibell
Mitarbeiter Ausführung Koordination Ausschreibung/Planung: Ivan Ivanov (bis Juni 2008), Petra Charlotte Kauschus · Mitarbeiter Terminalhalle: Ante Bagaric, Lena Brögger, Elke Glass, Ivan Ivanov, Ausias Lobaton, Lucia Martinez, Sara Taberner, Susan Türke · Mitarbeiter Ausbau: Tomomi Arai, Constanze Elges, Chris Hättasch, Julian Hippert, Patrick Hoffmann, Anna Jordan, Uschi Köper, Christiane Putschke-Tomm, Susan Türke, René Wiegand · Mitarbeiter Wandbekleidungen/Innenfassaden und Signage: Chris Hättasch, Patrick Hoffmann, Johanna Kuntze, Doris Meyer, Susan Türke, René Wiegand · Mitarbeiter Shopfassaden/Mieterausbau: Kejwan Gross, Irena Ludwig, Thomas Neumann, Bettina Kreuzheck, Michael Scholz · Mitarbeiter Betriebsspezifische Gebäude: Claudio Aceituno Husch, Christian Blank, Carsten Borucki, Elena Flegler, Caroline Görcke, Dörte Groß, Julia Hilgenberg, Anna Jordan, Kerstin Krüger, Helge Lezius, Markus Pfisterer, Ferhat Yildirim ·

Mitarbeiterin Premium Parkhäuser/Landschaftsplanung/Eingangs-Empfangsgebäude Bahn: Anna Nibell · Ausschreibung: Frank Bartos, Andreas Ebner, Tobias Göttert, Frank Härtel, Uwe Otte, Christoph Rohner, Matthias Schenker · Kostenmanagement: Stephan Both, Klaus Liebscher, Claudia Schmidt, Maria Siewert, Johannes Waldschmidt · Terminmanagement: Frank Bartos, Tim Obermann · Objektüberwachung: Karl Baumgarten, Peter Biermann, Sabine Bild, Ines Breuste, Peer Dahlhorst, Peter Gerigk, Kathrin Gleiß, Christian Herzig, Julius Hüpeden, Philipp Kapteina, Manfred Krüger, Marcus Liermann, Anna Meditsch, Jürgen Missfeldt, Susanne Timmler, Daniela Waljeur
Planungsgemeinschaft Flughafen Berlin Brandenburg Willy Brandt, gmp Generalplanungsgesellschaft mbh (Federführung Objektplanung), JSK International Architekten und Ingenieure mbH (Federführung Generalplanung)
Projektsteuerung WSP-CBP Beratende Ingenieure GmbH
Tragwerksplanung schlaich bergermann partner, Schüssler-Plan Ingenieurgesellschaft mbH
Lichtplanung Conceptlicht Helmut Angerer
Visuelle Kommunikation Moniteurs
Freiraumplanung WES Berlin
BGF Terminal 326 000 m²
BGF Bahnhof 25 000 m²
BGF Betriebsspezifische Gebäude 35 000 m²
BGF Terminalnahes Parkhaus/Mietwagencenter 130 000 m²

Westbahnhof Tianjin · Tianjin (CN)
Wettbewerb 2004 (1. Preis)
Bauzeit 2009–2011
Entwurf Meinhard von Gerkan und Stephan Schütz mit Stephan Rewolle
Projektleitung Stephan Rewolle, Jiang Lin Lin
Mitarbeiter Entwurf, Phase 1 Iris Belle, Chunsong Dong, Du Peng, Shi Liang
Mitarbeiter Entwurf, Phase 2 Clemens Ahlgrimm, Cai Wei, Christian Dorndorf, Bernd Gotthardt, Clemens Kampermann, Kian Lian, Nicolas Pomränke, Sabine Stage, Jochen Sültrup
Mitarbeiter Entwurf, Phase 3 Sebastian Linack, Thomas Schubert, Zheng Shan Shan
Mitarbeiter Ausführung, Phase 4 Dong Shu Ying, Sebastian Linack, Thomas Schubert, Zheng Shan Shan
Statik schlaich bergermann partner
Chinesisches Partnerbüro TSDI
Bauherr Tianjin Ministry of Railway
BGF 179 000 m²
Anzahl der Bahnsteige 24

Museen

Hanoi Museum · Hanoi (VN)
Wettbewerb 2005 (1. Preis)
Bauzeit 2007–2010
Entwurf Meinhard von Gerkan und Nikolaus Goetze mit Klaus Lenz
Projektleitung Marcus Tanzen
Projektmanagement Hanoi Tuyen Tran Viet
Mitarbeiter Nicole Flores, Martin Friedrich, Jessica Last, Tran Cong Duc, Johann von Bothmer, Ulf Hahn, Udo Meyer, Alexis von Dönhoff
In Kooperation mit Inros Lackner AG
Vietnamesisches Partnerbüro Vietnam National Construction Consultants Corporation
Bauherr Hanoi Culture and Information Department
BGF 30 000 m²

Kunsthalle Mannheim · Mannheim (D)
Internationaler Wettbewerb 2012 (1. Preis)
Bauzeit 2015–2017
Entwurf Meinhard von Gerkan und Nikolaus Goetze mit Volkmar Sievers
Projektleitung Wettbewerb Di Miao
Mitarbeiter Entwurf Frederik Heisel, Liselotte Knall, Steffen Lepiorz, Ulrich Rösler, Kai Siebke, Mira Schmidt
Projektleitung Ausführung Liselotte Knall, Kerstin Steinfatt
Mitarbeiter Ausführung Hanna Diers, Anna Falkenbach, Raimund Kinski, Ulrich Rösler, Amra Sternberg, Viktoria Wagner, Michèle Watenphul
Mitarbeiter 3D und Visualisierung Markus Carlsen, Christoph Pyka, Tom Schülke, Jens Schuster, Kenneth Wong
Tragwerksplanung schlaich bergermann partner
Technische Gebäudeausrüstung Giesen – Gillhoff – Loomans GbR
Fassadenberatung DS-Plan GmbH
Lichtplanung a.g Licht GbR
Freiraumplanung Rainer Schmidt Landschaftsarchitekten
Bauherr Stiftung Kunsthalle Mannheim
BGF 15 835 m²

Über das Büro

Als »das Machen von Architektur« bezeichnen Meinhard von Gerkan und Volkwin Marg die entwerferische Arbeit ihres Büros: basierend auf langjähriger Erfahrung und Wissen, in Reaktion auf sich ändernde Anforderungen der Gesellschaft, die handwerkliche Qualität des Gebauten im Blick habend.

1965 durch die beiden Studienfreunde als Architektensozietät gmp gegründet, sind im Laufe der Jahre vier Partner in Deutschland, ein weiterer in China sowie elf assoziierte Partner hinzugekommen. Mit über 500 Mitarbeitern, die sich auf vier Standorte in Deutschland und ab den frühen 2000er-Jahren auch auf insgesamt neun Standorte in Spanien, Russland, Katar, Indien, Vietnam, China und Brasilien verteilen, ist gmp seitdem im internationalen Kontext aktiv. Von Beginn an nimmt das Büro an nationalen und internationalen Wettbewerben teil und hat dabei über 700 Preise errungen – darunter mehr als 350 erste Preise sowie zahlreiche Auszeichnungen für beispielhafte Architektur. Mehr als 400 Projekte sind bis heute realisiert. Die Bandbreite der Bauten reicht von Einfamilienhäusern, Hotels, Museen, Theatern und Konzerthallen, Bürogebäuden, Handelszentren und Krankenhäusern bis hin zu Forschungs-, Sport- und Bildungseinrichtungen sowie Verkehrsbauten, Gewerbebauten und Masterplanungen.

gmp sieht sich ganzheitlich für ein Projekt verantwortlich, von seiner Entwurfsidee und deren Realisierung bis hin zur Innenraumgestaltung. Das Ideal ist die möglichst einfache Gestaltung der Dinge, damit sie inhaltlich und zeitlich Bestand haben. Durch formale Zurückhaltung und Materialeinheitlichkeit sollen Gebäude entstehen, die als Hüllen für vielfältige Anforderungen dienen, aber – abhängig von Aufgabenstellung und Standort – stets in Bezug zu Nutzung, Konstruktion und Funktionalität stehen. Leitlinien der Architekturauffassung sind die Prinzipien des dialogischen Entwerfens: Einfachheit, Vielfalt und Einheit, Unverwechselbarkeit, strukturelle Ordnung.

An diesen Kriterien orientiert sich auch die Lehre an der Academy for Architectural Culture (aac) in Hamburg, die von der 2007 ins Leben gerufenen, gemeinnützigen gmp-Stiftung getragen wird. Diese widmet sich der Förderung und Ausbildung von Studierenden und Absolventen sowie der Forschung in der Architektur, Landschaftsarchitektur und Landschaftspflege im In- und Ausland. Darüber hinaus organisiert die acc auch ein breit gefächertes, öffentliches Veranstaltungsprogramm, um die Vernetzung der Architektur mit anderen Kultursparten bzw. Geisteswissenschaften in unmittelbarer, lebendiger Weise darzustellen und zu unterstützen.

Autorenviten

Wojciech Czaja
Dipl.-Ing. Architektur. Freier Architektur-
journalist, Autor und Moderator. Architekturstudium an der TU Wien. Seit 2001
freischaffend tätig. Seit 2011 Gastprofessor
für Kommunikation und Strategie für Architekten an der Universität für Angewandte
Kunst in Wien und seit 2015 Dozent an der
Kunstuniversität Linz. Mitglied im Stadtbau-
beirat von Waidhofen an der Ybbs. Autor
zahlreicher Architekturbücher sowie von
Beiträgen in Tageszeitungen und Fachzeitschriften.

Oliver G. Hamm
Dipl.-Ing. (FH) Architektur. Freier Autor,
Herausgeber, Redakteur und Kurator.
Architekturstudium an der FH Darmstadt.
1989–1992 Redakteur der db – deutsche
Bauzeitung; 1992–1998 Redakteur der
Bauwelt; 2000–2007 Chefredakteur Deut-
sches Architektenblatt; 2008/09 Chefredakteur greenbuilding. 2003–2010 Mitglied im Fachbeirat der Internationalen
Bauausstellung (IBA) Fürst-Pückler-Land;
2007–2013 Mitglied im Redaktionsbeirat
der IBA Hamburg. Autor und Herausgeber
von Architekturpublikationen.

Falk Jaeger
Prof. Dr.-Ing. Architektur. Freier Kriti-
ker, Publizist, Bauhistoriker und Kurator.
Studium der Architektur und Kunstgeschichte in Braunschweig, Stuttgart,
Tübingen. 1983–1988 Wissenschaftlicher
Mitarbeiter, Institut für Baugeschichte,
TU Berlin; 1993 Promotion, TU Hannover; 1993–2000 Dozent für Architektur-
theorie, TU Dresden. 2001/02 Chefredakteur der Bauzeitung. Lehraufträge an

verschiedenen Hochschulen. Seit 1976
Architekturkritiker für Tages-, Fachpresse
und Fernsehen; Autor zahlreicher Publikationen.

Katharina Matzig
Dipl.-Ing. Architektur. Architekturstudium an der TU Braunschweig. 1996/97
Onlineredakteurin beim BauNetz; seit
1997 Referentin für Öffentlichkeitsarbeit
bei der Bayerischen Architektenkammer
in München, vor allem in der Architektur-
vermittlung. Lektorin und Autorin für Tages-
und Fachpresse.

Nina Rappaport
Architekturkritikerin, Kuratorin und Dozentin.
Studium der Architektur und Architekturgeschichte an der Columbia University,
New York und am Smith College, Massa-
chusetts. Seit 1999 Publikationsleiterin an
der Yale School of Architecture; Leiterin
des Think Tank »Vertical Urban Factory«;
Lehrtätigkeit an verschiedenen Universitä-
ten. Mitglied mehrerer Fachbeiräte. Autorin
von Buchpublikationen und Beiträgen in
Fachzeitzeitschriften.

Jürgen Tietz
Dr. phil. Freier Architekturkritiker und Publizist. Studium der Kunstgeschichte, Archäo-
logie und Ur- und Frühgeschichte in Berlin.
Mitglied in den Gestaltungsbeiräten der
Städte Fulda und Darmstadt sowie im Denk-
malrat Hamburg. Regelmäßige Veröffentli-
chungen in der Neuen Zürcher Zeitung
sowie in Fachzeitschriften; zahlreiche Buchpublikationen zu den Themen Architektur
und Denkmalpflege.

Bildnachweis

Allen, die durch Überlassung ihrer Bild-
vorlagen, durch Erteilung von Reproduk-
tionserlaubnis und durch Auskünfte am
Zustandekommen des Buches mitgehol-
fen haben, sagt der Verlag aufrichtigen
Dank. Sämtliche Zeichnungen in diesem
Werk sind eigens angefertigt oder stammen aus dem Archiv der Architekten von
Gerkan, Marg und Partner. Trotz inten-
siver Bemühungen konnten wir einige
Urheber der Abbildungen nicht ermitteln,
die Urheberrechte sind aber gewahrt. Wir
bitten um dementsprechende Nachricht.

Cover   Marcus Bredt, Berlin (D)

S. 7   Marcus Bredt, Berlin (D)

Kulturbauten
S. 9 oben, S. 10, S. 12 oben, S. 14, S. 22,
   S. 23, S. 25 oben, S. 26, S. 28
   oben   Christian Gahl, Berlin (D)
S. 9 unten, S. 13, S. 16, S. 17 oben, S. 29,
   S. 30 links, S. 32   gmp Architekten,
   Hamburg (D)
S. 12 unten   Africa Studio/fotolia
S. 17 unten   Deutsche Architektur (DA)
   11/1960, S. 670–673
S. 19 oben   Heinrich Heidersberger/
   ARTUR IMAGES
S. 19 unten   SLUB Dresden/Deutsche
   Fotothek/Matthias Adam
S. 21 oben   fl0ri0604/fotolia
S. 21 unten   Landeshauptstadt Dresden
S. 27 unten   bpk/Kupferstichkabinett,
   Staatliche Museen zu Berlin/Jörg P.
   Anders
S. 33   Fyona A. Hallé/Wikipedia

Sportkomplexe
S. 35 oben   Christian Schittich, Mün-
   chen (D)
S. 35 unten   Atelier Frei Otto Warmbronn
S. 36, S. 37, S. 40 oben, S. 42 oben,
   S. 43, S. 44, S. 45, S. 46   Christian
   Gahl, Berlin (D)
S. 38 oben, S. 49, S. 55   Marcus Bredt,
   Berlin (D)
S. 42 unten, S. 48   gmp Architekten,
   Hamburg (D)
S. 38 unten, S. 51, S. 53 oben
   Magdalene Weiss/gmp Architekten,
   Hamburg (D)
S. 50, S. 52   Jan Siefke, Berlin (D)
S. 53 unten, S. 54   Julia Ackermann,
   Hamburg (D)

Kleine Bauten
S. 57 oben, S. 58, S. 59, S. 64 Mitte und
   unten, S. 65 oben, S. 66, S. 67, S. 72
   unten links, S. 73 unten rechts, S. 74
   unten rechts, S. 75 unten links, S. 76
   oben rechts, S. 76 Mitte, S. 77 unten
   rechts   Heiner Leiska, Seestermühe (D)
S. 57 unten   Klaus Frahm, Berlin (D)/
   Jürgen Schmidt, Köln (D)/Gerhard
   Aumer, Hamburg (D)
S. 60 unten   Meinhard von Gerkan/gmp
   Architekten, Hamburg (D); Foto: Heiner
   Leiska, Seestermühe (D)
S. 61   Christian Richters, Münster (D)
S. 62 unten   Frîa Hagen, Hannover (D)
S. 63 unten, S. 68, S. 75 unten rechts
   Dieter Ameling, Düsseldorf (D)
S. 65 unten, S. 72 oben links, S. 73 Mitte,
   S. 74 oben links, S. 75 oben rechts,
   S. 77 oben rechts   Cornelia Hellstern,
   München (D)
S. 69, S. 70 oben rechts   Christian
   Schittich, München (D)
S. 70 oben links und oben Mitte
   Frank Kaltenbach, München (D)
S. 70 unten   Shinkenchiku-sha,
   Tokio (J)
S. 71, S. 72 unten rechts, S. 74 oben
   rechts, S. 75 oben links   HG Esch,
   Hennef (D)
S. 72 oben rechts, S. 73 links, S. 73 oben
   rechts, S. 76 oben links, S. 76 unten,
   S. 77 unten links   Jürgen Schmidt,
   Köln (D)
S. 77 oben links   Horst Kottke,
   Kassel (D)

Bürobauten
S. 79, S. 80   Marcus Bredt, Berlin (D)
S. 81, S. 82 unten, S. 83   HG Esch,
   Hennef (D)
S. 82 oben, S. 93   gmp Architekten,
   Hamburg (D)
S. 84, S. 85, S. 86, S. 87, S. 88 oben links,
   S. 88 oben rechts, S. 89, S. 90, S. 91,
   S. 92   Christian Gahl, Berlin (D)
S. 88 unten   Jerry Yin, Peking (CN)

Stadien
S. 95 oben   Cornelia Hellstern, Mün-
   chen (D)
S. 95 unten, S. 96, S. 99 oben, S. 100,
   S. 102 unten, S. 103, S. 106, S. 107,
   S. 108, S. 110, S. 111, S. 113   Marcus
   Bredt, Berlin (D)
S. 97, S. 99 unten   Christian Schittich,
   München (D)

S. 98, S. 112 oben   schlaich bergermann
   partner, Stuttgart (D)
S. 101   Krystian Trela, Strzelin (PL)
S. 102 oben   Volkwin Marg/gmp
   Architekten, Hamburg (D)
S. 104   Heide Wessely, München (D)
S. 109   Jaeger, Falk: 3+1 Stadia for
   Brazil. Berlin 2014, S. 170
S. 112 unten   Knut Göppert, Stutt-
   gart (D)
S. 114, S. 115 unten   gmp Architek-
   ten, Hamburg (D)/L35 Arquitectos,
   Madrid (E)/RIBAS & RIBAS Arquitectos,
   Barcelona (E)
S. 115 Mitte und oben   gmp Architek-
   ten, Hamburg (D)

Verkehrsbauten
S. 117 oben, S. 120, S. 124 unten,
   S. 128   Marcus Bredt, Berlin (D)
S. 117 unten, S. 121 oben, S. 123 oben,
   S. 125   Christian Gahl, Berlin (D)
S. 118 links   Landesbildstelle Berlin
S. 118 rechts   Meinhard von Gerkan/
   gmp Architekten, Hamburg (D);
   Foto: Heiner Leiska, Seestermühe (D)
S. 121 mitte   Roman März, Berlin (D)
S. 121 unten   Heike Vogt, Potsdam (D)
S. 123 unten, S. 124 oben   Hans
   Christian Schink/Punctum, Leipzig (D)
S. 126, S. 130, S. 131   gmp Architekten,
   Hamburg (D)

Museen
S. 133, S. 138, S. 139, S. 147 unten,
   S. 148, S. 149   gmp Architekten,
   Hamburg (D)
S. 134, S. 135 oben, S. 141, S. 143,
   S. 144, S. 145, S. 150, S. 151   Marcus
   Bredt, Berlin (D)
S. 135 unten   Tuan Tran Vu, Hanoi (VN)
S. 140   Banana Republic/fotolia
S. 142 unten   Weston, Richard: Key
   Buildings of the Twentieth Century:
   Plans, Sections and Elevations. London
   2004, S. 89
S. 147 oben, S. 153 unten   Daniel Lukac,
   Rainer Diehl; Mannheim (D)
S. 152 oben   William Kentridge,
   Johannesburg (GP)/Marian Goodman
   Gallery, New York (USA)
S. 152 unten   Dan Graham, New York
   (USA)/Marian Goodman Gallery, Paris
   (F); Foto: Kathrin Schwab
S. 153 oben   James Turrell, Los Angeles
   (USA)/Nikolaus Goetze/gmp Architek-
   ten, Hamburg (D)